本书由中央高校建设世界一流大学（学科）和特色发展引导专项资金资助。

应望江◎主编

JOURNAL OF HIGHER EDUCATION
OF FINANCE AND ECONOMICS

财经高教研究

（第八卷）

中国社会科学出版社

图书在版编目（CIP）数据

财经高教研究．第八卷/应望江主编．—北京：中国社会科学出版社，2022.11
ISBN 978-7-5227-1108-9

Ⅰ.①财… Ⅱ.①应… Ⅲ.①财政经济—高等教育—教学研究—中国 Ⅳ.①F8-4

中国版本图书馆 CIP 数据核字(2022)第 232047 号

出 版 人	赵剑英
责任编辑	张玉霞　刘晓红
责任校对	周晓东
责任印制	戴　宽
出　　版	中国社会科学出版社
社　　址	北京鼓楼西大街甲 158 号
邮　　编	100720
网　　址	http://www.csspw.cn
发 行 部	010-84083685
门 市 部	010-84029450
经　　销	新华书店及其他书店
印　　刷	北京君升印刷有限公司
装　　订	廊坊市广阳区广增装订厂
版　　次	2022 年 11 月第 1 版
印　　次	2022 年 11 月第 1 次印刷
开　　本	710×1000　1/16
印　　张	16
插　　页	2
字　　数	273 千字
定　　价	89.00 元

《财经高教研究》（第八卷）

主办单位　上海财经大学

目录

学科建设

商学教育

人才培养

课程建设

教学改革

教育政策

课程思政

高教管理

学科建设

高品质学科专业群：新财经高质量发展的应然选择*

陈益刚　侯嘉茵　陈信朋**

摘　要：学科和专业是大学立业之根、生存之本和动力之源，学科专业群是学科与专业的有序分工、有机融合和共生系统。高品质学科专业群不是追风逐浪的时髦配置，而是大学生存与发展的“四梁八柱”；不是彼此封闭、割裂，而是扎根中国大地、一体化建设的高原高地；不是顾此失彼的孤立系统，而是共生共荣、深度融合的富集生态圈；不是与邻为壑的学院制、可有可无的学部制，而是共同体理念下的新型治理模式；不是数量、指标和帽子的堆砌叠加，而是回归初心、强基固本的评价新导向。高品质学科专业群建设，应以习近平新时代中国特色社会主义思想为引领，全面践行高质量发展新理念；以“双一流”和“四新”建设为抓手，深化拓展学科专业群建设新内涵；以完善大学内部治理为突破口，不断优化学科专业群建设新模式；以特色、创新与共生为评价新导向，大力构筑学科专业群建设新格局。

关键词：高品质学科专业群；教育高质量发展；新财经

一　引言

党的十八大以来，以习近平同志为核心的党中央在治国理政、全面建

---

*　基金项目：西南财经大学中央高校基本科研业务费专项资金“高等财经教育研究项目”（JKB21FG03），“交叉与新兴学科项目”（JBK2203006）。

**　作者简介：陈益刚，西南财经大学发展规划处副研究馆员；侯嘉茵，西南财经大学发展规划处职员，硕士；陈信朋，成都锦城学院，本科。

设小康实践中，统筹推进“五位一体”总体布局和“四个全面”战略布局，确立了“内涵发展、高质量发展”的新发展理念，高质量发展理念逐渐从经济建设领域拓展到政治、文化、社会、教育、生态文明建设各个领域。党的二十大报告提出，加快构建新发展格局，着力推进高质量发展。《深化新时代教育评价改革总体方案》《第五轮学科评估工作方案》等教育评估方案形成了高等教育评估的完整体系，既体现出“破五唯”、实施“四个评价”的新理念和新内涵，又代表着以质量革命为中心工作和重点任务的新导向与新趋势。2022 年 9 月，国务院学位委员会、教育部颁布了《研究生教育学科专业目录（2022 年）》，标志着学科与专业建设呈现新变化、新要求和新任务。

近年来，围绕高等教育高质量发展，学术界举办了多次学术会议①，提出了一系列新思想、新观点和新主张。面对高质量发展的时代新要求、新任务，财经类院校需要走出财经学科专业建设中存在的“布局不平衡、水平不充分”的现实困境，其中，“布局不平衡”表现在学科专业设置的冷与热，学科生态位的疏与密，地域分布的多与少；“水平不充分”表现为办学层次的高与低，学科水平的强与弱，学科特色的异与同。② 本文通过全面、系统地梳理财经院校学科与专业的基本状况，探讨学科门类与种类、层次与结构、规模与规格及其协同机制，提出建设高品质学科专业群是实现新财经高质量发展的应然选择。

二　财经类高校学科与专业现状分析

（一）研究样本与数据处理

1. 研究样本

根据“研招网”（中国研究生招生信息网）和“学信网”（中国高等

---

① 中国高等教育学会教育评估分会 2021 年学术年会以“高质量教育体系建设与高等教育评估研究”为主题；厦门大学举办的“厦大高教论坛 2021”，论坛主题为“普及化背景下大学高质量发展与课程教学创新”；《江苏高教》2022 年学术研讨会以“高等教育高质量发展与人才培养体系建设”为主题等。

② 陈益刚、黄星繁：《“双一流”进程中一流财经学科的创新发展之路探析》，《高等教育评论》2019 年第 1 期。

教育学生信息网）两大平台提供的数据，2022年全国研究生招生机构共计852家，其中，普通高等院校630家、科研机构222家。普通高等院校中，财经类高校41所，占比6.5%。本文的研究样本就是这41所财经类高校的学科专业。

2. 数据来源与规范处理

主要数据来源包括：一是"研招网""学信网"中"院校库"的学科与专业信息，这两大平台由教育部学生服务与素质发展中心主办，是一个集高校招生录取信息、学籍学历信息、毕业生就业信息、全国高校学生资助信息于一体的信息数据仓库，能够确保样本数据的全面性、公正性、准确性和权威性。二是以高校官方网站中"简介""概况"或学校招生信息作为补充。高校的简介或概况，时间更新较快；篇幅不长，为两三千字；内容简约，能全面反映学校历史脉络、规模规格、学科专业布局、优势特色和目标愿景。学校招生信息能反映当年各学科专业的招生情况。三是各省（市、区）教育主管部门的地方"双一流"建设方案，包括建设高校、建设学科，作为分层分类的依据。在此基础上，对样本数据进行必要的规范清洗，包括去除重复冗余数据、规范统一格式、建立可转换标准等。

（二）学科专业总体发展态势与授权点分布

1. 学科专业总体发展态势

（1）学科门类构成。《研究生教育学科专业目录（2022年）》有14个学科门类。根据财经类高校招生时的学科专业数据（见表1）发现，除军事学外，其他13个学科门类在财经类高校均有分布。其中，经济学、管理学占据绝对突出的优势地位，凸显出"财经类高校"的学科底色。文学、法学、工学、理学四大学科门类处于第二集团地位，体现出经管学科与文、法、工、理四大学科门类共生共进、交叉融合的发展格局。其他学科门类设置数量较少，比较分散。从集中度上看，表现出学位层次越高、集中度越明显的特征，博士学位点集中在经、管、法、理、文五个学科门类；硕士学位点、本科专业范围相对宽泛，在工学、哲学、艺术学、教育学、交叉学科等学科门类，都有一定数量的专业点，特别是艺术学门类，本科层次分布较多，相对宽泛。

表 1　　41 所财经类高校学科门类构成

学科门类	博士	硕士	本科	总量占比（%）
经济学	180	576	399	30.65
管理学	72	378	694	30.36
法学	26	263	87	9.98
理学	13	45	142	5.31
文学	12	125	259	10.51
工学	3	114	199	8.39
哲学	2	14	2	0.48
医学	1	8	2	0.29
艺术学	—	13	104	3.11
教育学	—	9	8	0.45
硕士交叉学科	—	9	—	0.24
农学	—	4	—	0.11
历史学	—	3	1	0.11
其他	—	—	1	0.03

（2）学位授权专业点分布。学科、学科组织、学科规模、学科结构以及学科生态位具有重要的现实意义，不同类型、不同层次的高校，其学科门类、主体学科、学科特色及其学科生态结构体系是大相径庭的。高校学位点、专业点的总体态势状况及其院校的分布，既反映了经济社会发展的客观要求，也体现出高校的众多学科、专业以及学科与专业之间的生态位联系。学科生态位理论是关于学科和相邻学科间的生态与生态位及其相互作用、相互影响的学说。借鉴学科生态位理论，采用绝对分区和相对分区的两种方法，将学科专业分为富集区、密集区、松散区、稀疏区，其中，相对分区是依据 1∶4∶4∶1 的比例区分，绝对分区是依据最多（前3）、中位数上、中位数下、最少（后3）区分（见表 2）。①

① 陈益刚、黄星繁：《“双一流”进程中一流财经学科的创新发展之路探析》，《高等教育评论》2019 年第 1 期。

表 2　　学科专业分区　　单位：个、%

	富集区	密集区	松散区	稀疏区
绝对分区（数量）	最多（前 3）	中位数上	中位数下	最少（1—3 个）
相对分区（占比）	10	40	40	10

为保持原始数据的完整性，我们尽量按照各高校招生目录上的学科专业点名称，形成博士、硕士、本科三个层次的学科专业点设置汇总表。同时，针对名称近似而在表述上略有差异的专业进行一致性规范，如金融与金融学、统计与统计学等，对原始数据进行必要的清洗规范。在此基础上，根据相对分区或绝对分区模型，汇总学位授权专业点的分布情况（见表 3）。

表 3　　41 所财经类高校学位授权专业点总体分布

层次	高校	学位授权点		富集区		密集区		松散区		稀疏区	
		专业	累计	专业	累计	专业	累计	专业	累计	专业	累计
博士	18	106	309	9	111	7	55	6	29	84	114
硕士	41	299	1561	3	167	8	265	70	829	218	300
本科	41	223	1898	3	170	17	617	77	914	126	197

根据学科专业点设置的频次多少，利用在线词云工具，制作了博士、硕士和学士学位专业授权点的词云分布图。图 1 是博士学位授权专业点的词云分布，字体大小、颜色深浅和所在位置代表出现频次高低。采用绝对分区方法，在富集区，共有 9 个专业、累计设置 111 次，金融学、产业经济学设置频次分别为 14 次，数量最多，财政学、国际贸易学、会计学、企业管理、数量经济学、统计学的设置频次分别为 12 次，6 大专业并列前 2，区域经济学设置频次为 11 次。在密集区，在中位数 7 以上的专业共有 7 个、累计设置 55 次，包括国民经济学、技术经济及管理、劳动经济学、西方经济学、人口资源与环境经济学、世界经济、政治经济学。在松散区，设置频次在中位数 7 之下而大于 3 次的专业共有 6 个、累计设置 29 次。在稀疏区，设置频次为 1—3 次的专业共有 84 个、累计设置 114 次，其中，仅有 1 次的专业达 60 个。

图 1　博士学位授权专业点词云分布

图 2 是硕士学位授权专业点的词云分布，字体大小、颜色深浅和所在位置代表出现频次高低。采用绝对分区方法，在富集区，会计学、金融学、统计学排名前 3，分别为 62 次、58 次、47 次，3 个专业累计设置 167 次，是不折不扣的热门专业。在密集区，在中位数 30 以上的专业共有 8 个、

图 2　硕士学位授权专业点词云分布

累计设置 265 次，包括旅游管理、工商管理、企业管理、产业经济学、财政学、国际贸易学、区域经济学、数量经济学。在松散区，设置频次在中位数 30 之下而大于 3 次的专业共有 70 个、累计设置 829 次。在稀疏区，设置频次为 1—3 次的专业共有 218 个、累计设置 300 次，其中，仅有 1 次的专业达 152 个。

图 3 是本科专业点的词云分布图，字体大小、颜色深浅和所在位置代表出现频次高低。采用绝对分区方法，在富集区，工商管理、金融学、经济学排名前 3，分别为 67 次、52 次、51 次，3 个专业累计设置 170 次。在密集区，在中位数 30 以上的专业共有 17 个、累计设置 617 次。在松散区，设置频次在中位数 30 之下而大于 3 次的专业共有 77 个、累计设置 914 次。在稀疏区，设置频次为 1—3 次的专业共有 126 个、累计设置 197 次，其中，仅有 1 次的专业达 75 个。

图 3　学士学位授权专业点词云分布

2. 分类型透视

（1）分类型学位授权点的分布情况。根据是否进入“双一流”建设行列（国家级、地方级）、是否拥有博士学位授权点，将 41 所财经类高校划分为四种类型，即国家“双一流”、有博士点（A 类），地方“双一流”、有博士点（B 类），地方“双一流”、无博士点（C 类），“双非”、无博士点（D 类）。第一，在院校数量分布上，呈现出“两头少、中间多”的纺锤形格局。A 类院校 5 所，处于“头部”，是国家“211 工程”和“‘985 工程’优势学科创新平台”建设高校，2017 年入选国家“双一流”的一流学科建设高校，是世界一流财经学科建设的绝对主力。B 类、C 类院校 32 所，处于“中间”位置、入选地方“双一流”建设，数量多、占比大，构成了高等财经教育的主体阵容。D 类院校 4 所，处于“后部”位置、未能入选“双一流”、无博士点，起步相对较晚，发展相对缓慢。第二，在学科门类设置上，彼此间差别不大，主要以经济学、管理学两大学科门类为主体，法学、文学、工学、理学、艺术学为重要支撑，教育、哲学、历史、农学、医学零星分布。第三，在学位授权点分布上，A 类院校与 B 类院校的博士学位专业点分别为 154 个、155 个，在数量上大致相当，但 A 类院校只有 5 所，相对于 B 类的 13 所院校，优势比较明显；在硕士学位专业点上，B 类院校 708 个，明显高于 A 类、C 类和 D 类院校，承担起了主要的建设任务；在本科专业点上，B 类院校 634 个、C 类院校 891 个，是本科人才培养的主要力量。第四，从学位授权专业点的均值看，均值是学位专业点的总量与每一类别院校数量的比值，从 A 类的 122. 40，到 B 类的 115. 15、C 类的 74. 37，再到 D 类的 61. 50，呈现明显的下降趋势（见图 4）。

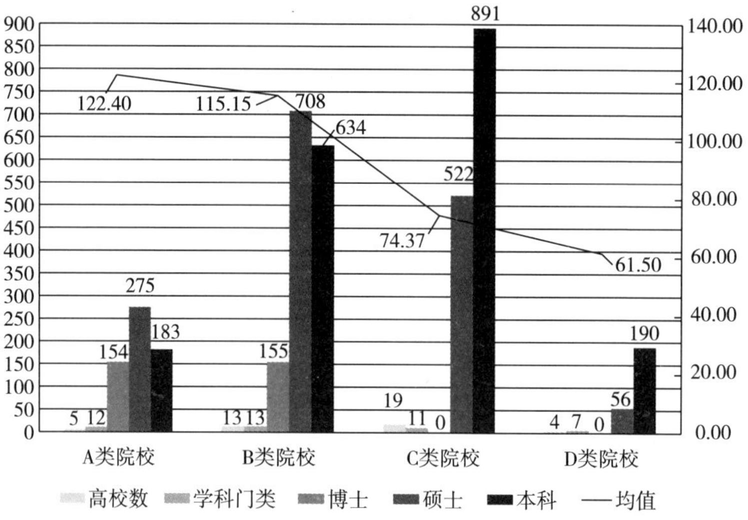

图 4　41 所财经类高校分类型专业点构成

（2）专业点设置的主要特点。进一步考察财经类高校学位授权专业点的内部结构，可以发现，既有学科发展的共同性与普遍性，又有自身建设的差异性与特色性。从共性来看，一是经济学、管理学两大学科门类的专业点布局多、规模大，所占比重最大，主要分布在富集区、密集区，财经学科的主体特征鲜明。二是在经济学、管理学两大学科门类中，专业点集中度非常高，特别是金融学、会计学、统计学、企业管理、经济学、产业经济学、财政学、国际贸易学、工商管理等热门专业，设置频次非常高。三是法学、理学、文学、工学的相关专业设置较多，分布面较为广泛，特别是与法学相关专业点，设置较多。而理学与统计学相关，工学与计算机科学相关。从差异性来看，一是中南财经政法大学的专业点规模最大，本科、硕士、博士三者之和为 172 个，远远高于其他高校。与之相比较，上海财经大学硕士、博士专业点的规模相当，但本科专业点相对较少，研究生教育规模、规格大大高于其他院校。二是位于 B 类、C 类的部分财经类高校，学位授权专业点的规模大于 A 类其他三所院校，显示出强

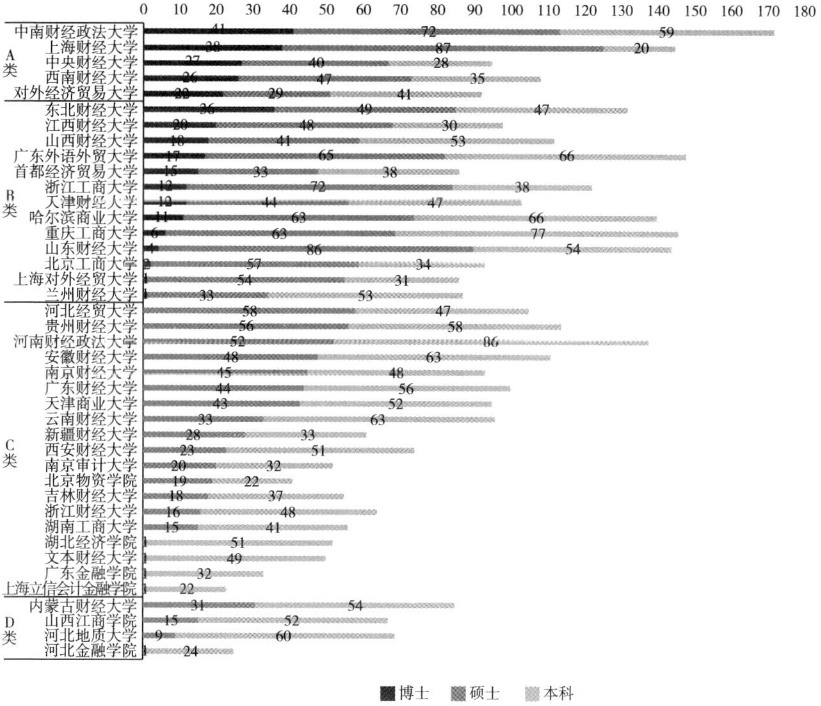

图 5 41 所财经类高校授权学科专业点构成

大的办学实力和强劲的发展势能，特别是东北财经大学、江西财经大学、广东外语外贸大学、浙江工商大学等众多院校，专业点的种类、数量和分布都较为多元化，学科生态体系较为健全（见图 5）。三是单一设置的授权专业点较多。受到历史传承、办学定位和区域经济社会发展等因素的制约，仅仅设置 1 次的专业点，数量多，分布广。其中，博士点 60 个、硕士点 152 个、学士点 75 个，如中药学、食品科学与工程、地质、制药工程、应用物理学、应用化学等。

三　高品质学科专业群：现实困境与应然抉择

本文选取的 41 所财经类高校的学科与专业，无疑是我国财经类高校中最具代表性的。然而，实证数据和相关分析表明，这类院校的学科专业同样面临着发展“不充分”“不平衡”的现实困境，这与人民满意的教育相比较，仍然存在很大差别，还有漫长的路要走。① 而要解决这一问题，建设高品质学科专业群成为财经类高校高质量发展的应然选择。高品质学科专业群建设面临的现实困境与应然抉择主要体现在以下五个方面。

（一）不是追风逐浪的时髦配置，而是生存与发展的“四梁八柱”

以问题为导向审视财经类高校的学科专业设置，追风逐浪、时髦配置无疑是其主要问题之一，特别是文科专业和财经专业的增设与撤销，这一现象更为明显。以经济建设为中心、实施改革开放的国家战略，催生了阵阵“财经热”，“无校不财经”，金融、会计、工商管理、保险、产业经济学更是成为头号热门专业。但是，财经学科专业设置的基础并不坚实，学科宽厚度不强壮，主要表现在：一是财经学科专业在部分高校处于学科生态边缘和稀疏区，开设的学位专业点数量较少，师资团队比较分散薄弱，学术资源配置相对缺乏。二是我国普通高等院校中，有 200 多所财经类高校，但是，截至 2021 年，拥有硕士学位和博士学位授予权的高校仅有 41 所，高层次、高水平财经类高校数量偏少。由于我国学位授予权是“审

① 陈益刚：《高等财经院校“新常态”及其发展战略探析》，《高等教育评论》2016 年第 1 期。

核批准制”，只有具备一定的学科实力和发展基础，符合国家部委相关政策规定，才有可能获得学位授予权。三是 41 所财经类高校中，硕士和博士学位点开设数量也分布不一。在稀疏区博士、硕士和本科专业点，仅设置 1 次的专业分别为 60 个、152 个、75 个。

从学生、学术和学科的视角，高校的学科既是以知识系统为基础的学科，又是以具体的院校机构建制为依托的学科。高等教育是专业教育，按照学科发展和分类设置专业，并按照专业选择教育内容。[①] 学科专业的数量与质量、规模与规格、要素与机制、声誉与水平，决定着高校办学类型、规模规格和社会影响，体现出高校的综合实力，成为决定高校高质量发展的“四梁八柱”和坚实基础。

（二）不是彼此封闭割裂，而是扎根中国大地、一体化建设的高原高地

在我国高等教育领域，学科专业目录具有极强的管理规范功能，是一个类型多样、体系庞大、层次分明、功能强大的指导性、规范性政策体系，在高校创设、人才培养、科学研究、社会服务、评价评估和社会声誉等方面发挥重要作用。[②] 从实际运行和横向比较看，研究生教育层面上有《研究生教育学科专业目录（2022 年）》以及《博士、硕士学位授权学科和专业学位授权类别动态调整办法》等文件，形成了“学科门类→一级学科→专业→方向”的学科专业目录体系。本科教育层面上有《普通高等学校本科专业目录（2012 年）》，以及教育部的年度专业备案和审批结果，形成“学科门类→专业大类→专业”的学科专业目录体系。专科教育层面上有《普通高等学校高等职业教育专科（专业）目录（2015 年）》以及教育部年度高等职业教育专科专业设置备案和审批结果，形成了“专业大类→专业类→专业”的专业目录体系。从历史演进和纵向发展看，研究生教育学科专业目录分别于 1983 年、1990 年、1997 年、2011 年和 2022 年，进行了五次修订和调整。《研究生教育学科专业目录（2022 年）》中设置 14 个学科门类，117 个一级学科，36 个博士专业学

---

① 纪宝成：《中国大学学科专业设置研究》，中国人民大学出版社 2006 年版，第 6、27 页。

② 张炜：《美国学科专业分类目录 2020 版的新变化及中美比较分析》，《学位与研究生教育》2020 年第 1 期。

位类别，31 个硕士专业学位类别。[①] 本科专业目录分别于 1987 年、1993 年、1997 年、2012 年进行四次较大规模的修订和调整。学科门类设置上向研究生教育学科专业目录靠近，专业设置上大规模调整和压缩。专科专业目录先后于 1994 年、2004 年和 2015 年进行修订和调整。

这三大学科专业目录之间，从横向比较上看，以研究生学科专业目录设置为主要参照，本科专业目录和专科专业目录与之对标靠近，既具有一定的关联性与相通性，同时也存在较大差异性与阻隔性。从纵向发展上看，三大学科专业目录的调整、更名和增设主要是遵循学科自身的内在逻辑和客观要求，与国家发展重大战略和经济社会建设重大需求高度契合，既有不变，也有变革。在学科专业目录的变与不变和纵横交织的历史经纬中，学科专业目录成为我国高等教育改革前行和创新发展的主要抓手和重要基石。

高等教育的高质量发展既是全面的、充分的和长远的发展，面向所有类型、层次、学科和专业的目标、愿景与客观要求，又是个体的、适度的和渐进的发展，体现出不同类型、层次、学科和专业的现实差异与进步程度。一方面，大学是一个学科共同体及利益相关者的组织，众多学科和专业贯通其间、有机衔接，将管理者、服务者、政府部门、教师、学生、家长、工商企业、社会组织等众多利益相关者联系起来，学科建设和专业建设成为大学存续、运行和创新发展的工作重心。另一方面，学科专业目录之间彼此分离、相互割裂的状况，形成了“纵向不相接、横向不相通”的弊端，在一定程度上影响和制约着大学功能、职责的有效开展和圆满实现。因此，有学者指出，建设世界一流大学和一流学科的核心是处理教学与科研关系，关键是推进学科、专业和课程一体化建设。[②]

（三）不是顾此失彼的孤立系统，而是共生共荣、深度融合的富集生态圈

学科源于知识的生产、创造和创新，专业始于知识的传播、分享和发

① 《国务院学位委员会 教育部关于印发〈研究生教育学科专业目录（2022 年）〉〈研究生教育学科专业目录管理办法〉的通知》，教育部官网，http：//www. moe. gov. cn/srcsite/A22/moe_833/202209/t20220914_660828. html.

② 周光礼：《“双一流”建设中的学术突破——论大学学科、专业、课程一体化建设》，《教育研究》2016 年第 5 期。

展。学科与专业间既存在显著的区别，又具有紧密的联系。专业设置基于学科分类，是以社会需求为导向，在学科发展的基础上以特定专业人才培养为取向，形成一套完整的人才培养体系和工作方案，包括培养对象、目标、规格、周期、师资、课程、教学等内容。学科发展植根于专业分工的社会需要，是以专业知识生产为导向，由专业的人做专业的事，在特定的研究领域、研究范畴、研究方向上聚焦于特定的研究任务，通过专家学者和研究团队的科学生产、联合攻关和久久为功、持续深入的学术探索，促进知识的不断生蘖、新生、聚变、新增，形成新理论、新知识。

学科与专业不是单一概念，而是众多学科、专业的复合体。教育部《普通本科学校设置暂行规定》对“学科与专业”有明确规定：一是在人文学科（哲学、文学、历史学）、社会学科（经济学、法学、教育学）、理学、工学、农学、医学、管理学等门类中，称为学院的应当拥有 1 个以上学科门类作为主要学科，称为大学的应当拥有 3 个以上学科门类作为主要学科。二是称为学院的其主要学科门类中应能覆盖该学科门类 3 个以上的专业；称为大学的每个主要学科门类中的普通本科专业应能覆盖该学科门类 3 个以上的一级学科。① 这只是对于普通本科院校的基本要求，事实上，大学的学科和专业在数量和规模上都大于、高于基本要求。图 6 根据

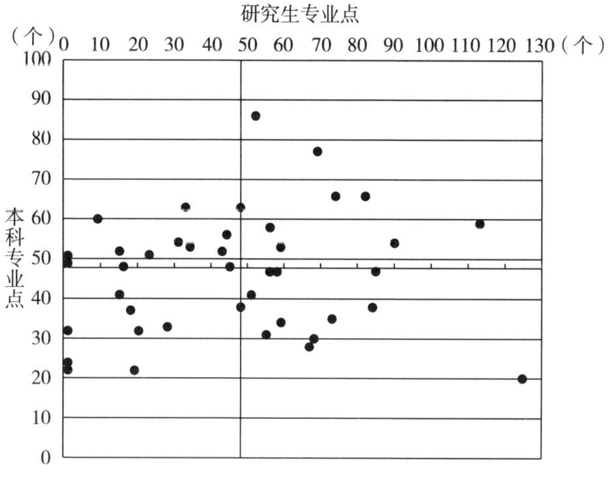

图 6　41 所财经类高校研究生、本科生专业点中位数分布

① 《教育部关于印发〈普通本科学校设置暂行规定〉的通知》，中国民办教育协会网，https：//www. canedu. org. cn/site/content/4866. html.

表3数据制作的四象限分布图，财经类高校研究生专业点和本科专业点的中位数均为48个，基本上形成了以经济学、管理学两大门类为主体，文学、法学、工学、理学、艺术学等学科门类为第二方阵，其他学科门类为补充的学科发展格局。经济学、管理学两大学科门类的专业点布局多、规模大，所占比重最大，主要分布在富集区、密集区，财经学科特征鲜明。专业点集中度非常高，特别是金融学、会计学、统计学、企业管理、经济学、产业经济学、财政学、国际贸易学、工商管理等热门专业，设置频次非常高。法学、理学、文学、工学的相关专业较多，分布面较广，特别是与法学相关的专业点，设置较多。

（四）不是与邻为壑的学院制、可有可无的学部制，而是共同体理念下的新型治理模式

学院制起源于12世纪70年代的法国巴黎大学，通行于美、英、德、法、日等国的现代大学，在世界高等教育千年的历史进程中，形成了各国不同的管理模式和治理特色。学院制已经成为世界各国大学内部组织架构中最为典型、最集中和最常见的治理模式。[①] 改革开放前，我国高校主要采用苏联高等教育模式，以人才培养为主要导向，实行“校—系—室”的内部管理模式，学系、教研室是教育教学的基本组织单元。改革开放后，在高等教育管理体制与机制改革中，围绕着人才培养、科学研究和社会服务，以学科建设为抓手，特别是“211工程”“985工程”等重点建设项目，大学逐步建立和实施以“校—院—系”两级管理、三级架构的管理体制。据统计，2010年，在我国称为大学的348所本科院校中，“校院系”模式271所，占78%；“校院系和校系并存”模式68所，占22%。[②] 在“校—院—系”治理模式中，学院在一定程度上具备多种功能，成为“小型大学”。据某大学《校院二级管理实施方案（试行，2009年）》，在学校、学院权限与职责界定上，学校对于学院实行目标责任制管理，而学院建立有党政联席会、院务工作会、党总支委员会、学术委员会、教学委员会、学位委员会、教职工代表大会七大议事制度。在教学工

① 郭必裕、张忱：《英、法、美、日四国学院制发展及启示》，《公关世界》2021年第10期。

② 朱玉山：《大学学院制改革依据探析——基于我国大学学院制改革乱象的思考》，《教育发展研究》2014年第7期。

作、学科工作、科研工作、人事工作、学生工作、公共资源管理工作和财务与监督审计工作7个主要方面、54项具体工作条款中，学院承接其中35项具体任务。[①] 学部制是基于学院制组织架构之上的一种结构更加扁平化的模式，学部制下的学科更为聚类集中，专业更加复合宽泛，往往将多个学科和专业集中整合在一起，形成学科群和专业群。在我国高校存在三种类型，如北京师范大学的“实体”型，江苏师范大学的“虚体”型，大连理工大学的“虚实结合”型。[②]

大学内部设置的学部、学院和与之平行、同等级的研究机构（院所、中心）以及学院下设的基层学术组织（系所、中心），则是高等院校的基本单元和组织细胞，承担起了履行大学多元化职能、有效开展教学科研、社会服务活动的具体事务。因此，学院和学部，才是大学做大做强、高等教育强国的根本所在和基因之源。但是，学部、学院在承担大量事务性工作、履行多元化职能职责并获得快速增长之时，学部、学院组织结构的科层化、窄小化和功利化，导致学部、学院、学科和专业之间彼此疏远与隔离，形成众多学术壁垒和堵点、难点。[③]

（五）不是数量、指标和帽子的堆砌叠加，而是回归初心、强基固本的新导向

在大学长期的办学实践中，存在“两个中心”与“两条路径”的方向性、战略性抉择。“两个中心论”，是“以教学为中心”还是“以科研为中心”，并由此形成“两条路径”：一条是以学科、学科建设特别是重点学科建设为主线，聚焦于研究生教育，构建了以国家级、省部级、校级重点学科为架构的三级学科发展体系；另一条是以专业、专业建设特别是精品课程建设为主线，聚焦于本专科教育，形成了以国家级、省部级、校级特色专业与精品课程建设为主导的三级专业建设体系。学科和专业的孰重孰轻，科学研究和教学工作的权重权轻，成为一个非常棘手、两难选择

---

① 南京中医药大学：《校院二级管理实施方案（试行）》，南京中医药大学官网，http：//office. njucm. edu. cn/2018/0923/c3162a43101/page. htm.

② 王伟宜、董照星：《我国大学学部制构建的现状与未来走向》，《绍兴文理学院学报（教育教学研究）》2020年第12期。

③ 朱玉山：《大学学院制改革依据探析——基于我国大学学院制改革乱象的思考》，《教育发展研究》2014年第7期。

的现实问题，带来“教授不上讲台，唯论文是从，唯项目为高，唯帽子为荣，唯出身为准，唯SCI与ESI为上”等众多乱象发生并蔓延。师德师风不良现象时有发生，学术造假行为屡禁不止，形成了不良的社会影响。对此，教育部及其相关职能部门出台专门文件，明令要求教授为本科生上课，划定教师行为准则的底线与红线。中共中央和国务院颁发《深化新时代教育评价改革总体方案》，从五大方面、22个子项目进行任务的分解落实。①

2018年召开的“新时代全国高等学校本科教育工作会议”，提出把人才培养的质量和效果作为检验一切工作的根本标准。② 2020年召开的“全国研究生教育会议”，习近平总书记指出，研究生教育在培养创新人才、提高创新能力、服务经济社会发展、推进国家治理体系和治理能力现代化等方面具有重要作用。2021年，国务院学位委员会印发的《交叉学科设置与管理办法（试行）》，首次明确对交叉学科的内涵进行了界定，建立了交叉学科放管结合的设置机制和调整退出机制，完善了中国特色学科专业体系。2022年2月，第二轮“双一流”建设高校和建设学科名单公布；9月，《研究生教育学科专业目录（2022年）》发布。可见，由本科教育创新人才到研究生教育高层次人才培养，从科学研究的“四个面向”到交叉学科门类的创设和实施办法出台，以及新一轮“双一流”建设的启动和以新工科、新医科、新农科、新文科“四新”建设为抓手的质量革命，都构筑在学科发展和专业建设的基石上，赋予了学科建设和专业建设以新使命、新任务和新要求。

四　高品质学科专业群建设路径与对策

（一）以习近平新时代中国特色社会主义思想为引领，践行高质量发展新理念

党的十九届六中全会指出，习近平新时代中国特色社会主义思想是当

① 《中共中央 国务院印发〈深化新时代教育评价改革总体方案〉》，中国政府网，http：//www. gov. cn/zhengce/2020-10/13/content_5551032. htm。

② 《坚持以本为本 推进四个回归 建设中国特色、世界水平的一流本科教育：新时代全国高等学校本科教育工作会议召开》，教育部官网，http：//www. moe. gov. cn/jyb_ xwfb/gzdt_ gzdt/moe_1485/201806/t20180621_ 340586. html。

代中国马克思主义、二十一世纪马克思主义，是中华文化和中国精神的时代精华，实现了马克思主义中国化新的飞跃。为党育人、为国育才，是新时代高等教育的根本任务和中心工作。2022 年 4 月，习近平总书记指出，要“落实立德树人根本任务，传承红色基因，扎根中国大地办大学，走出一条建设中国特色、世界一流大学的新路”。① 党的二十大报告指出，教育、科技、人才是全面建设社会主义现代化国家的基础性、战略性支撑，要深入实施科教兴国战略、人才强国战略、创新驱动发展战略，开辟发展新领域新赛道，不断塑造发展新动能新优势。新时代高等教育的高质量发展，要从人才成长、成才的客观规律和基本要求出发，以习近平新时代中国特色社会主义思想为重要引领。

一是深刻理解和把握习近平总书记关于人类命运共同体的重要论述的意义，树立起全球视野、共同发展和“各美其美、美美与共”的博大襟怀。习近平总书记于 2013 年 3 月首次提出人类命运共同体理念，其后进一步拓展和丰富了内涵。例如，扎实推动共同富裕，实实在在造福人民；坚持以人民为中心不断增进民生福祉、提高人民生活品质，在高质量发展中促进共同富裕。②

二是深刻理解习近平总书记关于高质量发展的重要论述和扎根中国大地、创建中国特色一流大学的重要思想。习近平总书记关于立德树人、扎根中国大地、建设具有“中国特色、世界水平”的世界一流大学和一流学科的重要精神，关于“四个面向”、不断提高科技创新能力的系列重要讲话，为创新发展、高质量发展提供根本遵循。

三是构建起高品质学科专业群、高质量学院和高水平大学的“三高”新型发展模式。“品质、质量、水平”三个词既有关联性又有显著区别，比较而言，品质是指人的素质和物品的质量，是一种优秀的、良好的综合素养，内外兼修、独具魅力，是成就品牌的重要因素。质量既是指度量物体大小的物理量又指产品或工作的优劣程度，基于特定的比较标准，形成高低、好坏的品性评价；水平相对于对象要素之间的比较，形成前后、上

① 习近平：《坚持党的领导传承红色基因扎根中国大地 走出一条建设中国特色世界一流大学新路》，教育部官网，http：//www.moe.gov.cn/jyb_xwfb/s6052/moe_838/202204/t20220425_621698.html。

② 习近平：《论坚持推动构建人类命运共同体》，中央文献出版社 2018 年版，第 5、74、214、490 页。

下的先后次序。高校要不断优化办学体制机制，激发学院、学科、专业三大学术心脏地带的活力，以学科专业群的高品质建设推进学院的高质量发展，以学院高质量发展彰显大学的高水平成效，形成高品质学科专业群、高质量学院、高水平大学的高质量发展新格局。

（二）以“双一流”和“四新”建设为抓手，拓展学科专业群建设新内涵

在教育主管部门高度重视、强势推动和高校的精心组织下，以新工科、新医科、新农科和新文科为支柱的“四新”建设渐次展开、扎实推进。2022 年 2 月，《第二轮“双一流”建设高校及建设学科名单》正式公布。与首轮相比较，第二轮“双一流”建设，注重高校的一流学科建设身份，明确提出学科建设的八大重点建设任务，更加突出“培养一流人才、服务国家战略需求、争创世界一流”的发展导向，强调构建一流大学体系，优化学科专业布局，打破学科专业壁垒，完善管理与评价机制等。钟秉林教授指出，在“双一流”建设进程中，学科建设和专业建设要进行“一体化”建设，达到相互支撑、相互促进、相互耦合。① 在新发展阶段，面向新发展任务，适应新发展要求，高质量发展应以高品质学科专业群建设为重要抓手，拓宽学科专业建设广度，强化学科专业建设力度，深化学科专业建设新内涵。

一是审慎裁撤学科与专业。在学科专业点的背后，是师资队伍建设、人才培养体系、资源配置效率和利益相关者权益保障。据教育部公布的数据，2012 年后，全国高校增设 1.7 万个本科专业点，撤销和停招近 1 万个本科专业点。② 学科专业点增设、撤销与停招，一方面是大学主动适应经济社会发展的需求变化，专业结构不断优化、调整的现实需要；另一方面，更应高度重视撤销与停招学科专业点所带来的消极影响和不良伤害。2019—2021 年，全国高校撤销与停招本科专业点共 1689 个。其中，506 所高校撤销了专业点，3 所高校撤销专业点数达 20 个以上；304 个专业被撤销，3 个专业被撤销频率达 40 多次。41 所财经类高校中，23 所高校相

---

① 清华大学教育研究院：《“世界一流大学建设：时代方位与中国道路”学术研讨会》，2022 年 4 月 18 日。

② 《公布 2021 年度普通高等学校新增和撤销本科专业名单》，教育部官网，http：//www.moe.gov.cn/jyb_xwfb/gzdt_gzdt/s5987/202202/t20220224_602160.html.

继撤销了71个专业。可见，撤销力度之大，影响所及，地域不论东部、中部与西部，层次不论部属、省属和区域，类型不论综合、理工、农林、财经，专业不论冷门、热门与前沿。特别是"双一流"建设、地方重点建设等众多高校参与其中，金融学、软件工程、物流管理、智能科学与技术等热门、前沿专业点均有被撤销。究其原因，不是大学办学出现问题，也不是专业不适应社会需求，而是大学的学科体系、专业体系及其学科生态与生态位、专业生态与生态位方面出现问题，在学科专业分布的稀疏区，某些专业点明显偏离高校的优势学科、主干学科和支撑学科，成为名副其实的学科孤岛、专业孤岛，学科专业之间没有建立生态、生态位的共生互生关系，学科专业之间缺乏组织创新发展的宽度、厚度与深度。

二是适度慎重地增设新兴学科与新兴专业。现代科学发展的主要特征是在高度综合化基础之上的高度分化。学科的高度综合化意味着需要大科学、大系统、大平台、大项目和大课题，紧密围绕着国家重大战略、科学重大问题进行联合攻关、协同创新；学科的高度分化要求面向学科发展前沿，引领学科发展趋势。2019—2021年，全国高校新增备案和审批本科专业点汇总情况，1186所高校、601种专业相继增设了6037个本科专业点。41所财经类高校中，39所高校相继增设了220个专业点。高校增设频次中位数是4个，727所高校大于等于4个，10所高校增设数量达20个以上。专业增设频次中位数是4次，333个专业大于等于4次，机器人工程、大数据管理与应用、智能制造工程、数据科学与大数据技术、人工智能等专业频次高达136次、153次、217次、234次、405次。高校增设新兴学科与新兴专业，要以"四个面向"[①] 为行动指南，在"四个面向"中找寻学科和专业建设的时代方位与合理定位，增设契合于高校特色、区域要求、行业需求和国家战略的交叉学科与新兴专业，构建起内生的、有坚实支撑的和可持续发展的学科专业群建设体系。

三是高度重视现有学科专业的传承创新和迭代升级。由于高校办学的差异性，某一高校的优势学科、主干学科，可能是其他高校的薄弱学科、边缘学科。从个体特性和微观视角来看，学科之间、专业之间、学科与专业之间，形成群聚群生的学科生态和生态位关系，彼此之间既关联又排斥，

① "四个面向"是指面向世界科技前沿、面向经济主战场、面向国家重大需求、面向人民生命健康。

既竞争又共生。在富集区、密集区、松散区、稀疏区这四个学科生态位上，聚集着众多学科建设点、专业建设点，承担着学科与专业建设的特定任务，是高质量发展的内在核心。钟登华指出，继承与创新、交叉与融合、协调与共享是新工科建设的三大新途径。[①] 如果说撤销与增设的主要目标是交叉与融合、协调与共享；那么传承与创新无疑是对现有学科专业点的迭代升级、自我改造与自我革新，这将是一场蜕变再生、涅槃重生的艰难过程。

（三）以完善大学内部治理为突破口，优化学科专业群建设新模式

坚持和完善中国特色现代大学制度、推进高校治理体系和治理能力现代化是建设高水平大学、推进教育高质量发展的重要保证。教育部、财政部、国家发展改革委员会在《关于深入推进世界一流大学和一流学科建设的若干意见》中指出，要“服务新发展格局、优化学科专业布局”。优化学科专业群建设的新模式，需要做到如下三点：

一是坚持问题导向、目标导向和结果导向原则，构建契合自身特点、特色的学科专业群组织模式。高校根据自身的学科专业建设现状和特点、特色，可以构建起一个或多个学科专业群建设矩阵，如单峰突出的学科专业群矩阵、双峰并立的学科专业群矩阵、三峰对峙的学科专业群矩阵和多峰林立的学科专业群矩阵。在学科专业群建设矩阵中，结合高校战略、发展定位和目标任务，明晰主干引领学科、主从关系网络、交叉边缘新兴学科，一流学科、特色学科、基础学科与一流专业、特色专业、相关专业之间相辅相成、有机联系，共生共荣、相互促进，形成重点学科专业突出、中心引领地位明确，基础学科专业良性发展、共同提升的学科专业优良生态体系，激发出学科专业群的内生动力和原始创新活力。

二是深化学院制、学部制改革，建立健全适应学科专业群功能、作用的内部治理体系。坚持和完善党委领导下的校长负责制是新时代中国特色大学制度的根本遵循。行政权力、学术权力和民主权力，共同规定了大学的组织特性和结构框架。既有别于科层制下的政府行政组织，也不同于以利润最大化为目的的工商企业组织，大学是学生、学术、学科的利益共同体组织，众多学科和专业汇聚于学部与学院，多元使命和任务聚集于学部

① 钟登华：《新工科建设的内涵与行动》，《高等工程教育研究》2017 年第 3 期。

与学院。从某种意义上讲，学科专业群是政府与大学、大学与学院、行政权力与学术权力间的着力点、落脚点和交会点，是在学部、学院治理模式下提高自主管理能力、完善内部治理结构的有效载体。

三是深化体制机制改革，优化学科专业群协同建设机制，激发学科专业群建设的内生活力。学科专业群是介于高校与学院之间的一种更加扁平化的组织管理模式，具有实体型、虚体型和虚实结合型三种形态。高品质的学科专业群建设，应当更加重视体制机制的协调与优化，加强和落实顶层规划设计，搭建学科专业群的群内与群外、学科与学科、学科与专业、专业与专业之间的生态层次体系和生态位联结体，强化学科群与高校发展战略的契合度、与群内各个学科专业的聚合度、与学院发展目标的匹配度，通过管理体制和运行机制的优化与创新，实现学科专业群的高质量发展。

（四）以特色、创新与共生为评价新导向，构筑学科专业群建设新格局

大学之“大”体现在众多方面，既有广博的学科门类、一级学科、二级学科和学科方向，高校众多的学科形态，如传统优势学科、主干特色学科、基础支撑学科、新兴交叉学科等，构成纵横交织的学科层次生态体系，成为大学研究“高深学问”的厚实载体；又有宽泛的专业教育，以研究生教育（博士、硕士）、本科教育、专科教育三个层次、四种类型为主渠道，培养经济社会发展急需的各行各业专门人才。针对大学之“大”，任何一个大学排名，都难以全面、准确地描述高校学科与专业发展的真实状况。任何一所大学的排名结果，无论拥有多少个A+学科、多少个排名第一，都是以点带面、以偏概全，难以全面、准确地反映出学科专业发展的真实风貌，更遑论有些高校评估材料的拼凑、堆叠甚至造假。近期，南京大学、中国人民大学、兰州大学等“双一流”建设高校相继宣布退出国际排名，表明了一种回归初心、潜心教育教学的理性选择。

一是以特色发展强化高品质学科专业群的优良基因。有学者曾讲过，越是民族的，越是世界的。中国大地及其独特历史、文化、制度和发展道路是中国特色的丰厚土壤、源头活水，而中国特色形态则是多姿多彩、丰盈生动的，民族的、区域的、行业的、高校的、院系的、学科的、专业的、课程的……都可以纳入特色中。高品质学科专业群建设应强化特色基因，形成发掘特色、鼓励特色、包容特色和彰显特色的浓厚氛围与导向，

避免学科专业雷同，“千校一面、缺乏特色”的现实困境，由点到线、由线到面，由行业到区域、由学科到专业、由学院特色到大学特色，千姿百态、各美其美。

二是以创新增强学科专业群的内生源动力。高质量发展不是一时、一域、一人、单一学科或单一专业的高质量发展，而是持久、全局、全员、全部学科和专业的高质量发展，既要四肢健全、骨骼强壮，又要血脉畅通、机能旺盛，学科专业群建设应从全方位、全要素、全过程重塑高等教育的新生态、新模式、新内涵。

三是以共同发展作为高品质学科专业群建设的重要保证。高品质学科专业群不应当是数量、指标和帽子的堆砌叠加，而是破“五唯”之后的回归初心、强基固本的新要求。高品质学科专业群建设既要避免无重点、无差别的平均主义，又要力戒“一鲸生、万物灭”的“虹吸效应”，以现代大学制度为核心架构，在学校与学部、学校与学院、学科与学科、专业与专业、学科与专业之间构建起共生的、良性的生态，在党群机关、行政组织、院系中心、教辅单位、学生社团等子系统及其内部，以及在教师、学生、职工、校友、社会公众等不同利益相关者之间，建立起风清气正、治理优良的现代大学制度，营造教书育人、管理育人、服务育人的新风尚，开创一流引领、共同发展的新格局。

High-qualified Discipline Specialty Groups: The Inevitable Choice for High-quality Development of New Finance and Economics

Chen Yigang　Hou Jiayin　Chen Xinpeng

Abstract: Disciplines and specialties are the development root, survival foundation and power source of a university. Discipline specialty groups are the orderly division of labor, organic integration and symbiotic system of disciplines and specialties. Discipline specialty groups of high quality are not the fashionable configuration of chasing the trend, but the main pillars for the survival and development of universities. They are not closed or separated from each other but a plateau of integrated construction rooted in the land of China; not an isolated system taking one thing into consideration to the neglect of the other but an enriched ecosystem with intergrowth and co-prosperity as well as deep integration; not a beggar-thy-neighbor college system or an indispensable department system but a new governance mode under the concept of community; nor an accumulation of quantity, index and titles but a new guidance returning to the original mind with consolidation of the foundation. Therefore, the construction of high-qualified discipline and specialty groups should be guided by Xi Jinping thought of socialism with Chinese characteristics for a new era, so as to fully implement the new concept of high-quality development. Taking the second round of double first-class initiative and the four new key disciplines construction as an imporeant measure, the new connotation of the construction of discipline and specialty groups should be deepened and expanded. Taking the improvement of the internal governance of the university as a breakthrough, the new mode of discipline specialty group construction should be constantly optimized. Under the guidance of the new evaluation orientation of characteristics, innovation as well as symbiosis, a new pattern of discipline specialty group construction should be vigorously developed.

Key words: High-qualified Discipline Specialty Groups; High-quality Devclopment of Education; New Finance and Economics

商学教育

20 世纪 20 年代新加坡华人社会商学教育的发展

——以新加坡南洋工商补习学校为例

沈　博*

摘　要： 随着近代工商业竞争日益激烈，新加坡华人社会在“商战”思潮的影响下，开始重视和发展各类商学教育。20 世纪 20 年代初新加坡南洋工商补习学校的创办正是当时新加坡华人社会学校商学教育发展的一个典型案例。该校在探索构建商学教育课程体系的基础上，通过延请业界人士讲解商品知识、开办藤工场、举办藤工展览会、组织学生参访当地华商企业工厂、创办《工商周刊》等形式，拉近了学校与社会的距离，在充分发扬实践体验教育的同时，也不断强化商学教育的现实需求导向和实用性特征。这一案例表明：囿于时代和社会环境，当时商学教育的发展既有进步和前瞻性的一面，也存在诸多不足和缺憾；但无论如何，商学教育的探索对近代新加坡华人社会的思想启蒙和人力资本积累产生了重要影响。

关键词： 新加坡华人社会；商学教育；南洋工商补习学校

自 19 世纪初新加坡开埠之后，来自南洋马六甲和中国华南地区的华人移民迅速涌入新加坡，寻求发财致富的机会，由此逐渐形成了颇具规模的华人社区。“南洋各属华侨，又以新嘉坡为经济活动之中心”①，新加坡因此成为近代南洋华商网络乃至整个海外华商网络的关键节点，既是华商

---

* 作者简介：沈博，中国社会科学院经济研究所助理研究员。

① 张相时：《华侨中心之南洋》上卷，海南书局 1927 年版，第 2 页。

荟萃之地，也是南洋华商接触欧美商人的重要前沿阵地和东西贸易的中转站。在早期新加坡成长为世界性自由商贸港的过程中，由于华商是当时南洋跨国商贸网络的重要力量，“无论其为直接或转口，要皆不能脱离华商之经济的活动而独立存在”①，英国殖民者对华商和华人的帆船极为重视。② 不过，随着近代欧美工商业的快速发展，以传统商业模式运营的华商群体日益感受到近代商业竞争的激烈。他们逐渐意识到，要适应近代商业竞争新环境，就必须对新兴的经济事物和现象有所认识，对新兴商业技能知识有所掌握，方可能跟上时代步伐，谋得生存和发展。新加坡作为近代世界商贸转运枢纽，更是“世界一大商战之场所”。③ 身处新加坡商业社会的华人华商对此感受更为直接而强烈。在“商战”“学战”等社会思潮的影响下，近代新加坡华人社会开始重视和发展商学教育，并在 20 世纪 20 年代进入发展黄金期。④ 当地华商和侨领积极资助与兴办各类华文学校，并将各类商学教育和训练内容纳入日常的教学活动中，希望让华人社会后起青年“得受实际商业学识之教养，参与专门技术之训练，运用合时代潮流之学术，替代千百年来祖传之旧生意经”，进而才能更好地“立足于万千竞争之中”。⑤ 20 世纪 20 年代南洋工商补习学校的创办正是当时新加坡华人社会发展学校商学教育发展的一个突出案例。

新加坡南洋工商补习学校（The Chinese Industrial and Commercial Continuation School）是由施甦、柯朝阳、叶贻秀、洪石亭、庄笃鼎和黄卓善等华人在 1919 年冬天倡议创办的。⑥ 该校“以办理补习教育为职志”⑦，“侧重于职业补习教育”⑧，希望“一方面赶紧补救现代工商界中之失学青

---

① 张相时：《华侨中心之南洋》上卷，海南书局 1927 年版，第 4 页。

② C. E. Wurtburg, *Raffles of the Eastern Isles*, London: Hodder and Stoughton, 1954, p. 589.

③ 康镜波：《学生银行成立记》，《南洋工商补习学校丛刊》（第二集），1923 年 10 月。

④ 有关近代新加坡华人社会中商学教育的发展背景及情况的详细介绍，参见沈博、张亚光《商学教育与新加坡华人经济的近代化转型》，《华侨华人历史研究》2022 年第 1 期。

⑤ 许苏吾：《新加坡华侨教育全貌》，南洋书局 1952 年版，第 84 页。

⑥ 钱鹤所编的《南洋华侨学校之调查与统计》指出，南洋工商补习学校是在民国八年（1919 年）冬天创立的。《南洋工商补习学校创校六十周年纪念刊（1921—1980）》中“校史”部分则提到，该校是 1920 年 1 月，由施甦倡议办理的。参见陈国祥《校史》，《南洋工商补习学校创校六十周年纪念刊（1921—1980）》，南洋工商补习学校 1980 年版，第 11 页。

⑦ 钱鹤编：《南洋华侨学校之调查与统计》，暨南大学南洋文化事业部 1930 年版，第 52 页。

⑧ 康镜波：《工商周刊成立记》，《南洋工商补习学校丛刊》（第四集），1926 年 10 月。

年，一方面栽培将来商战中之适用人材，以应付此潮流，使免落伍者”。[①]这与当时新加坡华人社会所创办的其他华校小学、中学的办学宗旨有所不同。自1920年起，该校开始招收学生。一开始，学校借用丹戎巴葛（Tanjong Pagar）276号寅宾俱乐部二楼开办夜学。1920年3月起开始迁入英俄街（Engger Street）30号，并兼办日学。创办之初，学校因经济窘迫、学校注册风波等事情而几度濒临停办。在师生和校友三度合力护校后，自1922年下半年开始，学校在校长林则杨的带领下，开始稳固办学基础，步入发展正轨。1923年学校通行的新学则规定，学校分为日学、夜学两部，日学包括商业补习科和普通补习科，附设初级小学；夜学则按科目制开展教学工作。整体而言，这一时期南洋工商补习学校主要通过开设商学课程、商业实践体验和办刊编书等方式，积极引导和鼓励学生关注实业，学习掌握商业常识，提高专业技能水平。作为当时新加坡最早的知名华校之一，南洋工商补习学校在发展商学教育上的探索颇为典型。在当时，一些偏重于普通教育的新加坡华校小学在效仿国内小学课程体系设置的基础上，根据当地商业社会情形，特设了英语、商业等与商业活动密切相关的知识和技能课程。[②] 而南洋工商补习学校在商业科方面的课程类型及内容较于当时新加坡其他华校小学要更为丰富。此外，在探索、搭建理论与实践相结合的商学教育平台方面，除其他一些新加坡华校设立和推行的学生商店、学生银行等校内实践平台之外，南洋工商补习学校积极推行多样化的实践体验活动，甚至还逐步向社会商学教育延伸，通过创办和发行经济类报刊，增强了商学教育对当时新加坡华人社会的影响。

有鉴于新加坡南洋工商补习学校在商学教育方面进行的理论教育与实践体验相结合、学校教学与社会生活相融合、知识传授与社会传播相聚合等诸多典型性和独特性兼具的探索与实践经验，本文拟通过对20世纪20年代该校在课程设置、实践教育平台搭建、办刊编书等情况的介绍，总结

① 康镜波：《学生银行成立记》，《南洋工商补习学校丛刊》（第二集），1923年10月。

② 当时，中国教育界正在讨论中小学的职业教育与普通教育并轨发展还是分轨发展的问题。1922年，北洋政府教育部颁布的《学校系统改革案》要求：“小学课程得于较高年级，斟酌地方情形，增置职业准备之教育”［参见《学校系统改革案（中华民国十一年十一月一日公布，教令第二十三号）》，《东方杂志》1922年第19卷第23期］。由于当时新加坡华校与近代中国教育界往来密切，一些实行普通教育的新加坡华校小学也尝试在正常的普通教育模式之外，酌情增加几门实用性强的职业教育基本课程，其中就包括商业科。

其在商学教育探索与实践层面的成败得失，并由此窥探20世纪20年代新加坡华人社会乃至海外华人社会商学教育发展的大致情形。

一　教育体系的构建与商学课程的开设

新加坡南洋工商学校开展商学教育的典型实践之一，就是将商业、珠算等商学常识和技能类课程引入小学课程设计体系中。这是当时新加坡华人社会华校商学教育的一大特征，“三年上以上之英语及高级之商业，系根据南洋社会情形而特设科目”。[①] 由于家庭经济状况、学业表现、个人求学意愿等因素，并非所有的学生都能够升学[②]，离开学校、走向社会的学生如若能具备基本的商业知识和技能素养，自然更容易在当地商业社会中谋得生存，毕竟“一般生徒，在学校学习种种学科，即是去求生活的技能”。[③] 当时不少华校会在常规的小学教学课程体系之余，加入一些与商业相关的基础课程。比如，新加坡爱同学校开设有商业、簿记、算术等课程；道南学校在20世纪20年代时亦向高年级小学生开设商业、簿记、珠算等课程。而南洋工商补习学校在创办初期便以开办补习学校为职志，“以便利华侨工商界的青年求学起见”[④]，其教育的目标对象正是那些初高小学无力升学或肄业者。开设相对系统且细化的商学教育课程，无疑有助于帮助他们“养成职业能力”，从而更好地“为社会服务”。[⑤]

在课程设置上，自1920年创校开始，该校开设有商业课程，国民科则未安排商业课。至于英语补习科，学校安排有“商业文件”课程，但并不向初学者开放。按照1923年学校发布的新学则，商业补习科在第一学年上学期需修习“珠算”课（每周1节）和“尺牍”课（每周2节），

---

① 《本校现状概要》，《新加坡道南学校一览》，新加坡道南学校1932年版。此外，根据1928年南京国民政府发布的《华侨小学暂行条例》，华侨小学的教学科目包括三民主义、公民、国语、外国语、算术、历史、地理、卫生、自然、乐歌、体育、党童子军、手工等，并未包括商业课。

② 根据新加坡南洋工商补习学校的统计，1921年该校日学部共有学生71人，夜学部120人；1922年日学部共有学生103人，夜学部124人；1923年日学部共有学生151人，夜学部有112人。然而，1924年该校第一届毕业生仅有6人，1926年第二届毕业生仅有7人，1927年第三届毕业生仅有12人。

③ 王韶生：《教育与环境》，《端蒙月刊》1931年第9期。

④ 林穆群：《校史述略》，《南洋工商补习学校丛刊》（第二集），1923年10月。

⑤ 《本校开办迄今一览表（1925）》，《南洋工商补习学校丛刊》（第四集），1926年10月。

下学期则需修习“商业文件”（每周2节）；第二学年上学期增设“商业要项”（每周2节），下学期需修习“商品学”（每周3节）和“簿记学”（每周3节）；第三学年上学期需修习“簿记学”（每周1节）和“广告学”（每周3节），下学期还需修习“商业历史地理”课（每周3节）。至于各门课程的具体教学内容，“商业尺牍”涵盖日常商业活动中所需用到的实用信札格式及写作的问题；“商业文件”主要涉及商场契约单的介绍和应用问题；“商业要项”课主要是向学生介绍经商的准备工作，银行、金融、商业机构的组织架构及各自业务，交通运输以及债务事宜等内容；“商品学”具体向学生讲解生熟货的来源、性质及其制造法，货品的优劣真伪识别、产品的封藏法等实用性常识；“簿记学”则重在向学生介绍中式簿记、单式簿记和复式簿记。至于所用教材，学校基本采用当时中国国内出版的一些经典商学教材。譬如，“商业尺牍”课采用了林万里编写的《商业新尺牍》（上海会文堂书局1910年版）、周天鹏的《商务新尺牍》（原书名应为《最新商务尺牍教科书》，上海会文学社1907年初版），“珠算”课采用徐增所编写的《新法珠算教科书》（原书名应为《新小学珠算课本》，由徐增和柴辅文合编，中华书局1924年初版），此外其他商业课程还采用了阮凤人编写的《英文商业常识》（商务印书馆1914年初版）以及周锡三编写的《实用商业会话》（商务印书馆1921年初版）等教材。[脚注：《各级现用教科书一览表》，《南洋工商补习学校丛刊（第三集）》，1924年10月] 诚然，学校根据现实需求的导向，按照由浅及深、理论与实操兼顾、专门技能与常识科普相结合的思路来设计和构建整个商学教育课程体系，颇具现实导向性、科学性和实用性等特征，也充分迎合了当时实利主义教育的思想主张。

不过，现实教学工作的开展面临着不少困难和挑战。一方面，由于当时新加坡华校多是华人社会的侨领或华商所资助，其经费来源在很大程度上与捐助人的财力支持程度以及当时社会经济的景气程度相关，学校“早有增办职业补习科之计划，惟因校基未固，经济未充，迟未实现”。[①] 另一方面，或许是当时华校尚处于草创和探索阶段，商业教育的学制设置时常变动。更为重要的是，当地华人社区缺乏专门的商学教育师资，学校

① 陈国祥：《教务概况》，《南洋工商补习学校丛刊》（第三集），1924年10月。

教员流动性大，“更迭过频”。[①] 就读的学生“如为职业所缠，或境遇变迁，旋读旋辍，难竟厥功”。[②] 这给商业课程的正常开设带来较大的挑战。凡此种种，无疑均会影响到最后的教学质量和效果。实际上，这一现象并非新加坡南洋工商补习学校所独有，当时新加坡华校普遍面临着经费、师资和生源方面的难题。

二 商业实践教育平台的探索

新加坡南洋工商补习学校的教学方针在于“重实验，主实用，反对因袭的机械的”。[③] 除了课程体系的设计和安排外，学校还相当重视商业实践教育平台的探索和构建问题，通过在校内创办学生消费公社、商品陈列所、学生银行、藤工场和藤工展览会、组织学生参访与调研当地华人企业工厂等方式，积极为学生创造躬身接触和体验商业活动的机会，以求达到学以致用的教育目标。当时新加坡不少华校在实用主义教育策略的引导下，注重为学生创造动手实践的体验平台。比如，星洲养正学校开设有学生商店；爱同学校同样创设了由学生组织与管理的校内商店和银行。但南洋工商补习学校在这一方面的探索要相对系统和丰富。当然，由于学校经费不足、商学教育师资及其指导的匮乏、社会对学校商学教育实践的支持相对有限等方面的因素，学校的探索和实践历程颇为坎坷。

（一）学生消费公社

学生消费公社的创办缘起于1921年3月校长林则杨对学校“贩卖部”的改造。根据公社章程，该社按照互助精神与合作制度，由入社学生认缴股本1英镑，但无须现交，可以在账目结算时以红利相抵。公社设有贩卖员日夜各两人，书记员日夜各三人，会计员一人，人选由全体社员

① 陈国祥：《教务概况》，《南洋工商补习学校丛刊》（第三集），1924年10月。根据新加坡南洋工商补习学校的记录，在整个20世纪20年代，共有57名教职员曾在该校工作或任教，其中科任教员共计53人（包括聘任的藤工技师和木工技师）。这些科任教员的平均服务时间大约是32个月，即2年零8个月。但其服务年限超越平均年限的科任教员有14位，仅占26.4%；有20位科任教员的服务年限在1年以下，占37.7%。

② 陈国祥：《教务概况》，《南洋工商补习学校丛刊》（第三集），1924年10月。

③ 李墨林：《试行道尔顿制之经过》，《南洋工商补习学校丛刊》（第二集），1923年10月。

公举。[①] 销售的货物以学生所需的书籍、文具以及其他学习必需品为主。正是在经营公社的过程中，负责日常运营管理的学生逐渐意识到采办商品、合规记账对于商业运行的重要性。同时，他们也认识到消费公社的运营模式对于南洋合作事业的重要意义，指出“消费协社……以廉价购入，而分配于社员，既不虞辗转增加物之价值，又可杜商人之垄断居奇，而消费者购买力自可减轻，诚为救济时艰之要道也”，“吾侪苟能善为团结之，组一消费协社，于生活必能增益”。[②] 此后，在李联星、柯子平等学生的大力推动下，公社的运行章程不断完善，在进一步明确合作互助之精神宗旨和组织原则的同时，调整社员红利分配方法。[③] 学生消费公社在某种程度上可被视为学生对贯彻合作精神的“消费协社”的一种试验。

（二）商品陈列所

南洋工商补习学校于 1921 年 7 月由学生捐资设立商品陈列所，其主要目的在于展示当时南洋市场上贩售的各类商品。但一开始受规模限制，陈列所尚未能充分引起学生的关注，而负责运营的同学又因学习和个人事务缠身而未遑顾及。迨至 1924 年，校长林则杨决心重振陈列所事务，通过校友募捐等方式，为陈列所置办玻璃货橱和玻璃瓶等，并将陈列所内展示的商品类型，由原来的 200 余种扩充至 400 余种。陈列所还增设了管理员，由日学部和夜学部的学生分别担任。此外，林则杨考虑到“同学等热心研究虽不乏人，然间有因乏人指导，未能得其精蕴者”[④]，又专门邀请当地华人社会中富有商品经销经验的业界人士前去为学生讲解商品。譬如，曾几生应邀前去讲解“硕莪”，黄肖岩前去讲解“凤梨”，张松栋前去讲解“海参”。不过，在组织开展活动的过程中，陈列所同样面临不少困难，一方面由于资金有限，扩充陈列商品类型的工作进展较缓；另一方面，邀请专业人士前去演讲的工作也因受邀人事忙、参与意愿不强等情况

---

① 1926 年新修订的学生消费公社章程则规定，公社职位设顾问 1 人，主任 1 人，会计员 1 人，贩卖员 4 人。凡是该校学生或教职员前往购买商品，都将视为该社社员。参见柯子平《学生消费公社第三次报告》，《南洋工商补习学校丛刊》（第四集），1926 年 10 月。

② 李联星：《学生消费公社报告》，《南洋工商补习学校丛刊》（第二集），1923 年 10 月。

③ 柯子平：《学生消费公社第三次报告》，《南洋工商补习学校丛刊》（第四集），1926 年 10 月。

④ 童子达：《商品陈列所第二次报告》，《南洋工商补习学校丛刊》（第三集），1924 年 10 月。

而难以长期为继。因此，1926 年，陈列所开始吸纳学校的学生，自行组织创建商业研究所，“以研究商事、启发商智、讨论商品、磋磨商规为宗旨”①，希望参与的在职学生轮流向大家讲解日常中的工作经验和必备常识，包括商品鉴别法、商场习惯法、海陆运输法、货物配领法等内容。

（三）学生银行

学生银行创设于 1923 年 4 月，“以养成储蓄美德及练习银行知识为宗旨”。② 根据该校学生康镜波的说法，学校早在一开始就意识到银行在近代商业活动中的重要角色，“是故自成立以来，对于银行斯科，虽然尚未特设专科，而要创设一学生银行，以资诸同学作参考研究之机关者，早曾计及之矣”。③ 当学校于 1923 年试行“道尔顿制”教育模式时，柯子平、童子达、王伯恭、李联星等学生与康镜波商定，向学校提出设立学生银行的想法。此后，康镜波起草学生银行招股章程，向全校学生募集资本 1000 元。招股章程甫一发布，“诸学生之认股也，十分踊跃”。④ 一周之内，认股数就超过了四分之三。除了面向学生募股集资外，学生银行的组织架构建设也积极对标当时的商业银行，专门设立正副经理、文书、会计、出纳、营业等职位或部门，开展定期存款、往来存款、暂时存款、定期放款、贴现放款、特别放款、往来存款透支等业务，“所有账表传票，力谋完备；计算登记，悉照新法”⑤，以使学生一方面能够在业务处理中掌握相关的实用办理技能，另一方面能在接触银行交易业务中了解业务常识，加深对银行在社会经济中作用的认识。在日常运行中，学生银行极力遵照章程，定期召开股东大会，稽查各期营业账目，对外发布营业损益表。由于学生银行经营状况良好，校长甚至还专门从日学部中遴选学生前去见习。在实际开展工作的过程中，学生银行不断尝试拓展新业务，逐渐由起初的实习银行服务技能的阶段走向试验商业银行经济原理的阶段。1926 年，康镜波甚至提出根据新加坡殖民地银行条例改造学生银行为平民储蓄银行的设想，以“专为华侨中产以下者保管另资与利殖，外则可

① 童子达：《商品陈列所第三次报告》，《南洋工商补习学校丛刊》（第四集），1926 年 10 月。
② 《工商学生银行章程》，《南洋工商补习学校丛刊》（第二集），1923 年 10 月。
③ 康镜波：《学生银行成立记》，《南洋工商补习学校丛刊》（第二集），1923 年 10 月。
④ 康镜波：《学生银行成立记》，《南洋工商补习学校丛刊》（第二集），1923 年 10 月。
⑤ 康镜波：《学生银行成立记》，《南洋工商补习学校丛刊（第二集）》，1923 年 10 月。

以谋侨众经济之福利，内则可以广予同学实习银行之技能”。[①] 此外，为了更好地让大家学习和了解银行业务常识，银行小图书部还专门收集了《银行月刊》《银行周报》《经济统计》《经济类钞》等杂志和《银行簿记及实务》《银行经营论》《银行制度论》《银行会计科目名词研究》等书籍，供大家阅览学习。

（四）藤工场和藤工展览会

1924年8月，为了给免费生提供勤工俭学的机会，同时增加学校财政收入，学校创办了藤工场，还在同年10月创办了技工场。“因为职业技能本为本校认作特别注意的，而且那些免费生能自食其力，尤足以养成他们的自立精神”。[②] 学校专门从福建厦门闽南职业学校延聘藤工技师郭耀西，并在1924年秋季学期正式开设课程。藤工场开办初期共有学生28人参与，分为编织、造架两大部门，大多数情况是在学生课余时间参与教学和制作活动。1925年冬天，康镜波、柯子平前往拜会林金殿和蒙林，二人“慨赠以碧城街房屋两座”。[③] 学校将其中一处设为工厂，将原有藤工场迁入，并再设一木工场。同时，在陈嘉庚的协助联系下，新加坡华侨中学向学校转让了原有的木工设备和工具。但由于木工的工艺流程远较藤工复杂，在初创之时，报名前去学习的学生并不多，成品基本上为木工技师一人所制。至于藤工产品，据统计，1925—1926年，学校藤工场总共制造了1168件，较此前第一期的266件多了不少，而且产品销路甚广，“甚称利市”，“时现有供不及求之概”。[④] 不过，藤工场的运营同样面临着入不敷出的困境，学校只能“将各项费用开支以外，若有赢余之时，乃收回以津贴此副技师之辛金是也”。[⑤] 为了更好地宣传藤工场，学校的《工商周刊》还积极推出了“藤工专号”，向当地华人社会宣传藤工技术和藤工产品，响应当时注重国货和实业教育的号召。此外，学校还于1926年7月18—20日在校内筹办和组织了藤工展览会，向社会公众展示

① 康镜波：《学生银行第二次报告》，《南洋工商补习学校丛刊》（第四集），1926年10月。

② 康镜波：《增设藤工场记》，《南洋工商补习学校丛刊》（第三集），1924年10月。

③ 童子达：《工厂概况》，《南洋工商补习学校丛刊》（第五集），1927年9月（注：原封面写的是“十五年九月”，但从实际内容看，应是“十六年九月”）。

④ 康镜波：《藤工场第二次报告》，《南洋工商补习学校丛刊》（第四集），1926年10月。

⑤ 康镜波：《藤工场第二次报告》，《南洋工商补习学校丛刊》（第四集），1926年10月。

了学校兴办藤工场的经历、参与学生的情况以及各类制成品，“参观者人数五百余人，兑出物品价三百余元”。[①] 康镜波认为，“近来出品销途之畅旺及引导侨众对于学校教育能得一种新见解者，确应当归功于斯会”。[②] 他也特别谈到，学校开办藤工场与举办藤工展览会的目的仍在于希望改变海外众华人对职业教育的认识，尤其是要意识到今后南洋工商业“非徒有科学之智识者，不足以图存”。[③]

（五）企业参访调研

为了让学生能充分了解当地华侨实业界的基本情形，学校积极安排学生前往当地华商企业或工厂进行参访和调研。1925 年 5 月，学校商业补习班的学生前往南春公司树胶第三分厂和鼎山砖窑厂参访。前往南春公司树胶厂参访是学校推行的消夏团活动的一部分。当时因天气炎热，学校决定将室内课调整为室外实践课。同年 5 月，老师指导学生前往巴实班让，参访了位于当地的南春公司树胶第三分厂，现场观摹树胶厂的内部架构和运行流程，了解树胶产业的发展情形。[④] 5 月 31 日，老师带领 11 名学生前往当地华商林志义所创办的鼎山机器大砖厂参访，实地观摹和了解制砖、烧砖等生产流程。[⑤] 6 月 21 日，林则杨带领商业补习科及教员十余人前往陈嘉庚公司的树胶制造厂参访，实地了解该厂的生产组织、规模、招工、生产原料、生产流程、产品、机械使用及修理等方面的情况。林穆群在参访后慨叹道，“观我华侨在南洋群岛经营土产者，数居十之七八，人人仅知种种贩销，运至欧美，售与外国人，鲜有能在本地制造有用品物”，与世界各国开展竞争，“吾更希望吾侨奋起而从事大规模之制造业”。[⑥] 不过，由于当地华商所设立的大规模企业工厂并不多，加之“外人者又不易于接洽”，以致学生们只参访寥寥数家，“未能得充分之参考也”。[⑦]

---

① 林玉相：《本校藤工展览会记》，《南洋工商补习学校丛刊》（第四集），1926 年 10 月。
② 康镜波：《藤工场第二次报告》，《南洋工商补习学校丛刊》（第四集），1926 年 10 月。
③ 康镜波：《藤工场第二次报告》，《南洋工商补习学校丛刊》（第四集），1926 年 10 月。
④ 陈仰苏：《参观南春树胶厂记》，《工商周刊》1925 年第 2 期第 2 版。
⑤ 蒋宽裕：《参观鼎山大砖长记》，《工商周刊》1925 年第 4 期第 2 版。
⑥ 林穆群：《陈嘉庚公司树胶制造厂参观记》，《工商周刊》1925 年第 9 期第 2 版。
⑦ 陈国祥：《校务汇记》，《南洋工商补习学校丛刊》（第四集），1926 年 10 月。

三 《工商周刊》的创办与商学教育影响的延展

在积极鼓励和支持学生创造商业实践教育平台之时，新加坡南洋工商补习学校的商学教育就已不仅将目光局限于校内的课程教育和实践体验，更在于通过让学生与社会的接触和互动，使当地华人看到学生的努力及其所取得的成果，进而改变他们对包括商学教育在内的职业教育的新认识。毕竟，“本校为当地之惟一职业补习教育之机关，与华侨工商界有密切重要之关系者”。[①] 为了鼓励学生关注实业，同时也能更好地发挥学校在社会商学教育中传播商学、启迪商智的作用，学校于 1925 年 4 月支持创立工商周刊社，并以《叻报》附刊的方式向社会公开发行《工商周刊》。当时新加坡不少华校小学都创办了展示学生学习成果的校内刊物，但像南洋工商补习学校公开发行经济类专门刊物的情况实属罕见。

关于工商周刊社的创立和《工商周刊》的发行初衷，担任刊物轮值编辑的康镜波如此说道：“本校除去课程之教授以外，恒思创办一文字宣传之机关，以与当地工商业家互相联络；并可觇同学之所研习者，是否切合于实用。”[②] 不过，由于经费缺乏等问题，加之向殖民地政府申请注册一事存在困难，迨至学校国语科学生蔡如心代为与当地叻报馆接洽后，一向致力于在南洋华人社会宣传实业与教育的时任《叻报》总编辑周君南对此事大为赞同，学校由此与叻报馆达成合作，《工商周刊》才能够以附刊的方式刊出。当时，学校创办周刊的消息一经传出，不少同学积极响应，报名参与周刊的编辑工作。校长林则杨担任周刊顾问，康镜波、林穆群、柯子平、童子达、纪玉衡、林春生等进入周刊的轮值编辑团队，[③] 负责各期周刊的文章收编工作。根据周刊社第一次职员会的讨论，《工商周刊》每周出版一次（后来在实际操作中，由于版面有限，改为每周出版一期，一期分两版，分别在《叻报》不同期次上刊出）。

1925 年 6 月 2 日，《工商周刊》第一期第一版在当天的《叻报》附刊

---

① 柯子平：《工商周刊概况》，《南洋工商补习学校丛刊》（第五集），1927 年 9 月。

② 康镜波：《工商周刊成立记》，《南洋工商补习学校丛刊》（第四集），1926 年 10 月。

③ 纪玉衡仅参与周刊前 13 期的编辑工作，而后因事回国辞职，林穆群随之顶替纪玉衡的工作。林竹轩参与前 27 期的编辑工作，林春生则参与前 30 期的编辑工作，二人工作后由童子达、柯子平顶替。蔡如心参与每期发稿的任务。

版面上正式问世。《工商周刊》发刊词明确提出，周刊发行有两大目的：其一是“促进本校同学研究实业的兴趣，及增加切磋学问的机会”，其二是“宣传本校的真精神，使侨胞对于补习职业教育有相当的了解”。[①] 第一期还刊出了当期编辑主任纪玉衡的《工商救国》一文。该文明确强调，“国家地位之强弱，视乎国民经济之盈窘；国民经济之盈窘，视乎工商业之兴替为转移”，而欲实现国家工商业的振兴，就必须在培植“工商专门之人才”的同时，“集聚雄厚之资本”。[②] 此后，《工商周刊》一直作为《叻报》的附刊出现，持续至20世纪20年代末《叻报》附刊改革前后，成为颇受当地华人关注和珍视的一份商学教育刊物。

从内容上看，周刊设置了主张、研究、译著、调查、问答、常识、短评、专件、杂俎、校闻等栏目。“主张”一栏多是发表周刊编辑部对华人工商业界发展的倡议或观点建议，譬如纪玉衡在第一期第一版发表的《工商救国》，林春生在第2期第一版所发表的《振兴工商业宜设专门学校说》，林竹轩在第3、4、5期第一版连载的文章《现代我国商人应有的精神》等。“短评”一栏发表关于工商领域某一具体现象或问题的简短评论，如林穆群在第2期第二版所发表的《投资交易不是赌博》，林春生在第4期第二版发表的《投机交易与赌博》，杨承嘉在第6期第二版发表的《工商界宜注意道德》等。“研究”一栏是就当时工商领域的某一具体问题发表颇具学术性观点与分析的文章，比如在第1期到第3期第一版连载的林穆群关于“商人的几种不良习惯”的文章，在第9期到第12期连续刊载的康镜波的文章《储蓄银行浅说》，第41期到第50期连续刊载文章《银行学浅说》（署名亚斯），第75期到第86期连续刊载文章《汇兑学浅说》（署名康镜波）等。“译著”一栏曾连载《经商要则》（林竹轩译）、《近世英国保险业发达史》（白丙壬译）、《汇票》（康镜波译）、《英属马来半岛之劳工概况》（群福译）、《英属马来矿务》（光宇译）、《英属马来商务》（光宇译）等英文商业书籍或调研报告。“调查”一栏主要刊载学校学生对新加坡各行业的调查报告书，包括林春生对运货汽车、新加坡瓷器业、华侨报纸广告等主题的调查报告，白丙壬对新加坡各华洋银行的调查报告，童子达对新加坡各行业的调查报告书等。除了市场调查报告、经

① 《发刊词》，《工商周刊》1925年第1期。

② 纪玉衡：《工商救国》，《工商周刊》1925年第1期。

济金融译作、财经时事评论、财经资讯报道之外，周刊“常识”一栏还刊出了不少关于商业或金融知识的科普文。譬如，周刊第14期到第22期连载康镜波对银行退票理由书的释义一文，第29期到第34期连载康镜波对银行支票里书的介绍，第38期到第48期连载康镜波对银行开立账户手续的深入介绍等。“校闻”则是关于学校各项活动安排的新闻报道。该栏还发挥着信息公开、接受社会公众监督的功能，不时向当地华人公示学校财务情况。此外，周刊结合实际情况，在1927年1月11日增设“周间经济”一栏，并自1927年2月10日开始，增设了“职业介绍”一栏，以满足当地华人工商界关注最新市场动态、招聘与求职等方面的需求。

在各栏目刊载的文章中，有将近一半的篇目是由轮值主编团队署名发表的，此外还有不少文章是其他一些在校学生或编辑团队成员署名发表的。其中，康镜波署名发表的文章就大概占了19%；童子达署名发表的文章大致可占到15%；林穆群署名发表的文章也占了10%左右。这一现象一方面充分彰显了新加坡南洋工商补习学校的学生在《工商周刊》发行过程中所扮演的重要角色。这倒也符合学校向社会公众科普工商常识、提高民众现代经济意识的角色认知。但另一方面也从侧面反映了近代海外华人创办华文报刊的难处，即报纸杂志的创办不仅需要物力和财力，还需要专业人才供稿和采编，并非一般人就能够完成。《工商周刊》创刊时的轮值主编纪玉衡、林竹轩、林春生三人“或以事繁，或因回国，先后退学而辞卸”。[①] 自周刊第31期起，轮值主编团队才固定为林穆群、柯子平、童子达、康镜波四人。毕竟，这些学生只是在工作之余参与补习教育，要他们把大量时间和精力投入周刊的编辑工作实属不易。此外，在整体受教育水平相对较低的近代新加坡华人社会中，能读书、看报的人本就有限，擅长文字写作和通晓经济常理二者兼得的专业人才更是凤毛麟角。这反过来也就使周刊刊载的内容只能以浅显易懂的工商常识或经济原理为主，所论议题需贴近日常生活事项，兼以介绍近代新生的经济事物和现象，在学理和经验之间灵活穿插，以尽可能覆盖更多的读者受众，迎合社会公众对于工商业信息及常识的认知与了解需求。

对于《工商周刊》中适合出单行本的连载文章，学校专门组织人员，对过往刊登的常识文章或调查报告作统一全面之整理，将之编辑成小册

① 康镜波：《本刊百期之回顾》，《工商周刊》1927年第100期。

子，向社会出版发行，以方便大家查阅和学习。1928 年年初，学校率先编订出版了工商丛书第一种《银行顾客须知》。该书由康镜波主编，主要介绍了银行各业务的基本情况，以及常人所需了解的一些银行常识。自发行之后，该书“颇蒙当地工商界之称许”。[①] 随后，学校又相继编订出版了工商丛书第二种《新加坡各业之调查》和第三种《马来半岛商埠考》。《新加坡各业之调查》由童子达主编，具体收集了当时新加坡各个行业的商号及其地址信息，是 20 世纪 20 年代中后期新加坡各华商商号的一份调查名录。他认为，在商战剧烈的新加坡市场中，“为商人者苟无充分之智识，与实际之调查统计，以定其进取之方针，实不足以与他人相争衡也”。[②] 所以，他专门对新加坡各地各行各业的商家作了一番系统调查，由此形成了这一本小册子。《马来半岛商埠考》则由林穆群主编，主要介绍了马来半岛各地的重要商贸城镇和港口的大致情况，是一份窥探当时马来半岛商业发展全景的重要材料，对于时人了解当时马来半岛的商业发展情形实有裨益。

四　结语

20 世纪 20 年代，新加坡南洋工商补习学校遵循普通教育和职业教育协调发展的探索思路，在学校商学教育方面有诸多颇具特色的试验，一方面构建相对简单却合理的商学教育课程体系，另一方面通过延请富有经商经验的专业人士讲解商品知识、开办藤工场、举办藤工展览会、组织学生参访当地华商企业工厂、创办《工商周刊》等形式，拉近了学校与社会的距离，在充分发扬实践体验教育的同时，不断强化商学教育的现实需求导向和实用性特征。国内教育移植、西方近代商业文化影响和在地化调整三者并存，既是 20 世纪 20 年代南洋工商补习学校商学教育的典型特征，也是近代新加坡华人社会商学教育发展的突出特征。

由南洋工商补习学校的案例可见，当时商学教育的发展对新加坡华人社会的人力资本积累和思想启蒙都产生了重要且积极的影响。从教学育人的维度看，20 世纪 20 年代，前去南洋工商补习学校就读的学生数量稳步

① 《校闻：工商丛书之畅销》，《工商周刊》1928 年第 143 期。

② 童子达：《新嘉坡各业调查（一）》，《工商周刊》1925 年第 2 期。

上升。其中，前去补习的学生覆盖了商店职员、商店学徒、商店杂役、银行和洋行的书记、小贩、商业个体户等职业人群，康镜波、柯子平、许嘉义等便都在当地华人银行供职，此外还有陈若苏、何春生等商业补习科学生以公费或自费形式进入福建集美师范学校等中国院校深造。从社会启蒙的视角看，除了训练和提升华人的学识素养和职业技能外，商学教育还以报刊、展览会等各种灵活形式走进社会，回应和满足当地华人对了解近代新兴工商业及其他新经济事物和现象的迫切需求，使更多的普通民众在了解商品生产、消费和销售常识的基础上，逐渐培植他们的现代消费主义观念和经济利权意识，从而在提高海外华人参与国货运动自觉性的同时，有力地助推近代新加坡华人经济的转型发展。

此外，通过 20 世纪 20 年代南洋工商补习学校关于商学教育的探索过程，我们也可充分观察到当时华人社会所盛行的“商战”思潮的重要影响。这一方面体现于学校和学生对近代新加坡商业社会“商战”环境的判断与认知，另一方面体现于他们对当地华人华商在这一环境中的角色与未来前景的认知。这一系列认知是与当时华人社会不断强化的民族主义意识紧密联系在一起的。马敏（2014）指出，近代中国的商业启蒙进程经历了兴起、嬗变和深化三大阶段，这三个阶段分别与“商战”“工战”“学战”相对应。① 正因为这一思潮的影响，学校在校长林则杨的带领下，有意或无意地将包括商学教育在内的职业教育发展置于当地华人社会的近代化转型大局之中。这种“重视学生”“为工商界培养人才”② 的责任感和使命感推动着学校不断由校内的课程建设逐步延伸到在当地工商领域的华人群体乃至整个华人社会开启商智的实践尝试，进而拓展了当时商学教育的社会影响范围与程度，从思想文化层面助推了当地华人社会的近代化转型。

当然，从 20 世纪 20 年代南洋工商补习学校的个例看，当时商学教育的发展既有进步和前瞻性的一面，也存在诸多不足和缺憾。由于殖民地政府出于教育同化的考虑，并未对当地华文教育发展提供政策扶持和资金支持，加之当时新加坡华人社会整体受教育水平不高，参与和支持商学教育探索的自觉性还相对有限，学校商学教育的发展普遍面临着经费短缺、专

① 马敏：《近代中国的商业启蒙》，《中国社会科学》2014 年第 2 期。
② 许振义：《金门先贤录 · 新加坡篇》，新加坡金门会馆 2015 年版，第 100 页。

业师资匮乏且流动性大、生源质量参差不齐且学生辍学率高等现实难题。这在很大程度上削弱了商学教育的发展规模和实际效果。迨至20世纪30年代，日益严峻的经济危机和民族危机也使商学教育的探索和实践不得不被华人社会救亡图存的时代大势所裹挟。总而言之，近代商学教育并未真正地实现对传统商业领域中学徒教育的替代。但无论如何，我们仍不应忽视20世纪20年代商学教育的发展在近代新加坡华人社会的人力资本积累和思想启蒙中所播下的积极影响的种子，也应看到这段商学教育探索历程的当代价值：在课程设计中纳入商学教育内容、教育与实践相结合等形式都已成为现代职业教育的常规手段，而其中关于职业教育走近普通民众、实现全面发展的探索思路和实践，亦足以为当今职业教育发展所参考。

The Development of Business Education in the Ethnic Chinese Community in Singapore in the 1920s —A Case Study Based on the Chinese Industrial and Commercial Continuation School

Shen Bo

Abstract: With the increasingly fierce competition in business and industry, the ethnic Chinese community in Singapore began to attach importance to the development of business education under the influence of the idea of commercial warfare. The establishment of the Chinese Industrial and Commercial Continuation School in the early 1920s was a typical example at that time. Based on the exploration of the curriculum of business education, the school invited people from the industry to give lectures on commodity knowledge, opened a rattan products workshop, held rattan products exhibitions, organized students' visits to local ethnic Chinese enterprises and factories, and published *Industrial and Commercial Weekly* to bring the school closer to the society, strengthening the realistic needs orientation and practical characteristics of business education while giving full play of practice education.

This case reveals to us that, although the development of business education at that time was confronted with difficulties due to the constraints of the era and social environment, the progressive and farsighted exploration of business education did have an important impact on the social enlightenment and human capital accumulation of the ethnic Chinese community in modern Singapore.

Key words: The Ethnic Chinese Community in Singapore; Business Education; The Chinese Industrial and Commercial Continuation School

上海财经大学会计系科发展历程探析（1917—2021 年）

陈玉琴*

摘　要：上海财经大学源于 1917 年秋南京高等师范学校创办的商业专修科，学校会计系科的办学也起步于此。1921 年 9 月，上海商科大学创设会计系等七个系。一百多年来，会计系科的发展大致经历了以下四个阶段：仿效欧美体系、创设会计系科；聘请名师执教、系科稳固基础；多校系科并入、系科实力提升；坚持改革创新、引领系科发展。会计系科的发展经验主要是注重师资队伍建设、坚持改革创新、坚持理论联系实际、坚持国际视野、重视科学研究与社会服务等。

关键词：上海财经大学；会计系科；发展历程

上海财经大学会计系科创建于 1917 年。① 1921 年，上海商科大学会计系作为学校的七个系之一，授予学生商学士学位。之后，会计系科一直是学校的常设系科。新中国成立后，会计学系开始设立会计学专业、工业会计专门化等，并一度与统计系合并成为会计统计系。1978 年复校后，设会计学系。1981 年，会计学科获得硕士学位授予权。同年，获得博士学位授予权（首位博士生导师为娄尔行），是全国首批会计学博士学位授权的学科点。1988 年会计学入选国家重点学科，1997 年入选财政部重点学科，2002 年和 2007 年继续入选国家重点学科。

---

* 作者简介：陈玉琴，上海财经大学档案馆（校史馆、博物馆）研究部主任，馆员。

① 上海市地方志编纂委员会编：《上海市级专志 · 上海财经大学志》，华东师范大学出版社 2021 年版，第 405 页。

本文通过梳理各历史时期会计系科的师资队伍、系科专业设置、教学课程体系、科学研究、社会服务及国际交流与合作，及其在各领域取得的办学成果等，探析和总结会计系科的发展经验，以备其知往察今，在建设世界一流学科的征程中取得新的突破。

一　仿效欧美体系 创设会计系科（1917—1927 年）

“会计”一词最早见于《史记·夏本纪》：“或言禹会诸侯江南，计功而崩，因葬焉，命曰会稽。会稽者，会计也。”这里的“会计”是考核的意思。[①] 随着时代的发展，“会计”逐渐演变为指以货币或其他价值物为计量单位，反映和监督一个单位经济活动的经济管理工作，也指代从事这项职业的人。我国会计学教育发端于清朝末年，当时名称为簿记学，属于商学科的核心课程之一。1902 年，《钦定京师大学堂章程》将大学专门科分为七科，簿记学为商务科核心课程之一。当时的簿记学教材主要译自日本学人的著作。之后，各大学商科开始设立会计科（系），并逐渐转为仿效欧美的学制和课程体系。

1917 年南京高等师范学校（以下简称南高师）增设商业专修科，内设普通商业和会计两类科目（课程），修业年限为三年，主要是为中等职业学校培养师资。[②] 1919 年夏，哈佛大学工商管理硕士杨杏佛担任商科主任[③]，教师有潘学安、王敬礼、卫挺生、朱公钊、朱进等，大多毕业于欧美一流大学。商业专修科开设国文、英文、经济、社会学、商业通论、商业数学、统计学、经济学大意等课程，会计科目主要是，商业簿记和银行簿记。商业专修科教学注重联系实际，并辅之以实习、参观等。1920—1923 年，商业专修科共毕业学生 82 人，除少数继续深造外，大多赴国内各实业机关或学校服务。

1921 年，随着以南高师为基础筹建国立东南大学计划的实施，商科

① 上海辞书出版社：《辞海（第七版）》第三卷，上海辞书出版社 2020 年版。

② 喻世红：《上海财经大学校史读本》，上海财经大学出版社 2019 年版，第 2 页。

③ 杨杏佛（1893—1933），毕业于唐山路矿学堂、康奈尔大学，哈佛大学商学院工商管理硕士。参与发起创办中国科学社和《科学》杂志。曾任南京高等师范学校、国立东南大学教授、工科主任，1919 年起任商业专修科主任。1921 年起担任孙中山秘书。1932 年参与发起组织中国民权保障同盟，任总干事。

扩充改组，“因人才与环境之关系”迁址上海。1921 年秋，上海商科大学在上海法租界霞飞路 290 号尚贤堂正式开学。国立东南大学校长郭秉文兼任上海商科大学校长，著名经济学家马寅初担任教务主任。师资主要由归国的留美毕业生构成。设置会计、国际贸易、货币银行等七个系。设有预科（一年）和本科（四年），本科一年级不分学系。实行欧美学制和学分制，本科生修满规定学分后授予学士学位。课程体系和课程内容基本上仿效欧美，课程设置比较完备，本科生共开设 70 门课程，学系不同，所学必修课程也不同。会计教材多采用英文原版教材。重视考察和实习。多次邀请中外名人来校演讲，扩大学生视野。

1922 年，李道南担任上海商科大学会计系主任。[①] 1924 年，潘序伦担任教务主任兼会计系主任。[②] 会计系的课程除了国文、英文、商业经济、货币及银行、商业组织、商业管理、商业理财等公共课外，有会计学、公司会计、会计问题、商业簿记、铁路会计、官厅会计、高等商用数学、统计学、投资会计或成本会计等会计业务课程。据史料记载：潘序伦讲授公司会计；莫迪讲授成本会计、会计问题和统计学等；[③] 会计名家徐广德讲授商业簿记、货币及银行等[④]；胡明复讲授高等商用数学。[⑤]

1925 年，在会计系主任潘序伦的指导下，以会计系的学生为主体成立了学校历史上第一个学术团体——国立东南大学上海商科会计学会。莫迪、沈籁清、潘序伦、李道南、徐广德、周增奎为名誉会员，各系同学共 29 位为普通会员。[⑥] 学会于 1926 年 3 月出版了《会计学杂志》创刊号，

① 李道南（1885— ），美国伊利诺伊大学硕士，纽约大学研究院肄业。曾任上海商科大学教务主任、会计系主任兼代理普通商业系主任。

② 潘序伦（1893—1985），上海圣约翰大学文学学士、美国哈佛大学企业管理硕士、哥伦比亚大学哲学博士。1924—1927 年任上海商科大学教授、教务主任兼会计系主任。曾创办集立信会计专科学校、立信会计出版社和立信会计师事务所“三位一体”的立信会计事业，出版了数本专著，被后世誉为“现代会计之父”。

③ R. Moodey 莫迪，生卒年不详。美国加利福尼亚大学硕士，曾任美国船务部统计员、加利福尼亚大学会计学教授、上海商科大学教授。

④ 徐广德，生卒年不详。美国宾夕法尼亚大学经济科学硕士，曾任湖南高等商业学校教授、交通大学北京学校铁路管理科总教授、上海商科大学教授。

⑤ 胡明复（1891—1927），1914 年获康奈尔大学文理学士学位。1917 年毕业于哈佛大学研究院，获哲学博士学位，被认为是中国第一位现代数学博士。曾任上海商科大学数学教授。参与筹备创立和维持“中国科学社”和《科学》杂志，参与大同大学的创办、教学及校务管理等。

⑥ 国立东南大学上海商科会计学会：《会计学杂志》，太平洋印刷公司 1926 年版，附录第 3—4 页。

潘序伦撰写了发刊词。创刊号介绍了会计学会的成立情况、章程、会员名录等，刊有会计相关论著7篇、译著4篇。

1925—1927年，上海商科大学会计系共毕业学生41人，大多在银行、学校和政府机关任职。学科办学起点高、发展快，可惜随着郭秉文不再担任校长以及由此引发的一系列变化，尤其是1927年会计系主任潘序伦辞任，学科发展受到一定影响。

二 聘请名师执教 系科稳固基础（1928—1949年）

1928年，学校更名为国立中央大学商学院，1932年，学校独立建制，改名为国立上海商学院，成为当时唯一的国立本科商学院。常设会计、工商管理、银行和国际贸易四个系。抗战期间，校舍曾两度被日军炸毁，但一直坚持办学直至抗战胜利前夕停办。1946年，国立上海商学院复员。这一时期，学校始终以培养高等商业人才、研究高深商业学术为办学宗旨；注重延聘名师，各学系主任和主要教授大多为归国欧美留学生；订立课程标准、充实和完善课目；改进教学方法，要求师生“口手兼用”；继承重视实习的传统，介绍学生赴各商业机关实习；创办多种刊物，供师生发表研究成果。

国立中央大学商学院会计系的系主任先后由程振基、雍家源、稽储英担任。[①] 除专任教师熊宝荪、戴麟书等外，还聘请知名会计学者、我国会计师制度的创始人谢霖为兼任教授[②]。会计系学生一二年级学习各系共同必修课程，三四年级学习会计必修课程，会计教材多为英文原版教材。学生课外实习多去银行、工厂等。会计学会组织学术讨论和研究活动，师生

---

① 程振基（1891—1940），1918年获爱丁堡大学经济学硕士。曾任国立北京大学经济学讲师、北京高等师范学校英语部主任兼总务主任、国立西北大学教务长、代理校长等职，1925年参与筹备安徽大学。1927—1931年担任国立第四中山大学商学院、江苏大学商学院、国立中央大学商学院院长。

雍家源（1898—1975），先后获得金陵大学经济学学士、美国西北大学商学硕士学位。曾任教于金陵大学、国立中央大学商学院、重庆大学等，曾任国民政府审计院审计、湖南省审计处处长、南京市政府会计长等。著有《中国政府会计论》等。1956年被评定为三级教授。

② 谢霖（1885—1969），毕业于日本明治大学商科。中国第一位注册会计师，创办了中国第一个会计师事务所——正则会计师事务所。曾兼任北京大学、国立上海商学院、复旦大学等校教授，以及光华大学商学院会计系主任、光华大学成都分校副校长等。撰写了大量会计著作，推动了复式记账法在我国的运用。

在校内外刊物上均有论文发表。

1932—1945 年，国立上海商学院会计系由会计名家安绍芸担任系主任。[①] 会计系的教师还有姚崧龄、关锡麟、谢霖、袁际唐等。课程体系较国立中央大学商学院时期有继承也有调整，仍然把本科四年分为两个阶段，“一二年级商业基本知识之训练，三四年级则侧重分系专门训练”。[②] 具体如表 1 所示。

表 1　国立中央大学商学院、国立上海商学院会计系课程设置[③]

一年级必修学程	中央大学商学院	国文、英文、法文、日文、经济学、商业数学、政治学、社会学、逻辑学、法学通论、国民党党义
	国立上海商学院	国文、英文、法文、日文、经济学、法学通论、党义、商业数学、经济地理、会计纲要、珠算、世界商业史、军事训练、看护学
二年级必修学程	中央大学商学院	会计学、货币学、银行论、世界商业史、中外商业地理、财政学、商法一、商品学
	国立上海商学院	国文、英文、法文、日文、统计学、财政学、公司法、银行论、会计学、货币学、票据法、看护学、体育
会计系三、四年级必修学程	中央大学商学院	审计学、成本会计、官厅会计、银行会计、铁路会计、会计问题、运输学、统计学、商法二
	国立上海商学院	审计学、成本会计、高等会计、会计问题、公司理财、会计制度、投资学、工商管理
各系共修课程	中央大学商学院	近百年史、市政学、各国政治组织、合作论、高级经济学、经济学史、近代经济思潮、现代经济大势、土地经济、商业与政府
	国立上海商学院	经济思想史、经济恐慌、国际公法、国际私法、民法总则、宪法

① 安绍芸（1900—1976），会计教育家、会计实务专家，新中国会计制度的奠基人。毕业于清华学校，美国威斯康辛大学经济学硕士。曾长期任教于国立上海商学院、复旦大学等。

② 杨艳萍：《近代中国商学兴起研究》，经济科学出版社 2012 年版，第 150 页。

③ 《课程》，《国立中央大学商学院概况》，1932 年，第 1—8 页；《学程纲要》，《国立上海商学院一览》，1935 年，第 31—36 页。

续表

一年级必修学程	中央大学商学院	国文、英文、法文、日文、经济学、商业数学、政治学、社会学、逻辑学、法学通论、国民党党义
	国立上海商学院	国文、英文、法文、日文、经济学、法学通论、党义、商业数学、经济地理、会计纲要、珠算、世界商业史、军事训练、看护学
选修学程	中央大学商学院	珠算、打字、实用心理学、广告学、高级英文、商用英文、高等商算、商法三、公司理财、销售术、工业政策、移民与殖民问题、人寿保险、中国关税问题、交易所论、中国财政问题、公债论、高等会计、市场测验、指数编制法、会计制度、会计师事业、市场学、国际法
	国立上海商学院	社会学、官厅会计、铁路会计、会计分析报告、信托事业、堆栈学、商业心理、合作论、钱庄论、商用英文

国立上海商学院会计系高年级课程数目减少，但整体上更科学高效，更重视相关法律和实际应用。各门主课几乎一律采用英文原版书为教材：二年级的会计学和三年级的高等会计，分别采用著名的凯斯特（Roy B. Kester）系列教材，三年级成本会计用劳伦斯（W. B. Lawewnce）的成本会计，四年级审计学采用蒙哥马利（R. H. Montgomery）的著作。① 据娄尔行回忆，会计系核心课程由系主任安绍芸亲自讲授，时任中国银行总会计处高级职务的姚崧龄讲授会计报告分析、官厅会计等，关锡麟讲授高等会计，谢霖主讲银行会计。在学术研究方面，安绍芸教授在《现代会计》《立信会计季刊》等刊物上发表了数篇会计审计相关主题的论文。1934 年，《国立上海商学院院务半月刊》编辑了学术专号“会计问题”专号。会计学会研究氛围浓厚，定期召开学术讨论会，编有《会计学专刊》等。

值得关注的是，20 世纪 30 年代部分会计系毕业生曾赴欧美深造。如 1936 届毕业生朱国璋赴英国伯明翰大学深造，获得硕士研究生学位。② 1937 届毕业生娄尔行赴美国密歇根大学企业管理研究生院攻读硕士学位，

① 有原、有宜等：《娄尔行》，中国财政经济出版社 2010 年版，第 6 页。

② 朱国璋（1913—1981），1936 年毕业于国立上海商学院会计系，英国伯明翰大学商学硕士。曾任重庆大学商学院院长，1946—1949 年任国立上海商学院院长。1949 年去台湾后，历任台湾大学、政治大学教授、美国伊利诺伊大学客座教授。著有《高等会计学》《成本会计之理论与实务》等。

师从美国会计大师、现代会计理论的先驱——裴登（W. A. Paton）教授。[1] 据娄尔行回忆，“毕业后进入美国密歇根大学企业管理研究生院肄业，主修会计，不仅我在上商所得学分全部得到承认，毋须补课，而且在课程衔接上也不成问题，没有碰到什么困难。足证上商三十年代会计教学质量，达到了国际水平”[2]。

1937—1945 年，由于院舍在“八一三”事件中被日军炸毁，学校租借愚园路 40 号一幢三层小楼坚持办学。太平洋战争爆发后，部分师生流亡大后方，学生数量骤减，但仍有安绍芸、娄尔行等名师执教，保证了较高的教学水准。

1946 年后，会计学系主任为许本怡，[3] 专任教师有朱国璋、许本怡、娄尔行等，聘请实业界人士邹曾侯、卢怀道、汪礼彰等兼职教授。课程体系仿效欧美，仍使用英文原版教材。重视实习实践，设立会计实习室，结合讲授内容组织学生实地参观。在学术研究方面，会计学系同学成立会计研究会，编辑出版《会计月刊》《国立上海商学院院务月刊》和《商学研究》，时常刊登会计学系师生的研究论文。

1928—1949 年，会计系共有毕业生约 363 人，大多在银行、铁路、学校及政府机关工作。这一时期，会计学科稳步发展，课程体系完备，名师授课，教学水平高，毕业生深受社会欢迎。然而随着日本侵略的加深，尤其是校舍二次被炸后，学科发展受到短暂影响。1946 年学院复员后，会计学科恢复并有所发展，为其在新中国成立后的兴盛奠定了基础。

三　多校系科并入 系科实力提升（1950—1972 年）

1950 年 8 月，国立上海商学院更名为上海财政经济学院。1950 年，私立上海法学院并入。1952 年，全国开始了大规模的院系调整，至 1953

---

① 有原、有宜等：《娄尔行》，中国财政经济出版社 2010 年版，第 7 页。

② 娄尔行：《本世纪三十年代中期国立上海商学院的会计教学》，《上海会计》1991 年第 1 期。

③ 许本怡（1907—1983），1933 年毕业于国立上海商学院会计系。曾就读于哈佛大学研究院、伦敦大学经济学院，获商业管理硕士学位。曾任金陵大学、国立中央大学、重庆大学教授。1946 年 8 月起任国立上海商学院教授兼会计学系主任，1950 年 8 月起任上海财政经济学院教授、教务主任、系主任、副教务长。1956 年定为二级教授。1958 年随学校并入上海社会科学院。著有《财务报告分析》《基本会计》等。

年，华东地区二十余所高校的财经系科并入上海财经学院。学校名师云集、学科规模扩大，学生人数激增。这一时期，我国开始借鉴苏联高等教育模式，改造高等教育。学院从 1950 年起，每年选送青年教师到以“接受苏联先进的建设经验，并聘请苏联教授，有计划、有步骤地培养新国家的各种干部”为基本任务的中国人民大学，或读研究生班，或进修马列主义和专业课。① 在系科专业设置上，1952 年开始在系下面设置专业。1954 学年，开始在专业下面设立专门化。在教学计划和课程方面，参照人民大学，取消学分制，采用学时制；取消选课制，采用班级制；各系设立教研组；注重俄文进修，教师业余学习俄文，翻译俄文教材等；重视科学研究，成立研究处，1956 年创办学术期刊《财经研究》；重视理论与实际的联系，与华东财委各有关业务部门商讨各系科教学的改进事宜，各业务部门从多方面协助办学。②

就会计系而言，1950 年，私立上海法学院会计系并入。1951 年，交通大学财务管理系并入。1952—1953 年，光华大学会计系、复旦大学财经学院会计系、大同大学商学院会计系、浙江财经学院会计系、东吴大学法学院会计系、沪江大学商学院会计系、立信会计专科学校、山东财经学院会计系等并入。③ 会计系名师云集，教师增加至 108 人，④ 薛迪符、杨荫溥先后担任系主任。在 1956 年的高校教师工资定级工作中，会计学科二级教授有李鸿寿、杨荫溥、许本怡、龚清浩，三级教授有蒋士麒、雍家源、娄尔行、薛迪符、何士芳、蒋凤五。⑤

在系科和专业设置上，1952 年，财务会计系下设工业会计和财务专业。1954 年，财务专业停办，财务会计系改名为会计学系，设立会计学专业。院系调整后，会计学系学生人数较多，本科分为甲乙丙丁四个班。1954 年，会计学专业下设工业会计专门化。1956 年夜校部设立工业会计

① 上海财经大学校志编审委员会：《上海财经大学 90 年》，上海财经大学出版社 2007 年版，第 16 页。

② 上海财经大学校志编审委员会：《上海财经大学 90 年》，上海财经大学出版社 2007 年版，第 16 页。

③ 上海市地方志编纂委员会编：《上海市级专志 · 上海财经大学志》，华东师范大学出版社 2021 年版，第 738 页。

④ 娄尔行、石成岳：《努力发展我国会计教育事业——回顾三十五年来上海财经学院会计教学工作的历程》，《会计研究》1984 年第 5 期。

⑤ 上海市地方志编纂委员会编：《上海市级专志 · 上海财经大学志》，华东师范大学出版社 2021 年版，第 882 页。

专修科。在教学和课程体系方面学习苏联，“资本主义国家教初级会计、高级会计、成本会计。苏联是工业会计、商业会计、农业会计。”① “我们用的基本上是苏联的教材，翻译过来再加点内容”②。

在科学研究方面，娄尔行出版了著作《成本会计学》（上下册）；20世纪50年代中期，会计系编写出版了《会计核算原理》《工业会计核算》《工业企业经济活动分析》等教材；学科教师发表了多篇学术论文；1956年，学院举办第一届科学讨论会，分为六个组，会计组撰写发表论文9篇，③ 并在会上报告和讨论。

注重理论联系实际。“另一个特点是重视实践。不是光讲课，从理论到理论，从课本到课本，而是特别重视实践。我们学会计的，要动手做……学校很注意实践，特别是毕业实习，都是分到工厂里去……我们写了一大本（实习报告），感觉实习挺有收获。”④

20世纪50年代起，国家实行高等学校毕业生统一分配制度。⑤ 1953年开始实施第一个五年计划，国家急需大量的建设人才，1953—1955届毕业生提前一年毕业。会计系毕业生多分配至华北、东北、西北等边疆参加建设。

1958年学校并入上海社会科学院，1960年重建上海财经学院，设贸易经济系、会计统计系等7个系。会计统计系主任为龚清浩。1960年4月，从上海社会科学院调回上海财经学院的会计学科教授杨荫溥、龚清浩、蒋凤五、蒋士麒、潘兆申、袁际唐、王涵清、钱培均等，⑥ 另有多名副教授调回。他们的回归使会计学科保持了较强的师资力量和较高的教学科研水准。在教学与课程体系上，仍参照苏联的教学模式和课程体系。学校1966年停止招生、1972年被撤销。会计学系大部分教师被分到复旦大学经济系。

---

① 石人瑾：《见证会计教育史》，《会计口述历史》（第一辑），立信会计出版社2019年版，第151页。

② 金云辉：《扎根新疆建设六十载》，《口述上财历史》，上海财经大学出版社2021年版，第151页。

③ 裘逸娟：《上海财经学院第一届科学讨论会》，《财经研究》1956年第2期。

④ 华曾侃：《母校的教学理念让我受益一生》，《口述上财历史》，上海财经大学出版社2021年版，第113页。

⑤ 上海市地方志编纂委员会编：《上海市级专志·上海财经大学志》，华东师范大学出版社2021年版，第302页。

⑥ 上海市地方志编纂委员会编：《上海市级专志·上海财经大学志》，华东师范大学出版社2021年版，第740页。

1950—1972 年，会计学系共培养本科毕业生约 1426 人、专科毕业生约 830 人，大多分配至政府机关、工厂等单位工作。这一时期，随着院系调整中多所高校会计系科的并入，学科实力提升，在科研上也有所突破。但有一个显著的变化是教学模式和课程体系从仿照欧美转而学习苏联，在当时培养了一批适应社会主义建设需要的优秀人才。

四 坚持改革创新 引领系科发展（1978—2021 年）

1977 年全国恢复高考，1978 年上海财经学院复校。复校初设立 5 个系 6 个专业，含会计学系和会计学专业。1981 年，学校正式成为硕士、博士学位授予单位。在改革开放和社会主义市场经济建设的大背景下，会计系科敢为人先、坚持改革创新，学科发展取得了引人注目的成就，引领了全国会计高等教育的发展。

（一）师资力量与机构设置

复校初期，会计学系大部分教师从复旦大学调回。1980 年 7 月，娄尔行担任会计学系主任。之后，石成岳、张为国、孙铮先后担任系主任。1981 年 11 月，娄尔行成为会计学科首位博士生导师。之后，徐政旦、王松年、汤云为、张为国先后成为国务院评定的博士生导师。1989 年，石成岳获“全国先进工作者”称号。1995 年，张为国获“全国优秀教师”称号。1997 年，汤云为被美国会计学会评为“杰出国际访问教授”。2002 年之后，孙铮、陈信元、靳庆鲁、李增泉等教师先后获得国家级和省部级奖励，入选各类人才计划。比如，2003 年，陈信元获得教育部“第一届全国高等学校教学名师奖”。2016 年，靳庆鲁获得“国家杰出青年科学基金项目”资助等。截至 2021 年年底，会计学院有专任教师 60 人，其中教授 19 人、副教授 20 人、讲师 4 人、常任轨①助理教授 14 人、师资博士后 3 人。

复校初期，会计学系下设工业会计、商业会计 2 个教研室。1985 年，会计学系下设财务会计、成本会计、审计、外国会计 4 个教研室。1997 年，经教育部和财政部批准，在原会计学系基础上设立会计学院，陈信

① 常任轨是类似于北美高校的终身教职制度，所有尚未获得常任教职的常任轨教师有不超过 6 年的试用期。

元、李增泉、靳庆鲁先后担任院长。会计学院下设财务会计教研室、管理会计教研室和财务管理教研室，以及会计与财务实验室、资料中心等。

（二）学位点建设

复校初期，会计学系下设会计学本科专业，1985 年增设审计学专业，1988 年增设国际会计专业。1989—1994 年，学校与上海外国语学院联合培养国际会计专业本科生。1994 年，审计学专业撤销，国际会计专业改为专门化归属会计学专业。之后，陆续增设注册会计师专门化、电算化会计专门化。1994 年，联合培养停办，改设国际会计（美国会计）方向本科班。同年，与英国特许公认会计师公会及英国牛津布鲁克斯（Oxford Brookes）大学等合作开设国际会计（ACCA）方向本科班。1998 年，电算化会计专门化撤销。1999 年，财务管理专业从金融学院转入会计学院。2001 年，与加拿大注册会计师公会（CGA）签署协议共同培养国际会计中外合作 CGA 本科生。2014 年国际会计（美国会计）方向停止招生。2015 年中外合作国际会计（CGA）方向停止招生。2017 年设立会计与财务实验班。截至 2021 年年底，会计学院设会计学、财务管理（智能化）、工商管理类（ACCA，中外合作项目）三个本科专业。

1981 年 11 月，学校会计学科成为硕士学位授予点，研究方向为财务会计（含会计理论）、管理成本会计、国际会计、会计信息系统、审计等。1993 年 12 月，企业财务管理专业获硕士学位授予权。2002 年，开展联合培养 MPAcc（会计硕士）项目。2004 年，开始招收会计硕士（MPAcc）专业学位非全日制研究生单证班。2009 年，开始招收会计硕士（MPAcc）专业学位全日制研究生（会计理论与实务方向）。2014 年，招收会计硕士（MPAcc）专业学位非全日制研究生双证班（会计与财务精英方向）。2017 年起单证班停止招生。①

1981 年 11 月，会计学科获得会计学博士学位授予权，娄尔行任博士生导师，是全国第一批会计学博士点。研究方向为财务会计（含会计理论）、管理成本会计（含财务理论）、国际会计、会计信息系统、审计等。1988 年 1 月，会计学科第一位博士生毕业，也是学校创办以来培养的第

① 上海市地方志编纂委员会编：《上海市级专志·上海财经大学志》，华东师范大学出版社 2021 年版，第 739 页。

一位博士。2002 年 12 月，学校在工商管理一级学科博士点内自主设置财务管理博士点，研究方向为公司财务、财务理论。2001 年 6 月，会计学院开始试点硕博连读，从 2002 级起选拔优秀硕士生进入硕博连读模式。2012 年，学院博士生招生入学由考试改为申请考核制。①

（三）人才培养与教学改革

复校初期，会计学科在教学上仍沿袭 20 世纪 50 年代学习苏联的模式，已明显难以适应改革开放和社会主义市场经济对人才的需求。1980 年年底，财政部确定上海财经学院会计学系为专业课程体系改革的试点单位。由此开始，会计学科先后开展了四轮会计教学改革。

1. 会计专业教学改革（1983—1989 年）

1982 年 12 月，会计学系主任娄尔行带队赴北京参加了财政部组织的全国高校会计教学改革工作座谈会，会上重点讨论了上海财经学院会计学系的五门核心课程大纲。② 会计学专业教学改革主要由娄尔行教授负责。教学改革的主要内容是：在专业设置上，把工业会计和商业会计专业合并成为单一的会计学专业；在课程设置上，开设“基础会计”“财务会计”“成本会计”“管理会计”“审计”五门核心专业课程和“会计制度设计”等四门一般专业课程，另设选修专业课程若干，形成了一套完备的课程体系。这一体系使我国大学会计学科本科专业课程结构与国际上发达国家同类学校相接近；在教材建设上，出版了《基础会计》《成本会计》《财务会计》《管理会计》和《审计学概论》五本核心课教材。这些教材被国内多所高校采用。尤其是《基础会计》一书提出应将会计看作一项管理活动的观点，在当时是 个重要突破，1988 年获得国家教委第一届普通高校全国优秀著作奖。《审计学概论》成为当年十大中文畅销书之一。会计学专业教学改革的方案和成果得到了财政部的肯定，推动了国内高校的会计教学改革。1985 年，为了促进实践教学和学科建设，在学校的支持下，以会计学系为主体创办了上海大华会计师事务所。这是改革开放后我国由高校创办的最早的会计师事务所，有效地促进了会计学科理论与实践的结合。

---

① 上海市地方志编纂委员会编：《上海市级专志 · 上海财经大学志》，华东师范大学出版社 2021 年版，第 739 页。

② 上海市地方志编纂委员会编：《上海市级专志 · 上海财经大学志》，华东师范大学出版社 2021 年版，第 900 页。

2. 深化会计教学改革（1992—1996 年）

随着改革开放的步伐加快，为了培养适应社会主义市场经济需要的会计人才，1992 年 9 月，会计学科开始第二轮教学改革。革新了本科专业核心课程体系：核心课程由 5 门扩充为 8 门，编写了《基础会计》《中级财务会计》《管理会计》《成本会计》《电算化会计》《高级财务会计》《财务管理》《审计》8 本新教材。教材内容与国际接轨，受到国家教委、财政部肯定并向全国推荐。1994 年起，会计学科将英国特许公认会计师公会（ACCA）12 门培训课程纳入国际会计（ACCA）专业方向的教学计划。1994 年，会计学科教师承担了中国注册会计师协会培养注册会计师专门化人才项目 9 本教材其中 3 本的编写任务，分别是《高级财务会计》《中级财务会计》《电算化会计》。1995 年，为配合和支持财政部企业推广应用会计电算化的需求，建立电算化会计实验室。

3. 会计研究生教学改革（1996—2005 年）

经过两轮对会计学本科教育的教学改革，确立了学校会计教学在国内的领先地位。20 世纪 90 年代中期，会计学科开始探索研究生层次的教学改革，进一步明确博硕士研究生的培养模式。

在硕士研究生教学改革方面：一是在培养目标上，分为学术型硕士和实务型硕士两种。前者是为高校会计学专业培养师资或研究人员，或为进一步攻读博士学位做准备，着重培养研究思路、研究方法和研究能力；后者的目标是在证券公司从事综合性实务工作，或在大型企业担任财务总监（高级会计师）等职位，重视相关知识的系统学习、培养思维能力和领导能力。二是强调课程建设，淡化研究方向，调整硕士研究生课程体系、内容，改革教学方式和考核方式，旨在培养通用型人才。为提高硕士研究生的分析和创新能力，增加实证研究和案例教学。将教师满堂灌的传统教学方式改为启发式、讨论式教学。采用闭卷考试、集体作业、平时课堂表现和课程论文四方面综合考核的方法。配备了一批在实务界有影响的兼职硕士导师，参与硕士生论文的指导。1996 年起采用导师和研究生双向选择的机制。三是与外国大学合作举办会计学硕士项目。主要有“上海财经大学—佩斯大学会计学硕士合作项目”和“上海财经大学—迪肯大学专业会计硕士合作项目”。

在博士研究生教学改革方面：一是确定博士研究生的培养目标为：有较高的外语水平，善于将会计等经济、管理理论与方法、数理统计与计算机科学有机结合起来，从事教学与研究，高质量地完成博士论文，并能在毕业后成为攻克重大理论、方法、政策难题的学术带头人。培养计划基本与国际接轨，少数毕业生接近或达到国际水平。[①] 二是改革博士研究生培养方式。打破传统师徒制，逐步统一博士生培养计划，实行全部专业课程统一授课，博、专结合，淡化研究方向，注重研究能力尤其是定量研究能力的培养。三是开展国内、国际合作。邀请海内外著名大学的知名学者为研究生做学术报告、共建博士生课程，并与本院导师联合指导博士生。举办全国性的博士生密集课程班。同时，派遣博士生赴海外合作研究、完成博士论文等。四是加强学科交叉与渗透。1997 年起，邀请统计学科的教授为博士生开设统计分析、数据分析、财务理论等课程，参加会计学博士论文答辩。

4. 内涵改革阶段（2006—2021 年）

21 世纪以来，随着社会主义市场经济的建立和逐步完善、全球化的深入和互联网技术的快速发展与广泛应用，需要既懂外语又熟悉国际惯例、具备国际从业资格，又能够适应大数据和云计算时代的复合型会计人才。2006 年起，根据学校制定的人才培养要本着“适应需求，转变观念，注重质量，提高层次”的指导思想，会计学院在培养厚基础、宽口径、专通结合、理论联系实际，适应社会发展需要的高层次会计与财务管理人才方面做了大量探索，开始进入内涵改革阶段，以培养国际化、本土化、专业化和智能化的卓越型会计人才为目标，全面革新本、硕、博人才培养模式。

在推进本科教学改革方面，采取了以下措施：一是改革教学计划和培养方案。在充分借鉴国际顶尖大学会计专业课程体系和兼顾中国会计实务发展的基础上，以对接世界最先进的教学模式为目标，两次大规模地修订教学计划。同时，加强通识教育、压缩学分、制订学院专业分流方案、实施大类招生、组建“拔尖型本科生研讨班”等。二是加强精品课程和实验课程体系建设、增设专业选修课程和暑期课程建设，选用国际一流的外文教材，辅以国内相关制度和实务作为教学内容；“会计学”“成本会计”“管理会计”先后被评为国家级精品课程，“会计学”“管理会计”被评为国家级精品资源共享课程。三是开展中外合作办学，国际会计有国际会

① 上海市地方志编纂委员会编：《上海市级专志 · 上海财经大学志》，华东师范大学出版社 2021 年版，第 903 页。

计（CGA）、国际会计（ACCA）和国际会计（美国）三个专业方向，采用原版教材、双语教学。四是成立会计与财务实验班。五是打造会计信息化教学平台。六是加强实践教学，建设校外实习实践基地。与国内外著名会计师事务所、注册会计师协会合作，把实践教学及各类先进教学方法引入教学中。2015 年开始推进示范性、共享性、开放性的“上海财经大学卓越会计人才国际化实践基地”建设。

在推进硕士生培养改革方面：一是稳规模、抓质量、创新选拔方式。二是实施学术型硕士和专业硕士分类教学、开办 MPAcc 项目。三是革新课程体系，定期跟踪培养计划适时调整主干课程，建设《管理会计研究》精品课程，增加选修课程。四是邀请海内外知名学者进行学术演讲，扩大学生学术视野，鼓励学术讨论和研究。

在博士生培养机制方面，逐步完成以下改革：一是缩小博士生规模，逐步停止招收在职博士生，只招收全日制博士生。从 2006 年之前的每年招 30 人左右，逐步减少至 2010 年后的每年招 10 人左右。二是探索新的博士生招生方式，2007 年开始将招生的范围扩大到全校 2006 级研究生。2010 年，开始通过“优秀本科生夏令营”的方式选拔硕博连读学生。2014 年，开始试行博士生招生“申请+考核”制度。三是延长学制，从国家规定的三年延长到四年，并提高博士生的生活津贴。四是完善硕博连读制度和博士生课程体系，同时减少发表学术论文的数量要求，提高质量标准。博士生需通过统一组织的课程考试和工作论文答辩，才能进入博士论文写作阶段。五是统一组织博士论文的预答辩，并逐步实行末位淘汰。

表 2　会计学院国家级教学成果奖获奖情况①

序号	成果名称	获奖等级	时间
1	会计学专业教学改革	国家级教学成果奖二等奖	1989 年
2	发挥两校优势培养高质量国际化人才	国家级教学成果奖二等奖	1993 年
3	深化高校会计教学改革	国家级教学成果奖二等奖	1997 年
4	会计学专业研究生教学改革	国家级教学成果奖二等奖	2001 年
5	中英合作培养 ACCA 人才	国家级教学成果奖二等奖	2005 年
6	开拓创新，培养具有国际竞争力的会计学专业人才	国家级教学成果奖二等奖	2009 年

① 上海市地方志编纂委员会编：《上海市级专志·上海财经大学志》，华东师范大学出版社 2021 年版，第 907 页。

续表

序号	成果名称	获奖等级	时间
7	会计学专业国际化人才培养的实践与创新	国家级教学成果奖二等奖	2014年
8	智能化环境下战略型会计人才培养创新	国家级教学成果奖一等奖	2018年

2007—2021年，会计学科在校生公开发表论文333篇，参与科研创新资助项目240多项；2名学生获得英国特许公认会计师公会全球考试单科全球第一、6名学生先后获得单科中国区第一；[①] 2篇博士论文被教育部评为全国百篇优秀博士学位论文、1篇博士论文获得教育部全国百篇优秀博士学位论文提名。

（四）科学研究与社会服务

为了推动科学研究，会计学系（院）独设或合设了多个科研机构。1995年，与香港城市大学、加拿大注册会计师公会合作成立“中国会计教育与研究中心”。同年，会计学系成为中国会计学会下设中国会计教授会秘书处常设单位。2000年，会计与财务研究院被遴选为教育部人文社会科学重点研究基地，是当时全国仅有的两个国家级会计重点研究基地之一。2013年，与财政部等15家协同单位合作组建“会计改革与发展协同创新中心”。同年，与英国特许公认会计师公会合作成立“管理会计研究中心”。2013年与财政部合作，成立“上海财经大学会计信息化暨XBRL中国地区组织应用研究中心”。2016年，成立“会计与财务大数据研究中心”。2018年“会计改革与发展学科创新引智基地”入选111计划。

重视学术研究，提倡将定性分析与定量分析相结合，是国内实证会计研究最早和最积极的倡导者。[②] 多年来，产出了大量高质量、有影响力的研究成果，1991—2021年，学院教师共编写图书、教材、专著、译著等306部，发表论文1900余篇，其中在国际顶尖期刊CAR 、JAE、JAR、RAS、TAR、JFE、JFQA、MS、JIBS上发表论文76篇。1986—2021年，学院教师获上海市哲学社会科学优秀成果奖34项，上海市决策咨询研究

① 上海市地方志编纂委员会编：《上海市级专志·上海财经大学志》，华东师范大学出版社2021年版，第742页。

② 上海财经大学校志编纂委员会：《上海财经大学志稿》，上海财经大学出版社2007年版，第65页。

成果 8 项，普通高等学校人文社会科学研究成果奖 8 项，安子介国际贸易研究奖 1 项，全国百篇优秀管理案例 2 篇。1991—2021 年，学院教师共承担省部级以上研究课题 267 项，其中国家自然科学基金项目 82 项，国家社会科学基金项目 16 项，教育部人文社会科学重点研究基地重大项目 33 项。

（五）国际交流与合作

1983 年 2 月和 1984 年 3 月，娄尔行两次作为中国政府代表，出席联合国国际会计和报告准则政府间专家工作组会议，介绍中国会计工作，支持发展中国家的主张，并维护台湾是中国一个省份的立场。① 1987 年 9 月，娄尔行和王松年赴日本参加“国际教育研讨会”。1989 年 9 月，娄尔行参加联合国在苏联召开的“中央计划经济国家经济特区”国际研讨会。1990 年，徐政旦赴日本参加会计史第六次国际年会。1996 年，汤云为获得美国会计学会杰出国际访问学者荣誉。21 世纪以来，学院与国际学术界交流频繁，先后有数百位教师和学生前往国外进行访问交流、进修、合作研究以及参加学术会议。学院先后邀请一百多位外籍学者为本科生、研究生上课、举办学术报告等。学院还举办了一系列国际学术会议，比较重要的有：2006 年 11 月，与 CGA-Canada 联合主办“2006 加拿大注册会计师协会中国区会员年会暨中加资本市场最新发展国际研讨会”；2008 年 10 月，与英国特许管理会计师公会联合主办“中外管理会计研究成果比较与借鉴国际研讨会”。2014 年 4 月，与美国管理会计师协会共同主办“第二届 IMA 管理会计学术论坛”；2016 年 7 月，与全球注册管理会计师会（CGMA）联合主办“管理会计定量实证研究国际研讨会”；2017 年 12 月，举办“首届亚太会计学科院长论坛”等。

1980 年，娄尔行等受中国会计学会和中国财政学会委托，与美国洛杉矶大学会计学者合作进行“中美比较会计研究”，发表研究论文，并在上海和香港出版《英汉、汉英会计名词汇译》。② 1987 年，娄尔行、王松年与美国达拉斯德州大学教授恩托文合作出版国内第一部英文介绍中国会

① 上海市地方志编纂委员会编：《上海市级专志 · 上海财经大学志》，华东师范大学出版社 2021 年版，第 744 页。

② 上海市地方志编纂委员会编：《上海市级专志 · 上海财经大学志》，华东师范大学出版社 2021 年版，第 743 页。

计与审计的专著《中华人民共和国的会计与审计》（*Accounting and Auditing in the Peoples Republic of China*），后被译成日文在日本出版。1991 年，汤云为与墨尔本皇家技术学院教授库珀（Barry Cooper）、香港理工大学仇林明英合作，用英文编写出版了第二本介绍中国会计与财务的著作《中国的会计与财务》（*Accounting and Finance in China*）。石人瑾、林宝環等与日本中央大学教授根本光明等合作进行中日比较会计研究，其成果以日汉两种文本（*Accounting Issues in China: An Analytical Approach*）由国际一流出版社 Prentice Hall 出版。学院先后与英国特许公认会计师公会、澳大利亚国家会计师协会等建立合作关系。2006 年，取得英国特许公认会计师公会最高培训机构资格，一年后获得其最高级别培训证书——白金级。2015 年之后，学院先后与澳大利亚国立大学、密歇根州立大学、新加坡管理大学、英国埃克塞特大学、美国得克萨斯大学达拉斯分校等签署硕士预科项目。截至 2021 年，与新加坡管理大学的本硕博双向合作培养交流机制已基本成型。

从复校至 2021 年年底，会计学科共培养本科毕业生 19788 人，各类硕士毕业生 4350 人，博士毕业生 459 人，分布于海内外各行各业。其间，会计学科通过充实师资力量，持续开展教学改革，推动科学研究，广泛开展国际、国内合作等方式，促使学科持续快速发展，并在全国范围内产生了重要的示范引领作用，为国家和社会培养了大批杰出的专业人才。

五　结语

一百多年来，上海财经大学会计系科不断发展壮大，学科实力和影响力逐步增强，进入了国际知名、国内一流行列。回顾会计系科的发展历程，可以总结出以下经验。

第一，注重师资队伍建设，各历史时期都拥有一支优秀的师资队伍。会计学科几代名师如潘序伦、安绍芸、龚清浩、娄尔行、张为国、陈信元、李增泉、靳庆鲁等接续执掌会计系（学院），指引会计学科的发展方向。另有会计名家徐广德、谢霖、姚崧龄、雍家源、许本怡、徐政旦、石人瑾、石成岳、王松年、汤云为、孙铮、潘飞、靳庆鲁，以及以何贤杰为代表的青年学者等先后在会计学科执教。他们大多曾经在欧美一流大学深造，学术视野开阔，教学和科研水平高，深受学生爱戴。

第二，敢为人先，持续改革创新，培养高水平人才。20 世纪 80 年代初，会计学系在全国率先开启了教学改革之路，数十年始终坚持不断改革创新，推动了会计学科的全面快速发展，对中国会计高等教育起到了重要的示范引领作用，培养了一大批具有国际视野的高水平会计人才。

第三，坚持理论联系实际，注重与会计实践接轨。会计学科历来重视理论联系实际，注重与实业界的交流，聘请实务界知名人士担任兼职教授或校外导师，创办会计师事务所，安排学生实习等。这些举措有效地促进了会计学理论与实践的结合，扩大了教师的学术视野，提升了学生的会计实务能力。

第四，坚持国际视野，紧跟国际会计学科的发展潮流。会计学科教师大多毕业于名校或曾经在欧美一流大学深造，他们熟知最前沿的会计学理论，掌握国际会计学科的发展潮流。除 20 世纪中期曾学习苏联以外，会计学科的课程体系一直对标国际一流，且大多选用英文原版教材。改革开放后，会计学科教师多次代表中国参加国际会计学术会议，开展了多项国际合作。

第五，重视科学研究和社会服务，主动对接国家战略。改革开放以来，会计学科主动对接财政部需求，率先在全国开启会计教学改革试点；参与财政部会计准则的制定和完善；多次承接财政部、中国证监会、保监会、上海市政府及企业的研究课题，解决国家财经领域的发展需求；打造国家级会计重点研究基地会计与财务研究院，组建“会计改革与发展协同创新中心”等，研究成果多次被相关单位采纳或报送中央有关部门。

2017 年 9 月，上海财经大学入选国家首批世界一流学科建设高校，学校进入新的发展阶段。在学校的“十四五”规划中，会计学科提出了未来的发展目标：到 2025 年，初步建设成为支撑国家战略需求、满足区域经济社会发展，国内领先、亚洲一流、国际知名的一流会计与财务学科。在学校的一流学科高校建设方案中提到：到 2030 年，“经济学与商学”进入世界一流学科前列，部分学科领域具有世界声誉，其中就包括会计学科。

Analysis on the Development Process of Accounting Discipline at Shanghai University of Finance and Economics (1917–2021)

Chen Yuqin

Abstract: The history of Shanghai University of Finance and Economics originated from the business specialization department founded by Nanjing Higher Normal School in the autumn of 1917, and the accounting discipline also started here. In September 1921, seven departments including the accounting department were established at Shanghai University of Commerce. Over the past more than 100 years, the development of the accounting discipline has roughly gone through the following four stages: imitating the European and American systems and establishing the accounting disciplines; hiring famous teachers to teach and the discipline achieving a solid foundation; merging multiple schools and departments and the discipline realizing strength improvement; insisting on reform and innovation and leading the further development of the discipline. The development experience of the accounting discipline mainly focuses on the construction of teaching staff, insisting on reform and innovation, insisting on linking theory with practice, insisting on international perspective, and attaching importance to scientific research and social service.

Key words: Shanghai University of Finance and Economics; Accounting Discipline; Development Process

人才培养

泛酒店管理人才培养模式改革与实践探索*

姜红　钟　伟　黄和平　卢道典　殷开宇**

摘　要： 当前酒店行业正从单一的提供住宿餐饮场所转型为提供生活方式体验场所的多元化发展模式，这对传统酒店管理人才培养路径提出了新挑战。本文借鉴国内外院校发展经验，结合中国酒店业发展的实践变化和区域经济发展特点以及新时代学生职业发展需求，从培养定位、专业服务能力、课程体系、师资队伍以及产教融合方面总结泛酒店管理人才培养的新思路，并结合案例阐述其人才培养的实际成效，为国内高校泛酒店管理人才培养提供参考。

关键词： 酒店管理；泛酒店业；人才培养；本科教育

一　问题的提出

酒店业是我国最早对外资企业开放的产业之一。随着国内高星级酒店的快速扩张以及经济酒店的迅猛发展，酒店业对高素质管理人才的需求愈加迫切，我国酒店管理专业本科教育也因此应运而生。然而自 2013 年起，由于国内市场环境和政策的不断变化以及科技的日益革新，酒店业进入“寒冬”，传统高端酒店遭受巨大冲击，迫使酒店逐渐从单一的住宿餐饮

* 基金项目：2019 年度国家级一流本科专业建设点项目（项目编号：教高厅函〔2019〕46 号）。

** 作者简介：姜红，上海商学院酒店管理学院院长，教授；钟伟（通讯作者），上海商学院酒店管理系主任；黄和平，上海商学院副教授；卢道典，上海商学院酒店管理系讲师；殷开宇，上海商学院酒店管理系讲师。

提供场所转型为生活方式体验场所，并向主题酒店、精品民宿、文旅空间等新模式、新业态延展，同时推动了住宿、会展、航空、奢侈品管理等相关领域的发展。这些业态和领域有着共同的发展圈和服务特点，被统称为泛酒店管理行业，且对于人才也有着同样要求：如熟练掌握外语，了解各国文化差异和国际规则，良好的服务意识和前瞻性，专业的管理理念，丰富的海外工作经验等。这就需要酒店管理人才培养院校打破原有毕业生集中于传统国际品牌酒店就业的现状，培养更多面向新业态及泛酒店业人才，为行业发展注入更大推动力量。基于此，本文以国家首批一流本科专业建设点——上海商学院酒店管理专业（以下简称本专业）为案例，探索行业发展变化新趋势下面向泛酒店业人才培养的新模式，为本科酒店管理人才培养提供参考。

二　泛酒店管理人才培养模式改革目标与总体思路

（一）泛酒店管理人才培养模式改革的目标定位

截至 2022 年，我国开设酒店管理本科专业的高校有 261 所，上海商学院酒店管理专业的建设和发展一直具有独特的优势。明确改革目标，持续优化定位是泛酒店管理人才培养的核心抓手，即紧扣“为谁所用”和“培养什么人”。“为谁所用”的核心是融入服务经济、面向泛酒店业态、服务酒店全产业链；人才培养定位主要包括“应用型、复合型、创新型”三个方面。

1. 服务国家发展战略，培养助推泛酒店业发展的应用型人才

1978 年起步的中国酒店业经历了“经验导向的企业管理阶段、产品导向的全面质量管理阶段、专业导向的集团化管理阶段、体验导向的多元价值管理阶段”。[①] 随着住宿功能的生活体验化，业态多元化成为新常态。精品酒店、主题酒店、民宿、众筹酒店、长租/短租公寓、途家等一大批泛酒店企业在 2013 年以后广泛涌现。同时，在共享经济、规模经济、网络经济以及地产经济的催生下，中国酒店业也迎来了投资方式、营运流

① 郑向敏等：《中国现代酒店发展 40 年：由人力资源转向顾客体验为导向》，《中国旅游报》2018 年 4 年 8 日。

程、管理模式、商业模式的洗牌与重构。酒店管理专业的教学内容和人才培养模式势必发生变化。

从适应国家发展战略的角度看，本专业人才培养目标定位就是要积极响应国家文旅产业发展战略和高等教育强国战略新要求，以卓越应用型为定位，以大众旅游的市场下沉和消费升级作为主战场，从重视培养面向高端、精英的国际品牌酒店经营管理人才向侧重满足城市综合服务体，顺应数字化、网络化、智能化发展趋势的泛酒店业管理人才转变。因此，本专业响应酒店业管理实践，探索设置“酒店运营管理、泛酒店新业态管理以及酒店投资与开发”三个培养方向，扩展学生在泛酒店业运营、咨询、开发和投资等领域的就业能力，助推行业发展。①

2. 紧贴区域经济发展，培养融合商科优势专业的复合型人才

从与区域经济社会发展需要相融合的角度来看，本专业要适应科技和产业变革带来的新变化，创新人才培养方式，为上海加快建设具有世界影响力的社会主义现代化国际大都市提供人才支撑，特别是通过培养学生扎实的服务技能、专业的管理能力、良好的跨文化沟通能力、国际化的思维方式，帮助学生能在酒店运营管理、高端康养管理、奢侈品管理、会展管理、旅游金融服务、商业地产管理、新媒体等泛酒店业相关领域发挥积极作用。为此，本专业紧密依靠上海商学院商科优势基础，集合电子商务、零售业管理、商务经济三个国家级一流专业的优势资源，以国际认证为指导，强化跨学科交叉指导，探索复合型商科人才培养新模式。

3. 助推个人价值实现，培养勇担社会责任的卓越创新型人才

随着具有鲜明独立性、选择性、差异性的“90后”“00后”成为学生主流，本专业从侧重培养具备职业素养和多技能的应用型人才培养向具有国际视野、解决复杂问题、跨部门协作并具有终身学习能力和创新精神的卓越应用型人才培养转变，强化学生的行业归属感和职业自豪感，帮助学生在泛酒店业实现高水平发展，最终实现个人社会价值。

（二）泛酒店管理人才培养模式改革总体思路

围绕上述人才培养定位，本专业从2014年开始探索一条贴近产业转

① 戴斌：《我的小康旅游教育梦》，中国旅游研究院网，http：//www.ctaweb.org.cn/cta/ztyj/202107/c21f2e1178a645dea1c8e0822db4d0aa.shtml.

型需要，适合学生个性发展的育人之路，并借助2015年入选第一批上海市属高校应用型本科试点专业建设名单的契机，瞄准住宿业发展新业态、新模式和新格局对酒店业人才培养新要求，借鉴世界一流酒店管理学院——瑞士洛桑酒店管理商学院（以下简称EHL，其前身为洛桑酒店管理学院）的人才培养方式，围绕“应用型、复合型、创新型”核心定位，针对个性突出、需求多元的新生代学生特点，探索通过五个转变、聚焦三个重点高起点、全过程、多载体培养具有“社会责任、专业素养、实践能力、创新精神、国际视野”酒店管理专业人才。

1. 围绕五个转变，探索泛酒店管理人才培养新思路

本专业探索如何从侧重面向国际品牌酒店人才培养的“一中心”拓展到泛酒店业的“多业态”人才培养定位转变；如何从侧重培养具备职业素养和多技能的应用型人才向具有专业服务能力、能解决复杂问题、跨部门协作、创新精神以及国际视野的卓越应用型人才培养转变；如何从重视学生投入的人力、财力、物力的“资源输入导向”向重视学生学习获得感的“产出导向”人才培养方式转变；如何从知识输入导向的“课堂讲授”到知识输出导向的“能力塑造”课程体系转变；如何从提倡“行业双师型”向重视“产业双师创新型”师资团队转变。最终，帮助师生在“成才思想的转变、育人文化的改变、职业价值观的蜕变”实现新突破。

2. 聚焦三个重点，改革泛酒店管理人才培养新路径

本专业着重围绕课程体系、教学内容、实践教学等方面如何更好地适应泛酒店业的人才需求问题。第一，课程体系上探索如何更好地与泛酒店业的非标住宿、“互联网+住宿”的产业转型升级人才需求相适应，提升学生行业应用的职业能力；第二，教学内容上探索如何更好地与泛酒店业所呈现的体验空间、互联网思维、文旅融合等新模式、新技术相适应，强化学生解决问题的实践能力；第三，实践方式上探索如何更好地与泛酒店业开展协同育人、实践教学，培养学生助推行业发展的创新能力。泛酒店管理人才培养的具体实施路径见图1。

三　泛酒店管理专业人才培养模式改革措施

围绕“人才培养如何契合向生活体验空间延伸的泛酒店业需求，教育内容如何融合互联网+酒店业革新，实践体系如何满足新生代学生志趣”

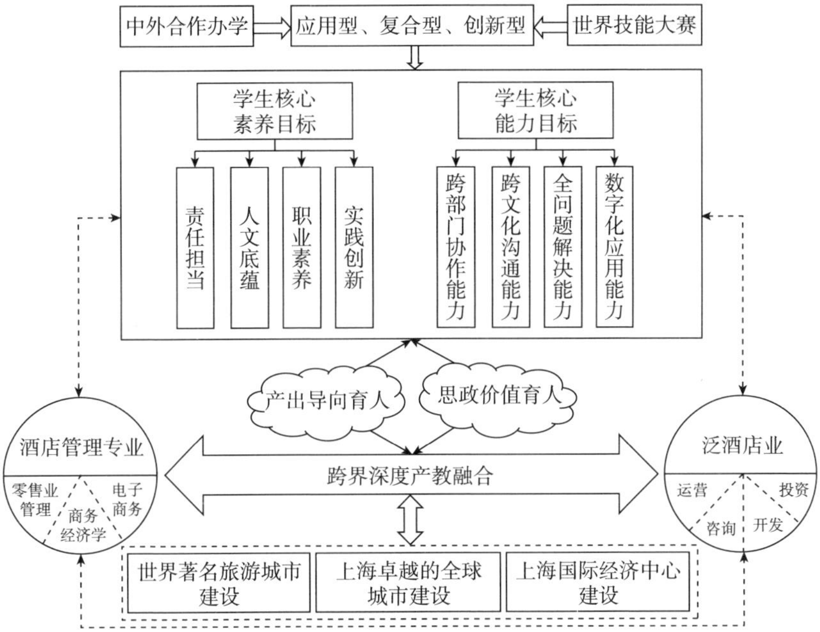

图 1　泛酒店管理人才培养路径实施

的核心变化与要求，本专业从课程体系、教学内容和培养方式等方面进行一系列探索改革。

（一）贯彻国家标准，聚焦产业变革，调整课程体系

学校对接本科专业类教学质量国家标准，瞄准酒店业新发展，立足酒店业前沿知识应用和着眼泛酒店业多业态人才需求，以能力产出为导向，构建“三层次、五模块”的课程体系，即设置“基础、综合、拔高”三个层次和“学科基础、通识教育、专业学位、开放选修、实践拓展”五个模块。主要特色体现在以下几个方面：

1. 学科基础课模块强化跨学科

依靠上海商学院商科基础，设置管理学、经济学、会计学等经济管理类核心基础课程，同时强化跨学科交叉，借助优势专业的课程平台，其中，零售业管理提供了理论基础、商务经济学提供了分析方法、电子商务提供了技术支撑、酒店管理提供了应用载体，本专业增设了现代服务管理、商业布局规划、商业大数据分析以及商务经济学四门共享课程，支撑

跨专业融合，为酒店管理向泛酒店管理转变提供了有力支撑，也为学生后续课程打下坚实基础。

2. 通识教育课模块强化高素养

依托学校综合选课平台，本专业设置了四个通识教育选修模块，夯实素养基础。一是“科技与创新，包括创业投资管理、大数据世界与数据可视化等。二是艺术与审美，包括休闲茶艺、艺术品欣赏等。三是人文与社会，包括逻辑学、哲学通论等。四是经济与法律，包括商业伦理学、上海商业文化史等。通过这些素养类课程的设置拓展学生多学科综合视野。

3. 专业选修课模块强化前瞻性

依据酒店业新趋势，本专业设置“酒店运营管理、泛酒店新业态管理及酒店投资与开发”三个专业选修模块，每个模块提供五门差异化课程选择。例如，增设非标住宿与管理、会展管理与策划、消费行为学、邮轮管理、奢侈品管理、酒店规划与设计、酒店资产管理等课程，拓展学生在泛酒店运营、咨询、开发和投资等领域的就业能力。① 这些课程也进一步拔高了学生对专业前沿发展的认知。

专业学位课程严格遵循国家教学标准，开设了“4+3”（“旅游学概论、旅游接待业、旅游目的地管理、旅游消费者行为”+“酒店管理概论、酒店运营管理、酒店客户管理”）的必修课程，同时，强化实践教学拓展。除了已有的课程实践教学、专业实习和毕业实习外，在每一学年暑期开始前开设夏季小学期，专门进行认知实习、体验实习等实践活动，把沉浸式教学和移动课堂相结合。

（二）吸收一流经验，瞄准全产业链，优化教学内容

1. 吸收世界一流院校有益经验

本专业从 2012 年开始对标学习世界上历史最悠久、专业声誉最高的国际酒店管理名校 EHL。作为瑞士传统酒店及泛服务业的代表，EHL 长期致力于将“酒店及泛服务业实用知识”融入最新管理教育工具和技术中，将“卓越（Excellence）、亲如一家（Family）、尊重（Respect）、终身学习（Learning）、创新（Innovation）”五个核心理念融入酒店及泛服

① 梁盛等：《酒店管理专业“五融五共三层次”进阶人才培养模式的改革与实践》，《中国职业技术教育》2018 年第 25 期。

务业人才培养的全过程，注重通过教育理念、价值观及平等思想等观念性隐性课程和综合性环境营造的物质性隐性课程的嵌入，强化学生专业能力。①

2. 教学内容强调前沿性和职业性融合

专业课程内容融入酒店功能空间化、平台化、智能化趋势，拓展人工智能、“互联网+”技术在酒店管理课程中运用，更新酒店信息管理系统、酒店运营管理等课程内容，增设酒店数字化创新内容；教材体系以引入EHL全英文课程为辅助，融入非标民宿、奢侈品等新业态和筹建、资产管理等全产业链的课程教学；持续调研酒店式公寓、奢侈品、精品咖啡等新业态发展，整合理论性与职业性课程设置前后逻辑，强化能力层次递进。

3. 课程建设注重思政价值与创新性

将立德树人价值标准融入全部专业课程中，把“培根铸魂，启智增慧”贯彻课程教学全过程，示范性建设了《现代服务管理》《消费者行为学》《酒店运营管理》《酒店收益管理》《酒店战略管理》《小咖啡、大世界》等10多门上海市级重点或者一流课程。同时，《酒店运营管理》《现代服务管理》《小咖啡大世界》等课程在智慧树平台开设五个学期，截至2022年9月，累计选课人数超过6万人，覆盖院校超过120所，影响较广泛，赢得同行赞誉。

（三）运用国际认证，聚焦学生持续发展，完善培养方式

专业认证是一种国际通行的教育质量保障制度，对于引导和促进专业建设与教学改革、保障和提高人才培养质量非常有效。作为全球商科院校两大专业认证之一，美国商学院和学科认证委员会权威认证（Accreditation Council for Business Schools and Programs，ACBSP）强调卓越教学，追求优异的教学质量，强调教学和学习成果质量的资格认证。② 本专业以ACBSP认证的“以产出为导向、以学生为中心和学习成果持续改进”三大基本理念为指导，围绕泛酒店业“为客人创造独特而难忘体验”的服

① 朱桂萍：《中瑞酒店管理专业教育对比研究及经验启示》，《社会科学家》2021年第3期。

② 韩琳琳：《ACBSP认证视角下一流应用型商学院内部质量保障体系构建研究》，《高教学刊》2020年第29期。

务理念，优化学生能力培养。

1. 创设多元化学生成长通道，突出以学生为中心

持续完善本专业上海春季高考招生面试方案，遴选泛酒店业人才，助力学生成为“更好的自己”；允许学生专业选修课跨专业通选，提供多模块选择和多方向学习，使学生拥有自己的“跑道”；“以赛促学”，组织学生参与世界技能大赛、创新创业大赛、“尖峰时刻”模拟决策大赛等国内外学科比赛；引导学生参加行业高峰论坛、上海进博会志愿者等活动，多场景教育，促使学生在实践中提升能力；实施模块课程小班化教学，匹配丰富线上资料，推动教学目标从“教得好”向“学得好”转变，助力学生成为课堂“主角”；将互联网、大数据、移动终端等新兴技术融入教育全过程，利用慕课（MOOC）、小规模在线课程（Spoc）等，重构了学生自主学习探索的信息化空间。

2. 完善多业态的产教共同体，强调产出导向

围绕国际品牌酒店及泛酒店业态，本专业完善多类型品牌酒店产教融合，深化泛酒店业态校企共育，形成从国际品牌“一中心”到泛酒店业“多分布”的产教共同体扩容，建立“人才共育、过程共管、资源共享、责任共担”的校企合作基地30多家，覆盖雅高集团等知名酒店品牌以及金茂集团等泛酒店业态；同时，拓展校企共育实践基地，比如：新业态方向与戴德梁行、绿地、金茂等集团共育酒店地产投资人才；与百威集团共育未来主题餐厅人才；新技术方向与石基信息、别样红共育智能化人才；新服务方向与Manner咖啡共育“咖啡+”人才，与华润置地共育长租公寓人才；优化国际精品咖啡、餐饮、客房等实训室软硬件适应性建设，提高实训教学条件保障度。

3. 优化日常管理的育人机制，注重持续改进

将ACBSP国际认证中“持续改进”的教育理念融入本专业指导思想，即在教学质量管理整体协同机制、人才培养目标持续改进机制以及课内教学环境优化机制方面持续改进。首先，听取学生每年向毕业生和泛酒店相关企业收集人才需求的反馈，听取企业行业专家对专业培养方案和培养目标的意见和建议，优化目标达成度，提升结果满意度。其次，对课堂教学、考试命题、专业实习、毕业论文等教学活动进行制度性的定期自我评估与评价，持续改进新问题，增强教学改革的科学性与针对性。最后，优化教学环节质量监控，完善教学督导制、校院系分类听课制度、学生评

教制等制度，确保教学质量。以 ACBSP 认证为参考，通过单一评价与综合评价，理论评价与实践评价，个人评价与团队评价的相融重构了多层次的考核评价体系。

（四）建设特色师资，提升多维融合，筑牢价值引领

依靠一流专业平台，构建集“双师型教师+国际酒店集团职业经理人+海外特聘教授”联合的多类型师资团队。

1. 强化多维度培养师资

围绕新课程体系，增加文化艺术、地理环境、应用统计及食品生物等专业背景教师。通过博士学位研读、酒店集团挂职、国际教育注册师考证、“世赛”教练认证、国外旅游酒店院校访学/短期交流等方式，跨界新工科、新文科，搭建双师创新型师资团队。①

2. 打造产教融合型师资

本专业专职教师中 85%拥有博士学位，50%具有境外访学或短期进修经历，80%具有行业挂职或者产学研实践经历，60%拥有国际注册教育导师、瑞士洛桑认知学习导师（QLF）等专业资格证书，90%拥有行业职业资格证书。同时，聘请雅高、东湖等企业高管和美国康奈尔大学等海外一流教授作为兼职教师。通过“旋转门”机制，创新人才引进、培养、职称评审、考核等制度，实施分类评价分类管理，各展所长。

3. 瞄准新业态提升师资水平

瞄准酒店业新技术、新业态和新模式，本专业引领师资团队跟踪行业发展前沿，开展应用型研究。本专业成立上海旅游大数据中心、上海自驾车、房车旅游研究与发展中心等研究与社会服务平台，为教师走向行业提供了强有力支撑；研发多个国家或省市标准，包括《酒店在线服务质量评价与等级划分》《房车营地基本要求》《山地旅游城市建设与评价》以及国家级及省级饮食服务业标准、世界技能大赛系列竞赛标准等，促进师资团队的教学和研究与行业发展保持紧密联结。

4. 思想价值引领筑牢师德

本专业负责人担任教育部旅游管理类专业教学指导委员会委员、世界技能大赛优秀教练，长期发挥头雁效应，始终追求崇高理想，先后荣获

① 吴金娇：《校企双向奔赴，为应用型人才培养“加速”》，《文汇报》2022 年 7 月 31 日。

“上海育才奖”“宝钢优秀教师奖”“上海市教育系统三八红旗手”“滨海贤人”等。同时，本专业教师团队持续强化德才兼备内化为自觉价值追求，强化教师育人和教书相统一，身教和言传相统一，团队成员获得“上海五四青年奖章”“上海市工人先锋号”“上海教卫系统优秀基层党组织”以及国家级比赛优秀指导教师等荣誉称号。

四 泛酒店管理人才培养模式改革成效与未来展望

（一）泛酒店管理人才培养模式改革取得显著成效

1. 就业层次提高，国际竞赛获奖，人才培养新路径带来显著成效

统计近四年就业数据发现，本专业毕业生在泛酒店业就业占比逐年升高，由2018届约30%上升到2021届60%左右，在泛酒店企业就业层次普遍较好，反映人才培养定位调整效果显著。同时，毕业生在酒店业就业层次也显著提高，其中75%以上获得国际酒店管培生岗位，覆盖上海近85%的国际知名品牌酒店。赢得雅高、洲际等国际酒店集团以及绿地、金茂、华润置地等泛酒店业企业高度认可，东湖集团成为市政府牵头的战略合作方。

世界技能大赛是当今全球地位最高、规模最大、影响力最大的职业技能赛事。本专业学生入选世赛集训队，并代表中国唯一入围2019年第45届俄罗斯喀山决赛资格，并获得优异成绩；另外，学生赢得中国首届职业技能大赛酒店接待项目四强，因成绩优异获“上海市技术能手”“全国技术能手”称号，并获2021年日内瓦“全球最佳酒店接待冠军杯”大赛前六强。学生近四年在中国技能大赛、大学生“互联网+”、商业决策等全国学科类比赛累计获奖近50项。

2. 综合水平提升，国际认证通过，人才培养新模式形成多重效应

2019年本专业入选酒店管理国家级一流本专业建设点。人才培养方面的教改论文发表在顶级期刊“中国翻译”上，引起学界与业界的广泛关注。2021年联合“EHL”设立教育部批准的中外合作办学机构上海洛桑酒店管理学院①。同时，通过具有国际权威性和全球影响力的商科专业

① 李蕾、谭俊洪：《“上海洛桑”：实景实训培养人才》，《解放日报》2022年7月19日。

认证（ACBSP）促进本专业国际知名度提升，吸引30多个国家留学生就读。学生获得国际课程认证人数占比超过50%。中外合作办学、世界技能大赛国家基地等人才培养成效也引发人民网、央广网、澎湃新闻、解放日报、文汇报等众多媒体密集报道，社会影响力显著。

（二）泛酒店管理人才培养的未来展望

随着全球新冠肺炎疫情的好转，世界各地的主要旅游市场及酒店集团正逐步恢复生机，加上市场环境和技术环境的激烈变革，酒店传统单一产业的内涵正在发生系统性变化。因此，从人才培养角度而言，泛酒店管理人才早已不再局限于酒店领域，它以“提供独特而难忘体验”的服务理念延伸至旅游、会展、航空、奢侈品管理等其他相关款待业领域。因此，面向现代款待业的技术革命和产业革命的迅猛发展，除了上述我们谈到的能力培养外，如何将酒店管理学生培养成具有卓越服务能力、数字化思维以及文化创意的复合型人才是本专业未来关注的重点。

1. 为顾客提供独特而难忘体验的卓越服务能力

智能手机的普及以及数字化的飞速发展使顾客能依靠自身的智能设备完成酒店从预订入住到退房的全过程，这也就使酒店业从业者已不能只专注于传统的运营角色，而是要将更多注意力放在无可替代的情感互动中。以产品差异化、定制化体验为主要特征的以个人为中心的经济模式正在打破以企业为中心的经济模式，甚至演变为未来主要趋势。因此，打造富有吸引力的消费者体验成为未来泛酒店管理人才的核心能力要求。

2. 驱动数字化转型和创新的能力

酒店的运营与业务模式都在发生转变，如何消除酒店实体与数字之间的鸿沟，更加关注风险、安全与合规性，离不开数字化思维和创新能力的支持。依赖以互联网为媒介的大众高效沟通、依靠移动消费与支付为主的商业模式转型以及AI、VR、AR等新兴技术驱动的创新市场对酒店及文旅产业带来深刻变化，将对酒店管理院校当前的培养模式、内容、形式、知识结构带来颠覆性冲击。

3. 打造文化创意融合变革的能力

在文旅融合大背景下，文化创意赋能酒店开放式创新是行业跨界融合发展的动力之一。新时代消费主体的个性化、品质化、情感化体验需求特征更加凸显，不管是酒店业还是相关会展、度假、奢侈品等业态，对策划、设计、产品、营销等方面文化创意能力的需求越发迫切。而且，赋予情感的体验打造、数字化思维创新都离不开文化创意能力的支撑。

The Exploration of Hotel Management Talents Cultivation Mode Reform and Practice for the Pan-hotel Industry

Jiang Hong　Zhong Wei　Huang Heping　Lu Daodian　Yin Kaiyu

Abstract: The hotel industry is transforming from a single place of accommodation and catering to a place of lifestyle experience with multiple development modes, which poses a new challenge to the cultivation path of traditional hotel management talents. Drawing on the development experience of domestic and foreign colleges and universities, combined with the practice of China's hotel industry development change, regional economic development characteristics and students' professional development needs in the new era, this paper summarizes the new ideas of the hotel management talents cultivation through the positioning of talents cultivation, professional service ability, curriculum system, teaching staff and integration of production and education and clarifies the real effect of its talents cultivation by cases. Thus, it provides implications for the reform of talents cultivation for domestic undergraduate hotel management colleges and universities, and offers reference to the cultivation of new business talents in the new era.

Key words: Hotel Management; Pan-hotel Industry; Talents Cultivation; Undergraduate Education

财经类院校本科教育国际交流与合作改革研究*

李宏　胡　婧　林　琦　黄瑞昕**

摘　要： 本文通过对比国内外部分院校的办学情况，聚焦国际交流与合作相关指标，结合学校办学愿景与发展现状，发现财经类院校本科教育国际交流与合作呈现出国际化师资队伍建设不完善、国际学生规模发展滞缓和国际科研合作优势衍生效应不佳三个方面的问题。针对存在的问题，从吸引高层次人才，加强国际化师资队伍建设；加强全英文课程建设，丰富教学活动形式；发挥国际科研合作优势，培养本科生科研能力三个方面提出改进措施。

关键词： 财经类院校；本科教育改革；国际交流与合作

一　引言

本科教育是高校的根和本。当前，我国高校存在不同程度上忽视本科教育，盲目进行本科教改的现象。一是认为本科教育与创建研究型一流大学关系甚微，不能为“双一流”建设贡献直接价值，因此不够重视本科

* 基金项目：2018 年度上海财经大学本科教学改革课题项目“上财本科教学国际化研究——基于国际排名角度”（项目编号：2018120045）。

** 作者简介：李宏，上海财经大学国际交流与合作处处长，教授；胡婧，上海财经大学国际交流与合作处国际合作科科员；林琦，上海财经大学国际交流与合作处国际合作科科员；黄瑞昕，上海财经大学国际交流与合作处国际合作科科员。

教育；二是认为本科教育改革困难重重，遂故步自封，满足于现状；三是没有结合自身实际，盲目照搬国外一流大学的本科教改方案，效果不尽如人意。① 因此，对标世界一流，扎根中国实际，找准指挥棒是践行本科教育改革的重要方式。“双一流”建设意味着告别遴选标准不够明确，依靠行政命令进行高校建设的路径模式，取而代之的是在一个全球竞争的环境下构建高校价值体系并进行战略规划。②

本文根据全球四大权威高校排行榜，以国际化指标为切入点，从国际学生比例、国际教师比例、国际合作研究比例、国别层面的国际合作、国际合作论文及其占比等维度，横向对比上海财经大学（以下简称学校）与国内外部分财经类院校的排名与得分，再结合学校的办学愿景与发展现状，分析本科教育国际交流与合作存在的优势与不足，提出学校在本科教育国际交流与合作改革中的可行性措施，以期助力提升学校本科教育的综合实力与国际竞争力。

二 国内外部分财经类院校排名现状及对比分析

研究选取QS世界大学排名（QS World University Rankings）、泰晤士高等教育世界大学排名（Times Higher Education World University Rankings）、U. S. News世界大学排名（U. S. News Rankings）以及软科世界大学学术排名（Shanghai Ranking' s Academic Ranking of World Universities）四个全球权威高校排行榜，虽然它们采用的评估指标存在差异、各有侧重，但国际化在四个指标体系中均是重要指标，该指标主要包括国际学生比例、国际教师比例、国际合作研究比例、国际合作（国别层面）、国际合作论文及其占比等。

学校参与国际大学综合排名和学科排名，旨在明确自身定位，找准差距和努力方向，进一步扩大影响力。根据学校办学特色与发展战略，本文选取伦敦政治经济学院、蒂尔堡大学、伊拉斯姆斯大学3所国外高校，以及西南财经大学、对外经济贸易大学2所国内高校为参照对象，对比

① 关颖婧、袁军堂：《美国研究型大学本科教学改革及其启示》，《现代教育科学》2005年第11期。

② 吴合文：《“双一流”建设的系统审思与推进策略》，《高等教育研究》2017年第1期。

2021—2022 年学校与上述高校的排名情况，聚焦国际化相关指标，分析当前学校本科教育国际交流与合作存在的优势和不足。

（一）2021—2022 年学校与国内外部分财经类院校排名

1. QS 世界大学排名

根据历年 QS 世界大学排名结果来看，与综合类大学相比，财经类院校受限于学科种类，参评且入选的学校数量并不多。作为国内 2 所上榜的财经院校之一，学校在 2022 年 QS 世界大学排名中位列全球 1201+，对外经济贸易大学位列全球 1001—1200，与国外同类高校存在较为明显的差距。国内两所财经院校的各类指标得分均表现平平，对外经济贸易大学在国际化指标方面略胜一筹，排名档位上升一个梯度。反观国外同类院校，其国际化相关指标得分在各类指标得分中均位列前茅，尤其在国际教师比例方面具有决定性优势（见表 1）。

表 1　国内外部分财经类院校 2022 年 QS 世界大学排名　单位：位、分

学校	排名	综合得分	学术声誉得分	雇主声誉得分	师生比得分	教师人均论文引用率得分	国际教师比例得分	国际学生比例得分
伦敦政治经济学院	49	75.8	72.4	99.2	45	87.8	100	100
伊拉斯姆斯大学	179	46.3	35.6	58.2	35	61.1	81.9	53.7
蒂尔堡大学	356	31	15.4	36.3	13.6	55.9	93.3	50
对外经济贸易大学	1001—1200	—	3.3	2.1	12.1	2.2	2.6	37
上海财经大学	1201+	—	5	4	11.8	2.8	2.3	4

2. 泰晤士高等教育世界大学排名

泰晤士高等教育世界大学排名的国际化评估指标与 QS 世界大学排名中的国际化评估指标相近，除国际教师与国际学生比例外，增加了国际合作这一指标。2022 年泰晤士高等教育世界大学排名中，学校综合排名位列全球 801—1000，商学与经济学排名位列全球 401—500。与国内外同类院校相比，两项排名中的国际化指标得分均不占优势，其中与国外同类院

校的差距明显，即便是优势学科的国际化指标得分也不尽如人意，体现了学校在国际教师、国际学生以及国际合作三方面存在不足（见表2）。

表2　国内外部分财经类院校2022年泰晤士高等教育世界大学排名　　单位：位、分

学校	排名		综合得分	教学得分	研究得分	引文得分	国际化得分	产业收入得分
伦敦政治经济学院	综合	27	80.8	68.0	80.8	94.4	92.7	35.8
	商学与经济学	9	86.4	86.3	91.8	81.7	94.3	35.8
伊拉斯姆斯大学	综合	72	67	40.2	57.8	97.0	88.5	76.5
	商学与经济学	26	72.7	57.8	81.5	78.1	83.9	46.7
蒂尔堡大学	综合	201—250	50.4—53.9	36.0	49.4	63.3	81.9	51.0
	商学与经济学	37	65.9	55.1	68.8	69.6	73.7	94.6
对外经济贸易大学	综合	501—600	38.1—40.8	27.1	17.5	66.9	59.3	36.7
	商学与经济学	301—400	32.3—36.0	22.2	19.7	66.0	49.5	39.9
西南财经大学	综合	501—600	38.1—40.8	20.5	13.3	87	41.8	37.8
	商学与经济学	301—400	32.3—36.0	15.4	11.7	86.2	42.1	43.9
上海财经大学	综合	801—1000	27.2—31.9	24.3	13.6	38.9	42.8	39.0
	商学与经济学	401—500	28.5—32.2	24.7	16.3	56.3	42.2	44.8

3. U.S. News 世界大学排名

U.S. News 世界大学排名体系中，国际化指标聚焦国际科研合作情况，注重在校师生的国际科研合作产量与成效。在最新公布的2022年U.S. News 世界大学排名中，学校综合排名位列全球967，经济学与商学位列全球117，学科优势尤为明显。而涉及国际化指标的两项得分均跻身全球前100，尤其是在国际合作的国别领域排名位列全球第20，远超绝大部分国外同类院校，一定程度上说明学校在国际科研合作领域表现较好（见表3）。

表 3　国内外部分财经类院校 2022 年 U. S. News 世界大学排名

学校	伦敦政经学院		伊拉斯姆斯大学		蒂尔堡大学		西南财经大学		上海财经大学	
排名（位）	综合	经济学与商学	综合	经济学与商学	综合	经济学与商学	综合	经济学与商学	综合	经济学与商学
	230	7	62	10	537	27	890	89	967	117
全球学术声誉	30	7	125	25	306	49	1527	258	946	168
区域学术声誉	128	27	61	4	152	9	467	33	177	21
学术论文（篇）	589	2	129	4	807	36	1567	59	1597	72
标准化引文影响力	96	88	59	83	436	80	361	114	1028	236
总被引次数（次）	425	6	79	8	699	32	1283	55	1511	133
前 10%高被引论文数（篇）	417	7	84	8	648	37	1160	75	1414	164
前 10%高被引论文占比（%）	99	96	53	62	348	88	260	153	856	257
国际合作—国别层面	1404	86	978	135	1492	42	19	54	20	82
国际合作	718	59	299	51	641	17	774	105	780	120
ESI 前 1%高被引论文数（篇）	519	9	70	20	799	28	915	20	1204	102
ESI 前 1%高被引论文占比（%）	595	104	64	117	892	61	144	21	625	139

4. 软科世界大学学术排名

软科世界大学学术排名体系中，学科类排名的评估指标涉及国际化的，主要考量各个学科领域国际合作论文的比例。在 2021 年软科世界大学学术排名中，学校经济学位列全球 101—150，金融学跻身全球前 100（位列 76—100），两个学科在国际合作论文比例方面的得分较高，与国内外同类院校之间的差距小。该结论与学校在 U. S News 世界大学排名中的国际化指标结论相近，再次说明学校在国际科研合作领域具有一定基础与优势（见表 4）。

表 4 国内外部分财经类院校 2021 年软科世界大学学术排名 单位：位、分

学校	学科	全球排名	综合得分	论文总数得分	论文标准化影响力得分	国际合作论文比例得分	顶尖期刊论文数得分	教师获权威奖项数得分
伦敦政治经济学院	经济学	8	287.3	95.3	90.5	82.4	66.7	24.3
	金融学	19	229.7	76.5	66.5	80.5	73.6	0.0
蒂尔堡大学	经济学	76—100	—	48.8	78.1	87.9	18.0	0.0
	金融学	29	204.5	65.4	86.4	92.2	54.0	0.0
伊拉斯姆斯大学	经济学	34	168.9	72.5	73.7	80.2	15.2	0.0
	金融学	33	198.4	67.4	64.3	86.4	56.5	0.0
上海财经大学	经济学	101—150	—	42.4	74.2	78.3	18.0	0.0
	金融学	76—100	—	57.4	65.6	82.5	35.4	0.0
西南财经大学	经济学	101—150	—	41.8	83.2	80.2	6.8	0.0
	金融学	101—150	—	46.6	77.6	83.4	11.8	0.0

（二）本科教育国际交流与合作存在的困难与不足

通过对比学校与其他国内外部分财经类院校的国际化水平，发现学校在本科教育国际交流与合作方面既有优势，也有不足。国际交流与合作的现状和发展对于本科教育改革具有重要意义。根据学校在各大榜单中的国际化指标得分情况，总结得出学校本科教育国际交流与合作存在以下三个方面的困难与不足。

1. 国际化师资队伍建设不完善，配套管理和评价体系不全面

师资队伍是高校教学的重要保障。表 1 和表 2 的数据显示，学校在国际教师比例指标得分不高，尤其是与国外同类院校之间的差距较大。结合学校外籍教师现状来看，普遍存在聘用年限长、引进频率低、优秀师资少的情况，“引进来”工作主要面临薪酬水平、院校吸引力、文化差异等方面的困难。当前，学校负责本科教学的外籍教师占比不及 2%，外籍教师与本科生比例约为 1∶1000，本科生在校内无法享受充足的外教资源，全英文课程建设相对缓慢。以本科中外合作办学项目为例，学校面临现有外籍教师数量有限以及高层次外籍师资匮乏的双重困难，未能采取强力有效的方法改进和解决。配套的管理和评价体系不够全面，不能真正激励外籍

教师持续不断地优化英文课程质量，不利于本科教育中国际化师资队伍建设。

2. 国际交流项目吸引力不足，国际学生规模发展滞缓

《国家中长期教育改革和发展规划纲要（2010—2020 年）》中提出："我国要加强国际交流与合作。坚持以开放促改革、促发展。开展多层次、宽领域的教育交流与合作，提高我国教育国际化水平。"表 1 和表 2 的数据显示，学校的国际学生比例指标得分不佳，与国内外同类高校之间存在较大差距，一定程度上说明学校的国际学生规模相对较小。近年来，学校虽然不断拓展优质的国际交流交换项目，包括学生交换、访问学习、暑期学校、冬/夏令营和语言培训等，但从成效上来看，更多地促进了本校学生"走出去"，而对国际学生"走进来"的吸引力却并不明显，国际学生规模发展滞缓。以学生交换项目为例，校级层面的学生交换以本科生为主，一些优质交换项目出现互派名额不对等的情况，本校学生"走出去"的数量和频次高于合作院校派遣的国际学生数量和频次，主要原因在于合作院校的课程设计、教学活动等更具吸引力。倘若长期存在此类不平衡交换的现象，势必会影响双方合作的质量与成效，既不利于学校继续为本科生开拓和提供优质国际交流交换机会，也不利于学校形成本科国际化教育氛围。

3. 国际科研合作优势存在局限性，衍生效应不佳

四大排名均注重科研产量与声誉，在国际化指标中体现为国际科研合作、国际合作论文等具体考量因子。根据上海高校分类评价最新结果显示，学校是"学术研究型大学"，以培养创新型学术研究人才为引领，注重"学生发展""创新成果""国际交流"等方面。在鼓励本科生全方位发展的同时，如何系统地对学生的科研能力、创新精神与综合能力素质进行培养，是当下学术研究型大学"双一流"建设的重要任务。根据表 3 和表 4 中的国际化指标得分来看，虽然学校的国际科研合作具有一定优势，但大多局限于教师层面，在本科教育中未能产生有效的衍生作用，如带动本科生的科研能力和思维养成，拓展和推进校际间本科生交流项目等。其原因是，一方面，大部分教师和学生都拘泥于传统的理念——本科生的主要任务在于学习与积累，研究生的主要任务才是研究与创新，导致本科生的科研能力培养准备不足，缺乏可持续学习与发展的后劲。另一方面，部分教师仅关注国际科研合作本身，忽视了其作为校际间交流活动的

衍生作用，仅有少数教师能从教师层面的科研合作进一步推动双方学院或学校开展学生层面的国际交流与合作项目，为本科国际化教育提供多元化选择。

三 本科教育国际交流与合作改革措施

（一）吸引高层次人才，加强国际化师资队伍建设

拥有国际化师资队伍是高校国际化的前提。师资结构与课程建设的国际化程度越高，学生越能以国际化的视野审视科学研究问题。当前，学校的外籍教师规模较小，师资水平有待提升，能为学生提供的课程种类较为有限。然而，随着“双一流”建设的推进，学校对于引进优质师资的需求程度明显提高，完善国际化师资队伍建设是学校本科教育国际交流与合作改革的当务之急。

建设国际化师资队伍需要从全球范围内招贤纳才，但优质师资资源引进难是长期困扰我国高等教育发展的顽疾，即使引智方面具有较强竞争力的“985 工程”高校，也存在境外专职教师总体数量不足的问题。[①] 首先，师资国际化要求高校具备国际化的师资管理制度。目前，学校对外籍与本土师资基本采用统一的教学管理与评教标准，虽然这样做充分体现了公平原则且为外籍师资营造了一种归属感，但对具备不同技能特长与使命的外籍教师来说，无差异化的教学管理与评教体系往往不利于激发他们充分发挥自身优势推动本科教改的积极性。对此，学校可以在“以我为主、为我所用”原则的指导下，制定灵活、差异化、精细化的外籍师资管理方式、评价体系与激励机制。其次，加大力度下放自主管理权，释放二级单位的活力，使人才引进工作更精准聚焦学科建设与人才培养的实际需求，充分发挥平台优势，以智引智。在这方面，学校已经通过国际化示范学院等平台取得初步成效，可以更大范围推广成熟经验，并鼓励创新与竞争。最后，以引进国外优质教育资源为主旨的合作办学为我国高校引智提供了新思维和新路径。一方面，中外合作办学在办学模式和人才招聘机制

---

① 李函颖等：《师资国际化新动向：“985 工程”高校境外专任教师引入的分析》，《中国高教研究》2017 年第 11 期。

方面独特的四个“三分之一”要求有利于国内高校吸纳境外合作方的师资，引进活跃于国际学术前沿的高层次人才；另一方面，中外合作办学过程中可能催生的教师培训机制也有助于国内高校以相对较小的成本提高自身的国际化师资建设水平。中外合作办学对“在地国际化”的内生要求有助于中方高校吸引外方优质专任师资长期定居中国从教，将来华外教吸纳到中方高校中的师资团队中，进行人才培养与科学研究，为中方师资队伍走向国际化发挥积极作用，实现引智与育才并举。此外，中外合作办学还提供了促进国际化课程体系制定、国际化育人环境打造以及国际学术资源引进整合的平台。学校可以现有本科中外合作办学项目为抓手，充分发挥项目在引智、育才以及学科建设方面的潜在优势，引进优秀专任外教，助力本科教育改革，提升本科教育质量。同时，学校还应聚焦优势学科，争取与高水平的国外高校建立中外合作办学项目、中外合作办学学院，引进整合更多的优质师资，为本科教育国际化长足发展提供核心资源。

（二）加强全英文课程建设，丰富教学活动形式

英文课程建设是构建国际化课程体系工作的重要组成部分，一个完善、高质量的英文课程体系不仅有助于培养国际化人才，还能提高高校对国际学生的吸引力，提升国际生源的多元性与质量，为高质量的国际化交流与合作打下良好基础，实现真正意义上的国际化办学，并推动课程体系与教学方法改革，有助于与国际一流学科课程接轨。鼓励开发全英文课程已成为中国研究型大学的努力方向之一。以中山大学为例，其金融学科双语课程量占总课程量的约 40%，其他学科此比例甚至高达 60%。[①] 相比之下，学校全英文课程数量较少，全英文学位项目更少，不能满足学校对外合作以及人才培养国际化需求，导致国际学生规模发展滞缓，国际交流项目对国外学生吸引力不足。因此，加快全英文课程体系的建设迫在眉睫。

首先，全英语课程建设在学校国际化战略制定中应得到与之匹配的重视度，应将全英文课程建设目标写入学校的发展规划，并在立足本土的基础上，突出“前沿性”特色内容建设的意义。其次，全英文课程建设中的一个现实困境在于高校教师繁重的教学科研任务以及巨大的职称评聘压力，“常任轨”老师尤甚，这导致教师参与全英文课程建设的动力不足。

① 刘志勇：《高等教育国际化背景下的全英文课程建设》，《教育教学论坛》2020 年第 9 期。

此外，很多常任轨[①]老师日常所讲授的全英文课程由于种种原因没有进入正式申报与认定的全英文课程名单中，因此未进入校际交换等国际交流项目的选课名单，造成了人力资源与课程资源浪费。因此除了薪酬上支持外，学校还应提供更立体、更有效的激励机制，如提升全英文课程备课与讲授的教学任务加权值，甚至可以设立单独的评价体系与奖项，对贡献突出的教师给予特别认可。最后，建议开设中外教师合作教学模式，丰富现有的教学活动形式。国外许多大学都在积极探讨跨地域/国家的联合课堂，比如新加坡管理大学与美国加州大学携手合作开发线上本科通识课程，采用本土和国际教师共同授课模式，让两校学生在本地课堂中有机会与其他国家/地区的同龄人一起学习交流。不仅为本土学生提供了新的国际交流体验渠道，也为国际学生提供更具体地了解当地学校的机会，为后续吸引更多国际学生来校学习增加更多的可能性。学校和近 50 个国家的 250 多个高校建立了合作，具有良好的开拓本科国际合作课堂基础，可以借鉴和学习此类中外线上联动课堂，积极争取教务管理、课程设计、学分认证等多口径、多部门的支持，打造更为多元化的本科教学活动，吸引更多的国际学生，助力提升学校本科教育国际化氛围。

（三）发挥国际科研合作优势，培养本科生科研能力

大学教育的根本目标之一是培养学生的批判性思维，而教师的重要目标之一就是提高学生的推理能力。[②] 然而批判性思维的培养在我国普遍重视不足，我国大学课堂的教学文化仍属于“记忆型教学文化”。[③] 也有部分大学的人才培养以就业为导向，功利性强，注重技能培养，忽略了创新思维的养成。要办好研究型大学，本科教育是关键和基础，本科生的科研能力是其发展中的重点和难点，我们很难期望一个没有基本批判思维、不具备基础科研能力的本科生有更长远的学习生涯追求，很难相信在没有基本理解和习得科研能力的情况下能在研究生阶段突飞猛进，拥有高水平的科研能力，产出高质量的科研成果。

---

① 常任轨是类似于北美高校的终身教职制度，所有尚未获得常任教职的常任轨教师有不超过 6 年的试用期。

② 彼得 · 费希万等：《作为普通人类现象的批判性思维——中国和美国的视角》，《北京大学学报》（哲学社会科学版）2009 年第 1 期。

③ 马培培：《美国大学批判性细微教学解析》，《外国教育研究》2016 年第 1 期。

学校在“十四五”规划中明确指出，到2025年“基本建成国际知名具有鲜明财经特色的高水平研究型大学”。其中，具有财经特色与高水平研究型大学均离不开高水平的科研能力。学校在本科教育人才培养定位中没有与本科生科研能力培育相关的明确描述，这与建设学术研究型大学的愿景有所不符。实际上，学校教师的国际科研合作优势明显，如果能建立教师对本科生的科研指导制度，引领本科生研究型学习模式，让本科生参与科学研究，有助于培育其批判思维与科研能力。国际上此类实例并不鲜见，如麻省理工学院推出全美最大、最全面的“本科生独立研究计划”，斯坦福大学推出“本科生研究机会计划”，加州大学伯克利分校提出“本科生科研学徒计划”。

学校可以充分发掘学校国际合作科研中的优秀师资，建立“本科生导师制度”，明确导师职责，由导师根据自己的研究并结合本科生教学目标，建立合理的研究项目，在常规的通识与专业课程之外开设独立研究项目，并定期给予学生指导与监督。学生可以协助导师推进科研工作，这不仅有助于培养本科生研究能力和创新思维，还可以让教师的科研成果及时走进课堂，提高本科教学质量，让教学与科研互融互促。此外，在“本科生导师制度”下，鼓励并选拔优秀本科生参与研究生的科研项目，促进本科教育与研究生教育的衔接。

四　结论

2020年10月13日，中共中央、国务院印发了《深化新时代教育评价改革总体方案》（以下简称《总体方案》）。“这是新中国第一个关于教育评价系统改革的文件，也是指导深化新时代教育评价改革的纲领性文件。《总体方案》从根本上回答了培养什么人、怎么培养人、为谁培养人的问题，明确了科学教育评价的重要性，提出了坚决克服唯分数、唯升学、唯文凭、唯论文、唯帽子的顽症痼疾。”① 2022年6月，教育部表示，对于“双一流”高校的建设来讲，正确的导向非常重要。“我们致力于优化学科布局，深化评价改革，坚决破除‘五唯’，坚决不围绕各种流行的排行榜办学，坚决突出贡献、创新、质量和成效，充分发挥建设高校基础

① 专家解读《深化新时代教育评价改革总体方案》，《中国青年报》2020年10月21日。

研究主力军和重大科技突破生力军作用，着力构建自主知识体系。”① 近期，国内几所一流大学宣布退出国际高校排行榜的评比，体现其坚决不围绕各种流行的排行榜办学，坚持以育人为本的初心和决心。我国高等教育致力于“走出一条建设中国特色、世界一流大学的新路”，盲目追求国际高校排行榜指标高分不利于我国高校“双一流”建设扎根中国大地、解决中国问题、推动中国经济社会高质量发展的目标与追求。因此，科学分析国际高校排名指标体系，取其精华，切忌盲目追求高分，才是理性之举。本文科学分析国际高校排名指标体系，通过其国际化指标维度寻找学校本科教育国际交流与合作中发展的问题和痛点，扎根学校自身发展特色与办学愿景，由此提出适用于学校发展的措施和建议。本文所提出的措施主要聚焦于学生培养、课程优化以及师资队伍建设等育人相关的实质性指标，而非片面地追求高分，提升国际排名，表面化地提高本科教育国际交流与合作的质量。排行榜的各类指标可以作为高校办学质量的量化体现，是参照的标尺之一，但非办学的真正目的，只有以“人”为本，而非以“榜单”为本，才可真正实现教育优化，实现中国特色的“双一流”建设。

Study on Reform of International Exchange and Cooperation in Undergraduate Education of Finance and Economics Colleges

Li Hong　Hu Jing　Lin Qi　Huang Ruixin

Abstract: By comparing school-running situation of some domestic and foreign universities and colleges, focusing on indicators relevant to international exchange and cooperation and considering the vision and status of finance and economics colleges, this paper finds that there are three major problems presenting in the undergraduate education with respect to international exchange and cooperation, including the imperfect recruitment and management of international teachers, the stagnant growth of international

① 教育部：《“双一流”建设坚决不围绕排行榜办学》，《中国青年报》2022 年 6 月 14 日。

student scale and the lack of ripple effect brought by the international research cooperation. In view of the existent problems, improvement measures are put forward from the following three aspects. First, enhance the overall level of international teacher team by attracting high-level talents all around the world. Second, enrich the teaching activities by accelerating the development of English-taught courses. Third, cultivate the research ability of undergraduates by giving full play to the advantages of international research cooperation between teachers and students.

Key words: Finance and Economics Colleges; Reform of Undergraduate Education; International Exchange and Cooperation

课程建设

BOPPPS 教学模式在混合式一流课程建设中的应用探究*

刘新燕　王　璐　姜　璇　彭　红**

摘　要： 本文以湖北省一流线上线下混合式课程“电子商务”为载体，探索 BOPPPS 教学模式在混合式一流课程建设中的应用实践。本研究将该模式从一次课程内部设计拓展为一门课程全局的系统化运用，并在应用效果评估的基础之上，从师生双方能力培养、优化全流程教学设计、建设自适应学习教学环境、深化教学方法创新应用四个方面提出在混合式一流课程建设中应用 BOPPPS 教学模式的实施建议。这项应用探究有助于完善 BOPPPS 教学模式的理论基础和实施内容，对进一步探索线上线下混合式一流课程教学模式改革也有着重要的指导意义。

关键词： BOPPPS 教学模式；线上线下混合课程；电子商务

一　引言

BOPPPS 教学模式起源于 20 世纪 70 年代加拿大英属哥伦比亚省的教

---

* 基金项目：湖北省教学改革项目“全流程 BOPPPS 教学模式在混合式课程中的实践探索——以《电子商务》为例”（项目编号：31412110802）；教育部产学合作协同育人项目“基于 OBE 理念的《电子商务》混合式课程建设探索”（项目编号：202102578003）和“网络社群中的师生多维互动：新媒体环境下互动式教学模式的实践创新”（项目编号：YB202058）。

** 作者简介：刘新燕，中南财经政法大学工商管理学院副教授；王璐，中南财经政法大学工商管理学院讲师；姜璇，中南财经政法大学工商管理学院副教授；彭红（通讯作者），中南财经政法大学工商管理学院副教授。

师教学技能工作坊（Instructional Skill Workshop，ISW）项目，是一种强调以教学目标为导向，以学生为中心，以有效课程设计为主线的教学模式。国内的学者和教师自 2015 年以来逐渐重视该模式在教学实践中的研究和应用。诸多学者围绕 BOPPPS 教学模式的内涵①、该模式能带来的教学成效②、该模式与其他教学工具如翻转课堂③④、思维导图⑤⑥、MOOC⑦⑧的融合运用，以及如何在课堂中开展 BOPPPS 教学模式⑨等内容进行了广泛探讨。另外一部分教师发现 BOPPPS 教学模式与国家金课所提倡的“两性一度”的理念高度融合，因此开始尝试在一流课程，特别是线上线下混合式一流课程建设中借助这种模式进行教学改革⑩。

线上线下混合式课程有别于线上线下混合式教学，后者是把互联网学习与传统课堂教学模式有效地融为一体的新型教学模式，但并不是将任何形式的线上资源或者教学手段植入线下课程就能称为线上线下混合式课程。教育部明确规定混合式一流课程是指“基于慕课、专属在线课程（SPOC）或其他在线课程，结合本校实际对校内课程进行改造，与线下面授有机结合开展翻转课堂、混合式教学，打造在线课程与本校课堂教学相融合的混合式‘金课’”⑪。它要求学生自主学习线上课程的教学时间

① 于丹、吴军凯等：《基于 BOPPPS 教学模式的中药鉴定学线上线下混合教学实践探讨》，《中国医药导报》2020 年第 28 期。

② 狄宁、贺小兰等：《基于 BOPPPS 教学模型的精细有机合成技术课程思政教学设计与实施》，《化工管理》2022 年第 15 期。

③ 樊继东：《OBE 模式下 BOPPPS 模组在工程类课程教学中的应用——以汽车电子与控制教学实践为例》，《大学教育》2020 年第 2 期。

④ 张书泉、陈红、辜家芳：《基于腾讯课堂及雨课堂的 BOPPPS 教学模式的研究与实践——以〈现代分析测试方法〉课程线上教学为例》，《化工设计通讯》2020 年第 12 期。

⑤ 马博宇、雷晓莉：《BOPPPS 教学模型结合思维导图在计算机基础教学中的应用研究》，《西部素质教育》2021 年第 21 期。

⑥ 杨玫、李祁、刘瑜：《应用思维导图和 BOPPPS 模型构建智慧课堂》，《福建电脑》2020 年第 6 期。

⑦ 李娴、梁赟等：《基于 MOOC 的翻转课堂+BOPPPS 混合式教学在血液科本科生临床决策能力培养中的应用》，《中国高等医学教育》2021 年第 11 期。

⑧ 吴昌东、江桦、陈永强：《BOPPPS 教学法在 MOOC 教学设计中的研究与应用》，《实验技术与管理》2019 年第 2 期。

⑨ 韩秋枫、王凤芹、吕洁：《基于 BOPPPS 模型和 EduCoder 实训平台的大学计算机基础课程智慧教学模式》，《计算机教育》2020 年第 3 期。

⑩ 康颖安、程玉兰等：《基于 BOPPPS 的线上线下混合式教学模式构建与实践》，《当代教育理论与实践》2022 年第 2 期。

⑪ 吴岩：《建设中国“金课”》，《中国大学教学》2018 年第 12 期。

占比必须达到全部课时的 20%—50%，并且成为课程设计的正式组成部分；还强调线上学生自主学习的内容与线下教师面授的内容必须形成有机融合。因此，这就要求教师调整课程设计的整体思想，从课程教材编选、教学设计、课程评价等多个方面重构原有的线下课程。

反观现有混合式课程中应用 BOPPPS 教学模式的实践案例，发现目前应用的院校主要集中在普通本科院校和高职高专①②，缺乏“双一流”高校的应用实践；应用课程属于课程内容本身对学生参与实践要求相对较高的课程③④⑤，缺乏对于常规课程的探索；从应用的具体策略来看，目前的应用案例全部都是在探索将 BOPPPS 教学模式应用在某个混合式课程单元的流程设计上，没有延伸到课程全流程的系统化设计。目前，2019 年启动的“双万工程”第一期已经进入收官阶段，但突破传统以教学为中心的模式，按照一流本科课程建设要求深化教育教学改革，已经成为当前高校本科教学工作的一个重点。基于此，本研究以湖北省一流线上线下混合课程“电子商务”为载体，探索 BOPPPS 教学模式在一流混合式课程全流程中的应用路径，将该模式从一次课程内部设计拓展为一门课程全局的系统化运用，并且具体探索线上线下混合式这一特殊的课程性质与该教学模式之间的互动。本研究有助于进一步完善该模式的理论基础，丰富其具体内容，对进一步探索混合式课程教学模式改革也有着重要的指导意义。

二　BOPPPS 教学模式的内涵

BOPPPS 教学模式将课堂划分为六个主要的教学模块，“BOPPPS”这个词正是由各模块英文名称的首字母组合而成：B 是指导入（Bridge-in）；O 是指学习目标（Objective/Outcome）；第一个 P 是指预测试（Pre-

① 杜湘瑜、李德鑫、陈长林：《基于 BOPPPS 模型的模拟电子技术基础线上线下混合教学研究与实践》，《高教学刊》2020 年第 13 期。

② 王英让：《基于“互联网+BOPPPS”混合教学模型的教学设计》，《电脑知识与技术》2021 年第 3 期。

③ 陈一凡、李雁等：《基于 CIPP 评价模型的“BOPPPS+虚实结合”教学模式在中医骨科技能实训课程中的应用探析》，《中国中医急症》2022 年第 5 期。

④ 梁巧真、李尚、叶飞：《基于 BOPPPS 模式的高职院校线上线下混合式教学应用研究——以建筑 CAD 课程为例》，《吉林农业科技学院学报》2021 年第 6 期。

⑤ 孙娜：《“以学生为中心”的线上线下混合教学“金课”建设的实践探索——以〈计算机程序设计 VC++〉课程为例》，《电脑知识与技术》2022 年第 12 期。

assessment）；第二个 P 是指参与式学习（Participatory Learning）；第三个 P 是指后评估（Post-assessment）；S 是指课后的总结（Summary）①。每个模块的作用和内容如下。

第一，引入（Bridge-in）环节的主要作用是引发学习动机。主要内容是指教师在正式课程之前，借助与本次课程主要知识点相关的引言、问题、日常生活故事或者热门事件等激发学生的学习兴趣，从而帮助学生快速进入状态。

第二，教学目标（Objective/Outcome）模块旨在让学生对本次课程学习的目标有清晰的认识。需要教师强调学习目标，介绍本次课程的学习重点和难点，以及课程的计划和安排。

第三，前测（Pre-assessment）模块的主要目的是让教师对学生先期储备的知识以及能力有所了解，以便根据学生的情况对教学内容以及组织教学的方式进行及时调整。教师可以借助提问、小作业或者小测试的形式来完成。

第四，参与式学习（Participatory Learning）是最为核心的组成模块。它强调教师在教学过程中要充分调动学生的积极性，教师可以利用小组讨论、情境模拟、课堂提问或者案例教学等方法加强与学生的互动，变以往的学生被动学习为主动参与。

第五，后测（Post-assessment）模块的目的是了解学生本次课程的学习情况，包括学习目标是否达到，知识点是否掌握。测试的方式可以灵活掌握，如果是单次课程，可以是小测试、简单的提问。如果是整体的课程，可以是问卷调查、案例分析、书面考试、小组调研汇报等。

第六，总结（Summary）模块旨在带学生回顾本次课程的核心知识点。教师通常在本环节对课程内容进行梳理，归纳整理学习的要点。

三　BOPPPS 教学模式的理论基础

BOPPPS 教学模式的应用成效，建立在它通过切实有效的方案将建构主义、认知主义以及自适应学习等教学理论的核心思想加以融合运用。

---

① 王丹琴、王珲等：《基于 BOPPPS 模型的表面工程教学探索》，《高等教育研究学报》2019 年第 4 期。

（一）建构主义学习理论

建构主义认为，世界客观存在，但是对世界的理解和意义赋予却是由每个人自己决定。因此，建构主义者更关注如何以原有的经验、心理结构和信念为基础建构知识[①②③]。建构主义学习理论强调学习者的主动性，认为学习过程是学习者基于原有的知识经验，通过与环境相互作用主动建构其知识经验的过程；主张学习具有社会性，认为创设一个广泛的学习共同体可以为知识建构提供更为丰富的资源支持；突出学习的情境性，认为学习的任务情境应与现实情境相类似，且知识建构应与问题解决融合。

（二）认知主义学习理论

认知主义学习理论注重解释学习行为的目的、意义等中间过程，认为这些才是控制学习的可变因素[④⑤⑥]。该理论注重人在学习活动中的主体价值，指出认知、理解、独立思考等意识活动在学习中具有重要地位和作用；强调认知结构在学习中的作用，认为学习者会主动选择、转换、存储和应用进入感官的信息；重视对学科基本结构的学习，认为教师在教学中必须让学生能在某种程度上获得一套概括的基本原理或思想。

（三）自适应学习模式

“自适应学习”这一概念最早由美国学者彼得·布鲁希洛夫斯基（Peter Brusilovsky）等提出，强调教学中通过实时交互数据的收集和解析结果提供个性化的学习支持[⑦]。美国教育部教育信息化办公室将其定义为

---

① David Jonassen, et al. , “Constructivism and Computer-Mediated Communication in Distance Education ”, *The American Journal of Distance Education*, Vol. 9, No. 2, 1995.

② 何克抗：《新型建构主义理论——中国学者对西方建构主义的批判吸收与创新发展》，《中国教育科学（中英文）》2021 年第 1 期。

③ 杨维东、贾楠：《建构主义学习理论述评》，《理论导刊》2011 年第 5 期。

④ 高峰强：《西方三种学习理论及其启示》，《石油大学学报》（社会科学版）1997 年第 3 期。

⑤ 潘光花、张祖霞：《认知主义学习理论和教育创新观念的对比研究》，《当代教育科学》2005 年第 21 期。

⑥ 谢婧：《认知主义学习理论概述》，《文教资料》2006 年第 28 期。

⑦ Brusilovsky P. , Karagiannidis C. , “Sampson D. Layered Evaluation of Adaptive Learning Systems”, *International Journal of Continuing Engineering Education and Life Long Learning*, Vol. 14, No. 4, 2004.

“可以根据学习者在课程过程中反馈回来的信息，动态地转变内容及内容呈现方式、学习策略等”。自适应学习的三个主要特征包括：基于知识资源（包含文本、图像、声音、视频等）的学习、学生开展自主学习以及教师是学习的指导者和建议者。

四　BOPPPS 教学模式在“电子商务”混合式一流课程中的应用案例

“电子商务”不仅是电子商务本科学生的专业主干课程，也是很多院校作为向经济管理专业学生开设的选修课。课程组于 2018 年开发建设了在线慕课“电子商务那些事”，自 2019 年 5 月在中国慕课大学上线，迄今选修人数已超过 3 万人，并于 2021 年获批湖北省线上线下混合式一流课程。自 2019 年该慕课首次上线之际，课程组就开始在本校非电商专业的“电子商务”课程（32 学时）中探索线上线下混合式教学模式。2021—2022 年第二个学期，本校恰好开设了两门“电子商务”线上线下混合式课程，两个班级的课时安排，任课教师都相同，只是上课的具体时间不同，最终两个班级选修人数分别为 40 人和 60 人（以下简称为一班和二班），因为是开放式的选修课，所以选课学生均来自工商管理学院的各个专业，专业背景相似；该学期由三位专任教师组成课程组共同完成课程的教学。课程组在尝试将 BOPPPS 教学模式应用于湖北省线上线下混合式一流课程“电子商务”时，主要想尝试解决目前已有案例中尚未解决的两个问题：其一，探索针对线上主导课时和线下主导的课时分别设计 BOPPPS 教学模式应用的实施方案；其二，构建将 BOPPPS 教学模式应用于一门线上线下混合式课程全流程的系统性应用框架。

（一）BOPPPS 教学模式在教学单元中的应用实验

尽管国内现有的应用案例均是将 BOPPPS 教学模式应用于某个线上线下混合式教学单元（例如 90 分钟教学过程中）内部。但是在实际的高校教学管理和实践过程中，教务部门通常要求将某一个教学单元明确划分为线上或者线下教学实践，尤其是在参与国家线上线下混合式一流课程评选的过程中，需要提交学校管理单位的文件，证明该课程线上教学的内容在整个课时安排中的比重必须达到 20%—50%。这就意味着在线上线下混合式课程的整体设计中，需要将某些教学单元设计成主要以学生自主学习线上课程内容为主；有些单元课时则是以教师课堂教学为主的线下课程。

以“电子商务”课程为例，其配套的线上教学资源是课程组全体教师参与制作的慕课“电子商务那些事”，包含 35 个教学内容视频，每个视频的时常在 8—12 分钟。在混合式课程中，课程组会为选修的学生建立 SPOC 学习专区，这些教学视频按照课程的知识结构，被划分为初识电子商务、遇见网络营销、揭秘电商安全、管理电商供应链、创新支付与金融以及解读新零售 6 个线上教学单元，每个教学单元由 5 个到 6 个教学视频组成。在线上课程教学单元，学生需要在 SPOC 专区中自主观看完相应的教学视频，并完成相应的作业和测试。为此，课程组分别选择了一次线上主导课程和一次线下主导课程，每次选择其中一个班级在教学中采用 BOPPPS 教学模式，另外一个班级则作为对照组按照原有模式开展教学，在该次课程结束后利用单元测试和质性访谈的方式收集学生的反馈，来衡量采用 BOPPPS 教学模式的效果。

1. BOPPPS 教学模式在线上主导的教学单元中的应用实验

（1）BOPPPS 教学模式的实验设计。课程组选择了第一个线上教学单元“初识电子商务”作为载体来进行教学实验，选择一班作为实验组（40 人），二班作为控制组（60 人）。因为线上教学的视频是提前录制好的，在每个视频内部，主讲教师在课程开始时会简单介绍本次课程的主题和内容，在课程结束之后也会简单回顾和总结本次的核心知识点。学生在观看完视频后，需要完成针对本周线上教学单元的整体单元测试，通常以选择题的方式进行。即使在普通的线上教学单元中，也已经包含 BOPPPS 教学模式中的目标、总结和后测等模块。所以课程组一班（实验组）中主要通过下列方式强化 BOPPPS 教学模式。

其一，强化了导入和目标模块：在线上教学单元周开始之前，教师会在线上 SPOC 专区课程开放前发布公告，欢迎大家进入本周的线上教学单元，在二班（控制组）的公告中，只是公布本周的学习内容，并提醒学生要按时观看教学视频。而在给一班（实验组）的公告中，课程组根据本周教学的知识点提出 3 个学生感兴趣的问题：“你了解电子商务的前世今生吗?”“你知道中国电子商务市场的最大特点是什么吗?”“你知道中国哪个电商行业世界第一吗?”引导学生带着问题去视频中寻找答案，并且会强调本周线上课程的整体学习目标和要求，告诉学生

“观看视频的时候，记得关键之处做笔记哟，因为我们的课后测试会来考考你的呢!”

其二，利用教师的在线互动支持强化学生的参与式学习过程。在二班（控制组）的 SPOC 专区中，教师在公告中告知学生在观看视频过程中可以到讨论区发言；但是在一班（实验组）中，任课教师会在学生自主线上学习时间提醒学生，教师也在线陪伴和支持他们的学习过程，教师会根据视频内容在线上 SPOC 中的讨论区提问，并且邀请学生参与回答和讨论。

（2）结果分析。调取 SPOC 专区中两个班级的线上学习过程数据可知，一班（实验组）中有 85%的学生（34 人）在规定的线上教学时间中完成了教学视频的观看，并提交了课后小测试和单元测验。但是二班（控制组）中只有 58%的学生（35 人）在规定时间内完成视频观看和作业提交。从单元测验的成绩来看，一班（实验组）全对的学生为 95%，而二班（控制组）全对的学生所占比例只有 80%。

从课程组对部分学生的课后访谈可知，在实验组班级的学生会觉得老师在公告中的问题确实引发了他们更大的学习兴趣（“感觉好想知道那些问题的答案”），所以更愿意去按时观看视频；并且，知道老师也在线陪伴他们收看视频，并且可以实时和老师在线就视频相关的问题参与讨论，会让学生感觉不是自己一个人在学习，而是在集体的环境中，在老师的支持下学习，因而学习效果也会更好（“老师也在线，而且老师还会提问，其他同学的提问老师也会在线即时解答，这种感觉很好”）。

2. BOPPPS 教学模式在线下主导的教学单元中的应用实验

（1）BOPPPS 教学模式的实验设计。课程组选择了线下教学单元“社交电商的理论与实践专题”作为载体来进行教学实验，这次更换选择，即二班作为实验组（60 人），一班作为控制组（40 人）。此次线下教学单元和线上教学单元“遇见网络营销”互相呼应，学生先在线上教学单元中通过在线课程视频学习主要的知识点和基本理论，本次线上课程的主要教学目的是让学生拓展领会社交电商的理论与实践。课程组在二班（实验组）中主要通过下列方式强化 BOPPPS 教学模式：①在课程开始部分的线上内容回顾环节邀请 1—2 位学生与大家分享自己的观点（控制组教师直接讲授）；②增加了前测环节，通过慕课平台发布随堂小测验（控制组无此环节）；③在教师线下课堂讲授中增加头脑风暴、课堂讨论等形式（控制组主要是以教师现场讲授为主）；④针对前一周线上课程的两个案例作业，教师在课前对作业进行初筛后提供给校企合作企业，由企业评选出 2 份优秀提案，并请学生在此次课堂教学中进行展示，然后邀请企业高管点评（控制组班级虽然实际也是老师初筛后交给企业评选，并且由企业高管给出的点评意见，但是在课堂上对学生宣称是教师评选出的优秀作业，并由教师进行展示和点评）。

（2）结果分析。主讲教师在课程结束后邀请学生进行了一个非常简短的问卷调查，题项包括：请问你对本次课程的整体安排感觉如何？（1=非常不满意，5=非常满意）和一个开放式问题：这次课程中你最喜欢的环节有哪些？

实验组班级 60 人中有 50 人提交了回答，控制组班级 40 人当中有 35 人提交了回答，两组对本次课程的整体安排感觉存在显著差异［$F(1, 84) = 269.10$，$p<0.001$］，比较均值的结果显示：实施 BOPPPS 教学模式班级的学生（$M_{BOPPPS教学模式}=4.92$，$SD_{BOPPPS教学模式}=0.27$）对该次课程的满意程度显著高于控制组班级的学生（$M_{未实施BOPPPS教学模式}=3.91$，$SD_{未实施BOPPPS教学模式}=0.28$），表明采用 BOPPPS 教学模式的班级学生对课程教学的评价更高。开放式问题的答案也显示：在实施了 BOPPPS 教学模式的班级中，学生最喜欢的环节多集中在高度互动的部分，尤其是小组展示和企业高管点评的环节。而在未实施 BOPPPS 教学模式的控制组班级中，学生最喜欢的环节还是相对集中在教师讲解的部分。

（二）BOPPPS 模式在混合式课程全流程教学中的应用实践

课程组所进行的第二项应用实践是尝试构建在“电子商务”线上线下混合式课程全流程中系统性应用 BOPPPS 教学模式的整体框架。

如前所述，目前国内采用 BOPPPS 模式的课程教学实践案例都是围绕该模式的 6 个教学模块，针对某一个教学单元来进行重构。但我们认为，在课程整体层面植入 BOPPPS 教学模式时，不能刻意追求对具体教学模块的要求，而是要转化为追求这一教学模式中更为根本的一些特性，例如：导入和目标环节都是为了充分调动学生自主学习的主动性和积极性；前测、后测和总结模块都是为了帮助学生完成知识的吸收和内化；最关键的参与式学习模块则强调教师要借助各种教学手段与工具构造学生开展群体学习的环境和氛围。本着对教学任务的重视，课程组没有在课程全流程教学应用中实施分组对照实验，而是在两个班级的“电子商务”线上线下混合式课程全流程中都进行了如下尝试。

1. 重组课程模块，优化教学内容

课程组将 16 周 32 个课时按照教学目标，划分为 6 个线上教学单元和 10 个线下教学单元的混合式课程模块，每个教学单元均按照 BOPPPS 的模块要求进行重新设计，且两部分内容穿插进行，强调线上慕课与线下教学之间的相互融合与支撑；在线下部分设计了针对学生能力塑造和素质培养的教学内容模块，分为 5 次课堂讲授、1 次专题讲座、1—2 次实地调研、3 次小组调研展示，外加 2 次教师团队课外辅导，各个线下教学模块的功能如图 1 所示。

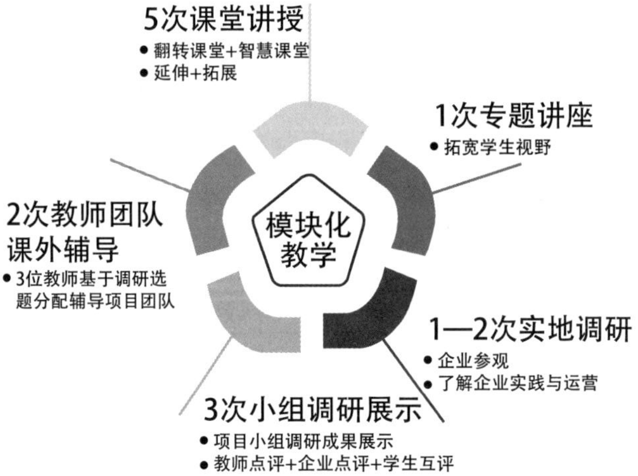

图 1 线下模块化教学活动设计

2. 打破课堂边界，激发自主学习

课程组利用各种教学活动模块打破了课堂边界，将校外专家和企业高管引入课堂，将学生带到企业参访，带到现实世界中去调研；从而真正激发学生自主性探索学习的广度和深度。同时通过微信群、QQ 群、SPOC 讨论区、线下小组调研辅导等多种方式建立及时的学生反馈和教学支持体系。

3. 善用信息技术，革新教学方法

利用智慧课堂等方式协调知识讲授与能力素质培养的并列进行；与此同时，利用各种智慧教学工具和信息技术手段加强师生、生生之间在课堂教学之外的互动；建立“中南电商云学堂”等微信公众号，将学生优秀的调研成果面向社会进行推广。

4. 改进评价方式，完善考核体系

课程组设计了线上线下混合式课程的考核体系。根据具体的课程教学目标，设计出更具实战性和挑战性的调研选题，同时引入校外企业家、学生课程项目小组互评等多元化的学习绩效评价方式，使课程的考核体系更为科学合理。

5. 素质能力并重，构建全流程实施路线

根据课程的不同阶段，按照素质能力并重的原则，分别制定不同的教学目标，构建起课程的全流程实施路线（见表 1）。这其中包括多重配套的辅助措施，目的是确保 BOPPPS 教学模式所强调的自主学习、群体学习、参与式学习等核心思想内涵落实到具体的教学过程中。

表 2 混合式课程全流程 BOPPPS 教学模式的实施框架

课程初期（1—6 周）	课程中期（7—11 周）	课程后期（12—16 周）	课程结束后
教学目标	教学目标	教学目标	教学目标
培养自主学习能力 构筑理论知识体系	巩固强化：夯实基础 立足实践：问题解决	视野拓展 创新能力提升	课程延伸，意见收集 持续改进，迭代创新
配套措施	配套措施	配套措施	配套措施
线下课程 全程安排：评价体系 项目小组：调研选题 线上互动 课程预告：内容复习 教师答疑：社区互动	结果反馈，组长督促 教师辅导，推进进度 企业参观，实地调研	专家讲座 教师辅导 企业支持 外部专家	跨学院合作孵化项目 调研学习总结经验 企业交流反馈

（三）BOPPPS 教学模式在混合式课程全流程中应用的效果评估

在学期课程结束之后，围绕 BOPPPS 的核心内涵及实施结果，课程组邀请学生参与一项简单的课程调查，两个班级共有 97 个学生填写了在线问卷。各项题目的结果分析如下。

1. 学生自主学习的主动性

课程组设计了“你在 SPOC 线上讨论区中的活跃程度如何?”和“你在线下课堂中的参与程度如何?”（1 = 从不参与，5 = 经常参与）两个问题来分别调查学生在线上和线下教学单元中的学习主动性。描述性分析的结果显示，52.6%的学生“较多”或者“经常”参与线上 SPOC 专区的讨论；66%的学生“较多”或者“经常”参与线下课程的讨论。表明学生的主动学习积极性较高。

2. 学生学习过程中的群体性感受

课程组用“我感觉跟课堂上的同学很亲近”“我能够在课堂上与我的同学建立联系”以及“我发现自己积极参与到课堂同学的讨论或活动中”三个题项（1=完全不同意，7=完全同意，$\alpha=0.95$）来测量学生在课堂中建立的生生之间的群体性感知，描述性统计的分析结果，同学的得分均值为4.9，标准差为1.47。表明学生在课程中普遍建立了较好的群体关系。

3. 对课程教学的整体感受

课程组用“你对本门课程的整体评分（满分为100分）”和“你向同学或师弟师妹推荐本门课程的可能性有多大?”（1=完全不推荐，10=超级推荐）来测量学生对课程的整体评价。描述性统计结果显示：同学给的课程整体评分均值为93.3分，推荐可能性的均值为8.52分。具体观察数据分布，有30%的同学选择10分（超级推荐），另外24%的同学给了9分（非常推荐），表明学生整体上对本课程的评价很好。

同时，我们在微信号“中南电商云学堂”中开设栏目，邀请学生自主表达他们对课程的收获心得，很多学生踊跃投稿，典型的学生评价“创新性的线上线下结合的教学模式将理论与实际调研相融合，让我更深入认识、学习电子商务的过去、现在与未来。老师们提问式、开放式、引导式的教学模式让人受益匪浅！线上课程短而精，线下课程深而透，相辅相成，三位老师都非常负责，大赞!”显示出 BOPPPS 教学模式所要求的自主性学习、参与式学习和线上线下课程内容之间的融合支撑确实得到了体现。

五　BOPPPS 教学模式应用于线上线下混合式课程建设的实施建议

以湖北省一流课程“电子商务”为例的教学实践证明：BOPPPS 教学模式的应用确实能增强学生的学习主动性，提高其学习成效，值得普遍推广。同时，实践探索也让我们认识到，未来如果想要将 BOPPPS 教学模式在线上线下混合式课程中实现可持续应用，并取得更大的绩效，需在以下几方面进一步努力。

（一）大力加强师生双方的能力培养

BOPPPS 教学模式和混合式课程都强调转变教师和学生在学习过程中的角色和功能，将传统的教师讲授学生被动吸收转化为教师支持学生主动性学习。但这种转变对教师和学生都提出了更高的能力要求。从教师的角度而言，在混合式课程中引入企业参访和调研、专家讲座以及对学生的课外辅导不仅要求教师具备更多的技能、投入更多的精力，甚至要求教师具有更广的社会资源链接。因此未来很可能需要改变一门课程由一个教师负责的现状，打破学校与学校之间，乃至学校与企业之间的边界，由多个教师、校外专家以及企业高管等组成虚拟的联合课程组，以跨界团队的方式来支持学生的学习过程。实践表明，学生需要端正对待此类课程的态度，放弃轻松获得学分的打算，那些愿意在课外投入更多的时间和精力，真正参与到课程中的学生才能真正从此类课程中获得收获。

（二）系统性优化课程全流程的教学设计

要想将 BOPPPS 教学模式从少数内容本身更多地强调学生动手能力的混合式课程拓展至更多的普通课程，需要教师系统性地优化混合式课程全流程的教学设计。将混合式课程层面所要求的思政育人、知识传授、能力培养和素质提高等综合目标细化分解到每一个教学单元的目标设置上。不仅要在教学单元层面实施 BOPPPS 教学模式的模块化教学，还要在课程的全程实施过程中，通过目标导向、标准设定、措施激励、行动聚合等综合措施，将 BOPPPS 教学模式最核心地激发学生构筑群体自主性学习的核心内涵予以体现。

（三）加快建设“自适应学习”的教学环境

充分利用线上教学平台和智能教学工具提供的资源，打造适合于线上线下混合式教学及“自适应学习”的环境，实现网络环境下的自主学习与线下传统课堂环境下的合作学习的结合，确保学生有效实现自适应学习。为此，应首先按照 BOPPPS“六环节”的要求建立对应的资源库。针对“参与式学习”环节的教学资源的开发与建设更成为各校在课程建设与教改中的重点，除教学课件、音视频案例、思考及讨论题外，一些专业课程还将情境模拟、角色扮演等仿真实验内容作为线上教学资源；还需要拓展企业实训基地，了解和收集现实世界发生的各种真实问题，将其充实到线下教学单元资源库中。这种选自现实的任务情境，方能够充分调动学生分析问题和解决问题的兴趣与积极性。不仅能满足线上线下混合式课程的课堂教学需求，也能有效实现学生自适应学习中情境建设的要求。

（四）全面深化教学方法的创新应用

基于 BOPPPS 模式的混合式课程中如何实现各种教学方法的创新应用，是教师未来迫切需要解决的问题。教学方法和教学手段的有效组合至关重要，尤其是对于线上线下混合式课程，教学方法离不开教学手段的配合。未来在应用 BOPPPS 模式进行混合式课程的教学改革时，一方面，除了在课堂内利用各种教学平台提供的技术服务和智慧教学工具外，教师还需要在课堂外利用学生日常生活中最为熟悉的信息化工具，如 QQ 群、微信群、微信公众号等加强师生以及生生之间的沟通；另一方面，互动与反馈是 BOPPPS 模型最突出的教学特点，因此，教师在教学中必须借助信息化手段及时、准确、有针对性地了解学生的学习效果，从而相应地调整和改进教学。

Research on the Application of BOPPPS Teaching Model in the Construction of First-class Blended Courses

Liu Xinyan Wang Lu Jiang Xuan Peng Hong

Abstract: Based on one of the online-offline blended first-class courses of Hubei Province named as Electronic Commerce, this study explores the application of BOPPPS teaching model in the construction of first-class blended courses. The paper expands the model from the internal design of one lesson to the overall systematic application in the whole course and on the basis of effect evaluation, it proposes several suggestions for the implementation of BOPPPS teaching model in the construction of blended courses from four aspects, including promoting the ability cultivation for both teachers and students, optimizing the whole process of teaching design, constructing the adaptive learning teaching environment, and deepening the innovative application of teaching methods. This research expands the BOPPPS teaching model by improving its theoretical background and enriching its application content, and also sheds light on the teaching model reform of online-offline first-class blended courses.

Key words: BOPPPS Teaching Model; Online and Offline Blended Courses; Electronic Commerce

教学改革

基于组织学习理论的跨学科协同创作教学设计探析*

——以360°立体书创意设计工作坊为例

席　璐　张大鲁**

摘　要：本文基于组织学习理论，结合“立体设计基础”课程的设计工作坊教学改革探索，以360°立体书设计为例，从个体、项目小组团队、课程体系三个层次出发，分析知识流动的动态过程，依据知识分享与拓展、知识概念化、知识创新与具体化、知识合理化和创新知识内化五个阶段，探索交叉学科协同创作的教学设计方案。这一探索试图解决艺术设计专业中课程交融创新不足、学习者内驱力不足、高校实践教学资源利用薄弱等问题，也为新文科建设背景下形成问题导向的跨学科协同创新设计工作坊提供了新路径。

关键词：跨学科协作；组织学习创新；创意设计工作坊

一　时代需求：传统设计课程呼唤变革

设计的灵魂是创造性。设计学科作为一个研究如何创造和满足人们需求的学科，从最初的“造物”即“产品的设计”，逐渐拓展为“关系的设

* 基金项目：2020年苏州大学人文社会科学青年交叉研究团队项目“传统地域文化视觉形象设计赋能研究”（项目编号：NH33714522）。

** 作者简介：席璐，苏州大学艺术学院讲师；张大鲁（通讯作者），苏州大学艺术学院副教授。

计、内容的设计、交互的设计”。随着社会发展，国际上一批新兴交叉融合的设计学科不断产生，如信息设计、社会创新与可持续发展设计、创意计算设计等。在创新成为引领发展第一动力的新时代背景下，创新设计能力不仅属于设计学科的专业人士，还成为不同专业背景下个体创新能力的融合和延展。

“立体设计基础”课程是设计学科中一门探索研究三维造型活动、提高基础视觉能力、提升综合造型基础实践性的课程，它也适用于非设计类专业学生，对于提升个体的审美能力，实现学习者眼、手、心、脑协调发展具有积极作用，是一门兼具趣味性与审美性的多重体验类课程。在传统的课程教学中，其主要培养目标是“让学生了解和掌握立体造型的基础知识、技法，培养学生形成对形态空间的想象力和三维立体空间感觉”。随着时代的发展，传统课堂上以知识传授和知识记忆为主要教学目标与教学设计的做法，已经不能全面地教授给学生解决实际问题所需要的多元和学科交叉知识，远远无法满足当前社会发展的需求①，以解决问题为导向、以促进创新为宗旨的跨学科协同培养改革成为时代的呼声。

近年来，教育工作者将设计师在工作中常用到的“创意设计工作坊”（Design workshop）引入高校教学，通过提炼教学案例或引入课题项目，采取更有实践性、更有创造性的多学科手段融合的方法去挑战已有的设计经验②，有效地引入并融合大学中各学科间的互动合作，设计并实施密集的创意思维训练，引导学生在有限的时间内高效而最大限度地集思广益，实现创意设计或提供创意储备。“创意设计工作坊”引入实践教学后受到师生的欢迎，并取得了较好的学习效果。

本文在此背景下借鉴组织学习理论，以苏州大学“立体设计基础”课程中“360°立体书设计工作坊”的跨学科协同创作教学设计为例，分析个体、项目小组团队、课程体系间知识流动的动态过程，以期形成促进个人学习和团队学习的有效整合教学模式，为推动跨学科创新、促进学生创新能力培养、推动以问题为导向的教育教学改革提供参考。

---

① Grant, R. M., “Toward a Knowledge-Based Theory of The Firm”, *Strategic Management Journal*, Vol. 17, Dec 1996.

② 王登峰：《中国大学生创意节纪实》，上海大学出版社 2019 年版，第 343 页。

二　理念创新：基于组织学习理论的跨学科协同创作教学设计

（一）组织学习理论

随着知识经济时代的到来，20世纪70—80年代，学者开始围绕“组织学习”开展了大量探索，研究者Templeton、Lewis和Snyder等认为，组织学习就是组织中涵盖知识获取、信息分发、信息解释、组织记忆等系列行为的过程，组织学习会在有意识或无意识的情况下对组织产生积极的影响①，这一系统过程还包括学习过程与学习激励等因素，其差异会导致组织知识传播能力、创新能力、应变能力的显著差异，因此在当代社会日益受到重视。

Nonaka将组织内部的知识创造过程分为五个阶段，分别为个体知识拓展、知识分享与概念化、知识创新与具体化、知识合理化和创新知识内化。组织学习的过程，源于个人知识的分享与拓展；通过团队成员的互信与对话，完善并建立起更加科学的概念与知识体系；组织进一步以产品或系统等形态将原有信息、知识发展、改造、创新并具体化；团队成员对创造出的知识加以评价，并明确新知识对组织及社会的价值；将创新知识与经验整合至组织内的知识网络中。由此可见，组织学习是一个跨越个体、团队、组织和社会环境等多层次的复杂动态过程②，Gómez等认为它是一个基于知识的动态过程，信息与知识在个体—团队—组织的不同行动层次之间移动，源于个体的知识获取，伴随着知识交换和整合而发展，最终形成并嵌入组织文化之中，形成集体知识并被存储记忆③，未来新进入组织的个体将基于已形成的公共知识库继续学习创造。

---

① Templeton G. F., et al., “Development of a Measure for the Organizational Learning Construct”, *Journal of Management Information Systems*, Vol. 19, No. 2, Oct 2002.

② 赵伟振：《基于组织学习理论和制度理论的企业产品危机准备研究》，硕士学位论文，厦门大学，2014年，第32页。

③ P. Jerez-Gómez, et al., “Organizational Learning Capability: A Proposal of Measurement”, *Journal of Business Research*, Vol. 58, No. 6, Jan 2005.

（二）五阶段教学设计创新

在“立体设计基础”课程的“360°立体书创意设计工作坊”教学实践中，课程团队依据组织学习的五阶段论，根据课堂教学需求和特点，深化课程教学目标，再造课程教学流程，调整参与课程教学的多种要素，重新定位师生角色，加强学生的深度参与和主动参与，对传统课程教学进行了设计与改造，可以总结为五个阶段（见表1）。

表1 “立体设计基础”课程教学改革分析

学习创新五阶段	传统课堂	课程改革	知识流动关系
知识的分享与拓展	A. 教学目标分享 B. 课程知识讲授示范（几乎课程全程）	A. 教学目标分享 B. 阐释跨学科协同创作学习的价值 C. 课程核心知识分享与示范	个体—课程体系
知识概念化	A. 传授概念化知识 B. 作业训练促进概念化	A. 设计主题任务，明确项目小组和创作目标 B. 引导形成概念化知识并以此为基础继续推进	个体—项目小组—课程体系
知识创新与具体化	A. 知识创新具有偶发、随机、不可控等特点 B. 通常无法具体化	A. 以创新创意为目标，多学科交叉、任务导向、知识开放等特点为创新奠定良好基础 B. 实现项目设计具体化	个体—项目小组
知识合理化	A. 常被忽略或无法实现，理论体系中的知识与现实知识无法有效融合	A. 对创作产品及知识的创新进行总结、梳理、评价、升华 B. 明确新知识学习过程对未来学习、实践乃至社会发展的价值	个体—项目小组—课程体系
创新知识的内化	A. 实现知识传承，但较难形成创新知识	A. 创新知识与既有知识整合，教学体系的知识网络更加丰富	项目小组—课程体系

第一阶段，知识的分享与拓展。在传统教学中，教师不仅在课程之初分享课程教学目标，还会占用几乎全部的教学单元进行既定知识分享，本课程改革中，教师仅在课程之初分享教学目标，为分享核心知识要点和适当拓展留出更多的教学单元，进行学科知识交换整合及知识创新创造的教学设计。

第二阶段，知识概念化。传统教学中，教师通过知识点讲授和任务练习，逐步将概念化知识传输给学习者，在这一过程中，学生多为被动接受。本课程设计中，教师首先明确“360°立体书创意设计”这一主题任务，学生需要通过回顾、检索、交流甚至查找等主动学习逐步明确核心概念化知识。

第三阶段，知识创新与具体化。由于缺乏前期相对系统的、细致的知识体系教授与传输，在这一环节中，不同学科的学习者将各显其能，运用自身学科特长，展现自身学科思维特点，调取所在学科的知识信息。通过分享、交流、探索、协作，创造性地开展设计，完成相应的任务并将其具体化到产品设计中。

第四阶段，知识合理化。由于缺乏实践和应用的场景，这一环节在传统课程教学中较少触及和实现。在创意设计工作坊中，基于跨学科的实践设计，团队成员将对创作的产品及创造的知识加以梳理和评价，并明确新知识对组织及社会的价值。

第五阶段，创新知识的内化。在传统课堂教学中，知识可以实现有效传承，但通常较难在教学中产生创新知识。本课程改革中，通过多学科协同实践的创作设计，学习者主要进行开放性的探索学习，因此更有利于创新知识形成及知识内化，这些信息、经验和创新，将融入并丰富原有教学体系，形成一个更完备的课程体系知识网络。

从本质上看，新的教学设计与传统教学的核心差异在于信息传递的源头、动力和方式的不同。上述学习阶段中，信息资源交换主体更加多元化，知识在个体、项目小组、课程体系间实现了更充分、更广泛、更频繁的动态流动，为促使信息资源实现新的结合、为新知识的产生与拓展奠定了良好的基础。

三 实践应用：360°立体书创意设计工作坊教学探索

（一）传统课程教学的反思

与多数课程相同，传统的“立体设计基础”课程教学多由任课老师在课堂围绕“立体造型的基础原理、技法”等知识点进行讲授，要求学生完成立体构成相关纸面习题作业实现。一门本应兼具审美性、趣味性、多重体验性，以实现创新创造为灵魂的设计基础课程，为何亦“泯然众生”？究其原因，可概括为以下五个方面（见图1）。

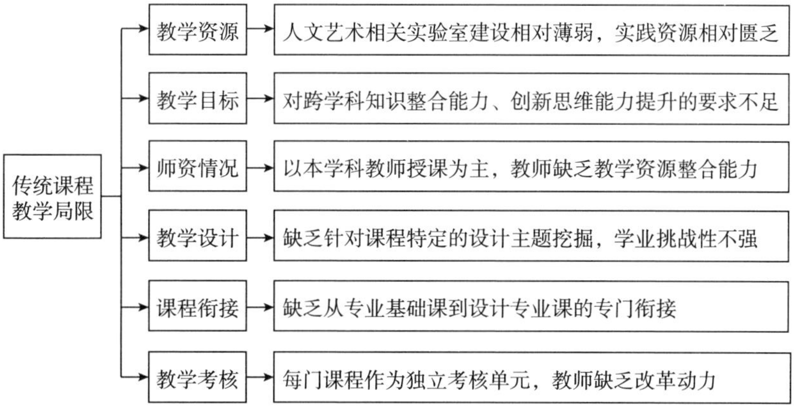

图 1 传统课程教学局限

第一，教学资源匮乏。目前国内高校中与人文艺术相关的教学实验室建设相对薄弱，实践资源相对匮乏，甚至尚无辅之以教学的实验资源。

第二，教学目标局限。课程仍以传统知识传授为主要目标，对跨学科的创作协同能力、知识整合能力、创新思维能力、实践动手能力培养要求不足。

第三，师资学科单一。课程多由本学科教师承担，缺乏对与设计相关的环境艺术、建筑设计等学科教学资源的有效整合，此外教师也没有汇集跨学科资源的动力。

第四，教学设计不足。课程缺乏针对立体设计特定实践主题的策划与挖掘，知识探索的挑战性不强，缺乏对学生设计思维、创新能力、实践动手能力的训练。

第五，课程缺乏衔接。教学上缺乏从专业基础课到设计专业课的衔接安排，导致学生获取的知识相对割裂，完成课程考试成为衡量课程学习是否达标的简单办法。

（二）360°立体书设计工作坊教学实践过程

为了有效解决传统课堂的局限，基于组织学习的五阶段理论，课程选取 360°立体书创意设计作为工作坊的探索主题。选取 360°立体书设计的原因，一方面，立体书的表现形式视觉冲击感强；另一方面，立体书设计制作过程复杂，参与体验互动性强，它不仅可以全面地展示立体空间，也可以结合书籍主题呈现出更丰富的教育内涵。

为了有效实现促进创新的教学目标，课程还结合五阶段中知识分享与拓展、知识概念化、知识创新与具体化、知识合理化、创新知识的内化的具体目标，搭建起跨学科协同的创作平台，整合不同学科团队的设计和技术理念，促进学生在拓展个体知识、实现知识概念化、具体化过程中，发展独立思考以及创新解决问题的能力，依托个体及任务小组相对独立的目标任务，提升学习驱动力。具体来说，课程围绕以下重点环节展开（见图2）。

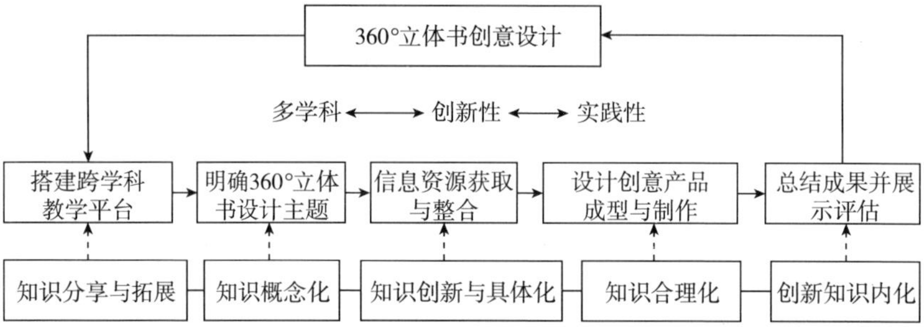

图2　360°立体书创意设计流程

（1）搭建跨学科教学平台。依托工作坊组建课程教学导师组，结合视觉传达设计的专业特色，吸纳多学科教师参与，课程知识面从单一学科转化为以设计学科为基础，多学科综合知识相结合。根据视觉传达设计课程的专业特色，参考日本建筑师大野友资（Yusuke Ohno）使用激光切割机切割纸面，把所有页面集中在一起，装订制作360°立体书的方法，进行360°立体书创意设计创作练习。

（2）明确360°立体书设计主题。教学团队在确定设计主题时主要引导学生考虑三个因素，分别是：创新性与实践性相结合；具备适度的挑战性，有利于开展探究性学习；需要不同专业背景知识合作完成。在此基础上，任务小组明确形成以园林建筑、特定物品等为主题的设计项目。

（3）信息资源获取与整合。任课教师对设计所需的基本知识、资源与学生共享，包括建筑学教师进行建筑空间组合论阐释；视觉传达老师进行平面图案造型方法分析和书籍装帧方法讲授；环艺系教师分享“Sketch up草图大师建模软件”运用等。通过不同学科教师的知识分享，学习者了解了创意设计的基础信息，结合各自对持有资料与信息的分享、讨论、交换、深化，进而整合知识信息，设定平面的形象，关注视觉元素配合以及形式美法则应用（对比调和、对称均衡、节奏韵律），凝聚设计创意。

（4）设计创意产品成型与制作。利用分组讨论与合作的方式，研究材料选择与打印、激光雕刻机操作实践、书籍装订和加工等具体问题，学习者相互交流意见，通过头脑风暴、协同合作发挥各专业特长与优势，在跨学科知识交汇中激发新的创意，逐步完善设计产品并成型加工制作。具体制作过程涵盖：构思、平面图案造型插画、排版、立体建模、打样校对、选材打印、激光雕刻、锁线装订、组装加工等。

（5）总结成果并展示评估。各设计团队总结设计过程，凝练创新发现，展示创作成果，通过小组之间的交流互评，互相传授设计心得，欣赏评鉴创意成果。由于各个小组的价值观和立场存在差异，学生间、不同团队间的相互评鉴过程也是小组再次学习、合理化并内化知识，丰富课程知识体系的过程，对提升个体沟通表达能力、促进批判性思维发展、拓展知识面均具有积极意义。

（三）教学成果展示及获得奖励情况

实践证明，通过360°立体书设计工作坊教学案例的设计与创新，产生了一批构思巧妙、设计创新的设计成品，分别在上海市教育委员会组织的首届大学生创意节、2018年苏州市创元杯文创大赛、第四届全国高校插图作品艺术展、国青杯第三届艺术设计大赛等赛事、展演中收录与获奖，获奖成果包括课程创作作品《波澜》《图书馆的旋转楼梯》《苏州》《虎在虎丘》等（见图3至图6）。

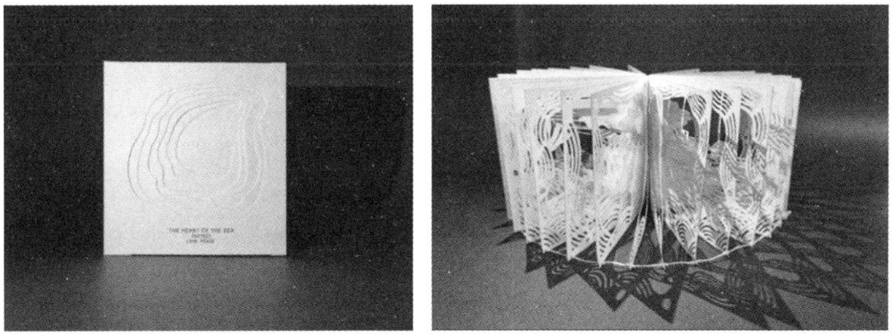

图3　《波澜》

注：《波澜》获上海市教育委员会“首届大学生创意节”创意工艺一等奖，教师获优秀导师奖。

图 4 《苏州》

注：《苏州》获“2018 年苏州创元杯文创大赛”优秀奖。

图 5 《图书馆的旋转楼梯》

注：《图书馆的旋转楼梯》入选“第四届全国高校插图作品艺术展暨首届全国高校书籍装帧艺术展”。

图 6 《虎在虎丘》

注：《虎在虎丘》获国青杯第三届艺术设计大赛三等奖。

为促进不同专业、学科间的交流，进一步提高课程教学改革力度，提升教学水平和质量，360°立体书视觉传达设计工作坊的教学成果专门展示于苏大艺术学院展厅展览。针对展览的评价还将进一步反馈于教学改进，形成“评价—反馈—改进”的环节，苏州大学艺术学院认为此次教学模式创新改革对促进跨学科创新人才培养、提升教学质量、提升学科发展水平具有重要意义，并鼓励师生将此次教学改革举措不断拓展于其他相关教学中。

四　总结与启示

“知识是社会性建构的，是由群体而不是个人来创造的”①，艺术学科本科教育实践中，跨学科团队指导创新实践的模式还处于初步探索阶段，是一种值得深入研究探索的教学改革新模式。通过本次 360°立体书设计工作坊的跨学科设计教学实践，可总结并提炼出以下启示。

（一）基于组织学习五阶段论的跨学科协同创新教学设计是践行“新文科”课程教改的有益尝试，对促进知识创新、丰富教改实践具有积极作用

2020 年 11 月，《新文科建设宣言》中强调，将鼓励支持高校开设跨学科跨专业新兴交叉课程、实践教学课程，培养学生的跨领域知识融通能力和实践能力。尽管本课程教改探索早于《新文科建设宣言》的发布，但基于组织学习理论的教改创新核心思想与当前“新文科”建设要求和思路高度契合，实现了将传统人文艺术学科的基础与其他学科专业知识重组，形成“设计+”的学科交叉，通过不同专业领域间的参与者交流差异性甚至产生冲突，驱动创新产生②③。课程实践再次证明，从专业分割转向知识交叉融合，对促进专业理论创新、教学管理创新，推动传统学科发

① 廖曦、鲍懿喜：《综合设计课程中协同教学的特性与方法——以整合创新设计课程为例》，《装饰》2016 年第 7 期。

② 周莹莹等：《研发团队知识协同动机研究——基于组织学习的视角》，《科技管理研究》2019 年第 2 期。

③ 李拓等：《构建中国特色艺术学教育发展之路——“新时代新文科：全国艺术类学科建设研讨会”在京举办》，《装饰》2020 年第 12 期。

展都具有积极意义。

（二）从“学科导向”到“问题导向”，从“单向传授”到“多维互动”的教学设计，在培养人才创新思维能力、提升学习内驱力上作用明显

本次教学改革创新改变以往从“学科导向、学术导向”出发，设计安排教学环节，安排教师、分配教学资源的做法，结合设计学应用性强的特点，以“问题导向、实践导向”为出发点，设计并发掘实践设计项目，构思设计主题，引导学生全面参与知识探索与创新。在具体课程教学上，本课程扭转以往“教师讲、学生听”的单向知识流动模式，通过小组任务合作，发现问题、解决问题、开展多向度的交流互动，解决相对复杂且专业的设计难题，激发学生创新动力。

（三）针对人文艺术类学科，不断完善教学实验资源投入与建设，通过引入“激光雕刻机”等相关辅助设备，促进研究方法、研究工具创新

传统观念中“教学实验资源”通常与“人文艺术”类学科是绝缘的，伴随着人文艺术类学科在人才培养过程中更加强调实践和验证的重要性，“文科实验室”建设已经受到国家关注。同样，设计类学科领域中，实验条件和实验资源也是促进交叉融合的“主战场”，建设和运行好文科实验资源，通过引入激光雕刻机、综合运用 CorelDRAW、Illustrator、AutoCAD、Sketch up 等软件，做好教学资源条件保障，能更好地实现复合型、创新型人才的培养目标，推动人文艺术学科与新科技革命交叉融合。

综上所述，360°立体书设计工作坊的创新设计为跨专业师生交流、合作提供了创新平台，课程整合视觉传达设计、环境艺术设计、建筑设计等学科教师资源、实践设备开展的协作尝试，为激发学生创新成果涌现提供了重要基础，也为进一步打破传统教学思维习惯，整合教育资源，促进知识创新，增强学生动手实践能力提供了有益参考。

Interdisciplinary Collaborative Creation Instructional Design Based on the Organizational Learning Theory —A Case Study on 360° Pop-up Book Creative Design Workshop

Xi Lu Zhang Dalu

Abstract: Based on the theory of organizational learning, this article explores the teaching reform of the design workshop of the course of the fundamentals of three-dimensional design. Taking 360 ° pop-up book design as an example, this paper analyzes the dynamic process of knowledge flow from three levels: individual, project team and curriculum system and explores the teaching design scheme of interdisciplinary collaborative creation according to the five stages of knowledge sharing and expansion, knowledge conceptualization, knowledge innovation and concretization, knowledge rationalization and innovation knowledge internalization. This exploration tries to solve the problems of insufficient curriculum integration and innovation, insufficient internal drive of learners and weak utilization of practical teaching resources in colleges and universities and paves a new path for the problem oriented interdisciplinary collaborative innovation design workshop under the background of the new liberal arts construction.

Key words: Interdisciplinary Collaboration; Organizational Learning Innovation; Creative Design Workshop

电影在创新金融学教学中的应用研究*

胡　铖**

摘　要：在推进高等教育供给侧结构性改革、加快普通本科高校向应用型转变的战略背景下，创新教育教学方式已成为推动课程教学改革进而实现人才培养目标的重要抓手。本文借助案例研究，介绍在金融学教学中如何利用电影《西虹市首富》进行教学设计，进而论述如何适当借助电影中的视听元素提高学习者主动理解、分析金融知识的能力，让学习者能够以更加包容、理性、创意、辩证的态度来学习应用型知识，并培养学生的创新性思维和思辨思维。在此基础上，本文也对电影教学中的注意事项进行了反思，形成可供参考的电影教学应用经验。

关键词：电影；金融学；教学创新；《西虹市首富》

一　问题提出

从“十三五”规划开始，根据经济社会发展的现实需要，我国高等教育明确提出要对人才供给侧结构进行系统性改革，推动普通本科高等学校向应用型转变。课程教学是全方位、系统性改革的基础，更需要在遵循本科人才培养规律的基础上做出科学系统的调整，在教学目标上以培养学

---

* 基金项目：汉江师范学院教学改革研究项目立项课题“‘互联网+智慧教育’视域下审计专业人才培养模式改革与创新研究”（项目编号：2020C10）。

** 作者简介：胡铖，汉江师范学院经济与管理学院讲师。

生的自主学习能力和知识的应用能力为导向，提倡在不削弱基础理论教学的同时突出实践、强化应用。

金融学是经济、金融专业的学科基础课，在讲授基本知识概念的同时非常注重培养学生理解、思考并参与真实世界的能力。然而，目前很多高校仍然采用以书本和课堂讲授为中心的传统授课模式，偏重知识概念的讲授却忽视了应用能力的培养。再加上教材的更新往往赶不上金融业界的变化，学生在这种授课模式下，无论是知识储备还是心理准备，都不足以面对现实中既宏大又琐碎的真实金融世界。因此，金融学这门学科的教育教学方式创新尤为必要。为了让学生感受到理论所适用的实际场景，急切地需要对教学的方式、方法进行创新。

影视作品自带精彩的情节，包含剧情、人物的行为以及场景对话。与金融题材相关的影视作品，还往往包括利益与情感冲突时面临的博弈。借助金融影视作品来创新教学可能会更容易调动学生深入学习的积极性，起到很好的教学效果。选择合适的影片运用在金融教学中，学生便有机会通过电影情节设身处地地感受金融市场的波澜诡谲，能够感受鲜活的人物如何运用各种金融工具来最大化自己的利益，也更容易直观感受看似颇丰的收益背后隐藏着的巨大风险。更一般地说，一部好电影往往能够让观看者静下心来回味，不断受启发、不断自我提问，而这恰恰正是教师完成教学后希望达到的高阶教学目标。

笔者借助电影《西虹市首富》开展了金融学创新性教学实践，在对这一案例进行介绍和分析的基础上，阐述电影如何在金融学教学中发挥重要作用，并对其教学理念和注意事项等内容进行深刻反思，以期为相关学科的教育教学方式创新提供参考性建议。

二　文献概述

目前，使用电影进行教育教学的方式大多被应用在语言类学科课程中，模式通常是教师选择某一片段甚至完整影片与学生共同沉浸在语言环境中，完成预定设计的语言学习目标。相比之下，社会科学类课程更加强调实用性，注重思辨思维和应用思维的培养，因而不能直接套用语言类学科教学中穿插电影的模式。

关于电影教学的应用，虽然学者的研究多集中在语言教学方面，但仍然有少数学者对电影在非语言类教学中的应用做了相关研究。首先，从心理学和教育学角度，电影教学能够加深学生对知识的加工程度，这是应用电影进行教学的教育学理论基础。张坤媛和初胜华①提出电影教学理论意义应该与皮亚杰的建构主义学习理论中的学习环境四要素相契合，突出学生用自己认知结构中的已知元素结合新知识进行触类旁通，完成信息加工和知识构建的过程；教师在进行电影教学时要鼓励学生就情境做出协商讨论，并借助电影资源引导学生提升自我修正、自主学习和自我管理能力。其次，非语言类课程，尤其是金融学教学中，通过影片的故事情境，了解晦涩抽象的理论知识所适应的实际场景，还能通过故事背景探索等自主学习方式对理论和现实的合理性、道德性进行思考。

目前，已经有很多学者就电影教学在其他非语言学科领域应用的必要性和价值进行了论述，并关注了具体的实践。孙绍谊②从电影教育与电影工业、美国电影教育重点以及电影研究教育三个方面重点介绍美国的学府电影教育，提出最早使用电影教学是从 1929 年的南加州大学开设的银幕写作课，并转述了戴纳·伯兰③的观点，认为在美国当前大学电影课程设置中，电影教育已经更广泛地出现在商科等多学科研究领域，而不仅仅用于电影学院或电影系。电影应用在非语言类学科教学领域的实践正在逐步累积中。陈锐和张敏④将电影教学引入管理学教学实践中，在 106 人构成的两个教学班的 30 次教学中，用了 5 个不同的电影片段穿插进行了 5 次电影教学，通过对学生的问卷分析发现大多数学生认为电影教学对知识的掌握有效，提出具体电影教学实施方法和建议，强调在电影教学过程中组织学生进行讨论的重要性。姚灏等⑤阐述了电影在精神病学教学中的应用和价值，提到有外国学者用“Cinemeducation”这个英文组合词作为“电影教学法”的名称，并表示电影教学中师生共同讨论非常重要。笔者也认为讨论环节非常重要，将在运用电影进行金融学教学过程中科学设计结合知识内容和学习目标的讨论环节方案并充分开展。真实的金融世界

---

① 张坤媛、初胜华：《基于建构主义学习理论的英文电影教学》，《电影评介》2008 年第 8 期。

② 孙绍谊：《美国的学府电影教育》，《北京电影学院学报》2009 年第 4 期。

③ Dana Polan, *Scenes of Instruction: The Beginnings of the U. S. Study of Film*, California: University of California Press, 2007, p. 16.

④ 陈锐、张敏：《电影教学法在管理学理论教学中的应用研究》，《出国与就业（就业版）》2011 年第 17 期。

⑤ 姚灏等：《电影教学法在精神病学中的价值与应用》，《中国继续医学教育》2018 年第 10 期。

既宏大又琐碎，每个学习者受既往生活体验和认识的影响，对金融世界的感观是不同的，在应用电影进行教学的过程中组织讨论交流，可以起到认知盲区的补充，以及带来同一个理论知识点但不同思考方式的碰撞交流。

关于电影教学应用实践的有效性和具体开展时应该注意的方式方法，沈维琼[①]认为文化是有代际性差异的，当代大学生是成长于图文视听全媒体时代，而教育本身需要经验、方法和媒体的结合，电影作为媒体工具的一种本身也承载着教育能量，把电影和教育结合起来是顺应时代发展和大众化诉求的、对大学生精神培育具有多重价值和积极意义。屈振辉和李秋艳[②]用“播放片段+教学”的方式将电影教学运用在高校创业就业指导课中，认为视频教学、微电影教学与电影教学看着类似但完全不同，且效果比不上电影教学。从这两篇文献中可以看出视频教学、多媒体教学不等同于电影教学，电影教学有自己的特性和价值，需要教师在应用时不断根据学生的反馈进行改进。

从现有研究可知，非语言类课程使用电影教学法是有利于专业知识构建和理论信息加工的，这为本文将电影应用在金融学教学中提供了理论依据。在应用的方法上，要有针对性地进行互动问答和小组讨论，注重学习者的主观能动性和自主化学习能力，这些在本文的案例设计中均有充分体现。本文论述了在金融学教学中应用电影教学法的理念和目标，并选取具体电影设计出教学案例，为应用电影进行金融学学科教学提供参考。

三　金融学应用电影教学的理念和课程目标

（一）培养理论联系实际的能力

金融学不仅是应用性很强的学科，还是一门专业性很强的学科，涉及晦涩的专业词汇、复杂的数学模型，需要有综合的宏观经济学背景知识，再加上金融学理论知识往往高高在上、不接地气，较难学习和掌握，更难

① 沈维琼：《电影教育在大学精神培育中的价值研究》，《乌鲁木齐职业大学学报》2014 年第 23 期。

② 屈振辉、李秋艳：《论电影教学法在就业指导课教学中的运用》，《中国大学生就业》2018 年第 6 期。

加以应用，金融学教学需要变革传统教学注重定义和模型的解释，然而金融专业的学习者在从业后，往往发现金融学的学界和业界差别很大，理论和实践比较脱节。如何让学习者在缺乏现实金融经验的状况下，把理论知识和现实场景联系起来，是教学的难点，也是教学中最容易忽视的地方。电影的情节和场景化可以使学生感受到金融学知识在现实生活中的呈现和应用。

（二）培养学习的主观能动性

让学生在相对枯燥的基础理论知识学习中保持探究精神和学习兴趣，是提升教学效果的关键。经济类课程随处可见的模型、数字公式、专业术语，往往令学习者望而却步。电影教学能够提升教学体验、激发学习者主动参与，这是由电影自身属性特点决定的。电影作品内容的解读并不是唯一的，而是立体多元的，鼓励学生拥有更多的思维视角和知识运用感；并且每位学生的关注点和被打动的点不一样，适合展开话题进行讨论，主观能动性在同伴交流中也一次次被激发。

（三）培养生活中的思辨意识

现实生活中，每个独立生活的人都会面临自己的金融决策，学习者不仅仅需要理论知识构架，更需要通过学习金融学知识后，在面临现实金融问题时有自己的思辨能力。因此，笔者希望通过教学创新，使学习者在一开始的学习中就能主动寻找金融理论和实践的联结，所学知识能够真正为今后的生活和工作所用。电影的故事情节和背景创造出来的相关情境，能够让学习者直观、形象地感受艺术加工后的现实情节，与主人公共情，在如临其境和感同身受的过程中联系所学理论知识，实现一个模拟现实情境的知识代入。

综上所述，笔者将电影应用到金融学教学中，预期达到的教学目标有：①多元视角和开放心态学习金融知识的能力；②利用已知金融知识在生活中主动思考和应用的能力；③遇到未知金融知识时的自我探究和知识检索能力；④其他综合能力，包括逻辑思维能力、表达沟通能力、现实共情能力等多能力的锻炼提升。

四　应用电影教学的案例设计：寻找《西虹市首富》中的金融逻辑

本文的教育应用设计选择以喜剧电影《西虹市首富》为例，要求学生在规定时期内利用课外时间观看影片，为后续不同章节时段的教学做影片情节认知的前期铺垫。该影片中，主人公王多鱼在生活步履维艰之时，突然被告知自己竟是一位保险大亨的唯一继承人，但想要获得继承权，必须在一个月内花光十个亿。这个任务对于财务状况不好的王多鱼是天大的惊喜，并且这个任务从表面上看起来似乎非常容易完成。众所周知赚钱不易，没听说过花钱难，王多鱼更是这样认为。可是随着影片剧情的展开，让观众们跟着一起发现按照剧情约定条件，花光十个亿是有难度的，究其原因，就在于背后蕴藏着的一些金融逻辑。笔者按照剧情顺序，对此影片中的金融逻辑进行以下教学设计，以达到相应知识点的教学目标。

（一）学会关注金融理论的假设条件：电影中花销有约束条件

教学设计：①案例导入以及自由讨论：假如你是主人公王多鱼，给你这样的机会，你能一个月内花完 10 个亿吗？②小组分析，并阐述要完成这个任务有哪些实际难度。③结合所学的经济学、金融学假设条件，总结假设条件设置的意义所在。

结合电影情境的主要教学内容：同自然学科研究一样，经济学和金融学的理论研究第一步是提出假设条件，因此对于经管专业的学生而言，学会理解假设条件非常有必要，可以说是理解各类经济、金融理论模型的前提，也是写建模类毕业论文的必备技能。影片中，为什么一个月内花销 10 亿元有难度，从前提假设的角度上看，是因为对于金钱的用途有以下七个约束条件：①首先是要合法地花费；②不能留下房产、珠宝等固定资产；③必须在西虹市地理区域内花完；④不能把钱送人，包括赠送资产类礼物，以及不能做慈善；⑤不能故意损坏有价物品再赔偿；⑥只能是自己个人进行花销且不能向他人解释为什么要花这笔钱；⑦最多能雇用不超过 100 人的劳务，且相应花销必须符合常规、不能超出市场最高价格。除用途之外，再加上一个时间约束条件和一个总金额约束条件，这些都是影片中各种荒诞行为出现时的理解基础。

教学执行：在线上平台小组任务区提前布置上述教学设计的 3 个问题，要求学生分小组完成回答，并设置成组间相互评价打分。在课堂教学中，回顾归纳金融学中已经学过的基本假设条件，进一步理解这些基本假设条件设置的意义，为将来学生自己建模做假设条件设置打基础。另外，还可以在线上讨论区提出开放性问题“如果给你同样的情景条件，你将如何完成花钱任务，并做出能够实现的解释”，鼓励同学跟帖参与。

（二）感受晕轮效应对资本的聚集作用：股神巴菲特的午餐

教学设计：①课前布置课外阅读任务：收集沃伦·巴菲特（Warren Buffett）（以下简称巴菲特）的资料。②课上小组利用收集的资料讨论并分享巴菲特获得投资成功的必要因素。③分析巴菲特效应，谈谈自己对巴菲特效应的看法。

结合电影情境的主要教学内容：王多鱼希望通过股票市值蒸发达到花钱目的，因此买了很多垃圾股票。随后他出于把钱尽可能花出去的目的请巴菲特吃烧烤，向其请教如何破产。经过媒体报道后，反而由于“巴菲特效应”引发股民的追捧，使王多鱼购买的垃圾股价格大涨，不仅没起到花钱效果，反倒是大赚一笔。股票跟风大涨的现象其实是行为金融学中晕轮效应带来的资本聚集。这个剧情设定是结合了真实的现实背景：巴菲特从 2000 年起每年举行一次慈善午餐，这顿被很多人称为“世界上最贵的午餐”于 2003 年开始通过网络平台 EBay 进行为期一周的公开拍卖，有意向者可提前申请，通过资格审核后参与竞拍，拍卖收入全部捐赠给美国慈善机构，最终获胜的竞标者可以带 7 名以内的亲友与巴菲特一起共进午餐，共餐地点比较固定，一般在纽约的 Smith &Wollensky 餐厅。进餐过程中，在不能谈论具体个股的前提下，可以自由选择与巴菲特的交谈话题。截至 2019 年，除匿名未知者外，已有 4 位中国投资者成功竞拍并与巴菲特共进过午餐。

教学执行：组织学生完成分享、讨论与总结。在线上平台布置拓展任务贴，鼓励学生从互联网上搜索和梳理信息，跟进历年来与巴菲特共进午餐的中标者后续事业发展情况，并尝试分析与巴菲特共进午餐后为这些中标者带来了哪些现实价值。

（三）体会金融中的高风险、高收益：风险投资VC的理解

教学设计：①通过影片情节，引入风险投资的概念及讲解。②课前收集自己感兴趣的风险投资案例进行研读并做课堂分享。③课上进行讨论，总结风险投资的特点。

结合电影情境的主要教学内容：王多鱼为了把钱花出去，专门投资市面上没有人愿意投资的项目，这种投资行为本质上是风险投资的一种。现实中，风险投资者对项目的选取通常集中在自己擅长或看好的领域，筛选项目的条件也非常严苛，选取投资的项目基本需要满足高技术门槛、高成长力和市场发展前景。影片中，王多鱼为了顺利将钱花出去，专门投资一些看上去预计会失败的项目，需要注意的是这个情节设定和现实生活中风险投资的目标刚好相反。其中有两个风投项目最令观众印象深刻，一个是被称为陆游器的健身器材项目，一个是从北极冰山运冰到阿拉善的冰块项目，两个项目都实现了预料之外的盈利。用现实的思维去看这样的故事未免显得过于荒诞，但不妨碍其反映了金融学中风险与收益的基本逻辑，高收益一定会伴随高风险。与此同时，教师需要引导学生注意，这句话反过来说就不成立了，即获得高收益必须承担高风险，但是承受高风险并不一定意味着能够获得高收益，谨防学生落入金融诈骗的陷阱。

教学执行：分小组收集成功或失败的风投案例，组织学生详细分享，加深对风险与收益基本逻辑的理解，并能够运用所学知识，对金融项目进行风险识别。

（四）刷新对保险业的认知：保险产品的创新

教学设计：①分析电影中人寿保险公司推出的“脂肪险”逻辑。②布置调研任务：保险产品是如何设计的？列举生活中类似的创新型保险。③布置作业：学生分组合作，尝试设计创新型保险产品。

结合电影情境的主要教学内容：保险作为金融业三大支柱之一，保险相关原理逻辑是金融专业学生必须掌握的理论知识。影片中“脂肪险”是1元起步，投保人每花1元便可够买一份保单，一份保单对应的是被保人减掉1克脂肪就能换取1元收益。“脂肪险”的保险设定明显和我们大众生活中熟悉的传统保险性质不同，给观众的感觉是有些脱离现实的，但事实上，现实中也陆续出过一些非传统类型的创新型保险。如2013年出

现的“中秋赏月险”，这款保险以新奇应景的名称和便宜的价格博得了很多关注，它的保险责任分为主险和附加险，附加险为投保人是否看得到月亮来进行小额理赔，主险则是传统的意外责任险。又如 2015 年针对热点话题设计的一款“扶老人险”，这款保险最大的创新在于主要提供的是法律支持而不是责任保障。

教学执行：组织学生从生活中所知的传统保险（如车险、财险、寿险等）入手，对保险的本质进行深入探讨和理解，提升对保险的认知，培养学生从日常开始对保险产品以及保险条款进行关注和研究。

五 对电影教学的评价与反思

对教师教学而言，如何把课教好是关键。“教得酣畅淋漓，听得如痴如醉”这样的课堂是需要花大量的时间和精力进行一次次的教学创新和教学反思的。笔者在近年来金融学教学过程中积极探索不同的教学方法和形式，把电影元素应用起来，初始目的在于激发学生的金融学习兴趣，希望自己的课堂能够多一些妙趣横生的素材。实践后发现电影与专业知识的融合确实很容易激发学生们的学习兴趣，学生能够在结合电影情景的教学过程中，积极发挥主观能动性，尝试利用已学的金融学知识对生活场景进行思考，金融学思维逐步得到培养与锻炼，金融学理论的应用能力得到提升。与此同时，还发现有效进行的小组任务和讨论环节，使学生的逻辑思考力、批判性思维、语言表达等多种综合能力也在电影教学过程的组织设计中得以培养。

另外，从实践教学的情况总结，应用电影进行金融教学也存在影片的选择、任务的布置、时间的利用等潜在问题，需要注意以下事项：

（一）选择合适的影片

与语言类教学影片资源相比，金融题材相关的影片本身并不多。除了金融知识之外，还需要考虑影片本身的价值观、意识形态等，毕竟教书育人，德育教育是专业教育的基石。以互联网上广泛流传的 20 部经典金融电影为例，这 20 部电影的制片国家都是美国，其中有些影片传递出的文化、思想等与我国主流价值观不相符，并不适合作为教学素材，甚至以教师身份推荐给学生观赏都不合适。

（二）巧妙设计和布置任务

在选取了合适的影片素材后，要结合教学计划和内容，提前进行巧妙的任务设计。设计任务时，无须追求形式上的新意，重要的是任务的可实现性、任务的专业思路，以及注重任务的目的方向。任务的布置也是根据具体教学内容所需，如上述案例，一部影片的素材涉及不同章节的专业知识，并不是集中在某一次课布置一部影片中设计出的全部任务。

（三）课堂时间的合理高效使用

语言类教学在应用影片时主要是塑造语言沉浸环境，侧重的是视听环节。而电影在金融学教学中应用时，侧重的是以场景和情节为引子的分析与思考。所以观影环节不在课堂上，包括一些任务环节也是需要课前在线上教学平台完成的，课堂时间则用于学生无法自主学习、需要教师引导的部分。

（四）线上教学平台的利用

既要达到“学生主动、任务驱动、多维合动”的效果，还需要借助线上教学平台，以线上线下翻转课堂的形式来实现时间的合理高效使用。上述案例中，设计的很多教学任务都是布置在线上教学平台，采取分小组完成、组间互评的方式进行，既有利于实现全员参与，又能让彼此之间的想法和思路在班级成员之间形成充分展示。另外，与传统一次性作业不同，一些拓展和讨论任务，也可以放在线上平台的讨论区，供学生随时有新的想法进行跟帖讨论和补充，鼓励持续性学习。

（五）注重课后与学生的沟通

除了教学本身外，课余时间与学生面对面交流，或者 QQ 群、线上学习平台讨论区等多种渠道和多形式的沟通很重要。一是可以得到学生最原始的教学评价反馈，助力教师进行教学反思和教学设计的改进。二是能够从学生视角来对重难点形成理解，减少认知不同带来的思维定式阻碍。三是代际差异下，学生关注到的电影很可能教师并没有观看过，在沟通过程中有时能被学生推荐一些全新的、合适的教学素材。

六 结语

电影在创新金融学或者其他学科教学的运用中，要以应用型人才培养的实践导向为立足点，专业课程教学要结合市场需求，注重学术与实际的联系。电影自身的特征属性和金融学教学要达成的某些目标必须能够进行有效结合，在教学中充分利用好电影的特性，这样才可以使金融专业知识通过电影情节“看得见、摸得着”。因此，为提高教学效果，笔者积极尝试电影教学方法，将电影应用到金融学教学中进行方式方法创新，借以激发学生的学习兴趣和理论联系实际的能力，加强学生在金融学相关理论的学习过程中的主观能动性。本文介绍的案例探索是笔者选取一部电影应用在金融学教学的教学设计、教学方法和教学创新，另外总结了电影应用在教学中需要注意的事项，如在选择时除了影片素材上与专业知识紧密联系外，还要注意选择影片的价值观等意识形态问题。本文的局限性在于没有对比参照实验数据来切实证明应用电影在教学效果上的提升度，再加上只是以一部影片为案例，客观度和普适度有限。在今后的教学实践与研究过程中，笔者会设计课后反馈调查问卷，收集和积累电影教学效果的论证数据。还要挖掘更多适合用于金融学教学的电影资源，结合更丰富的电影元素进行教学设计，形成以金融核心课程为单位的、成体系的电影应用设计方案，增加金融学教学的实用性、创新性、启发性和辩证性。

Research on the Application of Films in Financial Teaching Innovation

Hu Cheng

Abstract: Under the strategic background of promoting the supply-side structural reform of higher education and accelerating the transformation to application-oriented education in general undergraduate colleges and universities, teaching method innovation has become an important measure of promoting curriculum teaching reform in order to achieve the goals of talents cultivation. Through case study, this article introduces how to use the film

"Hello, Mr. Billionaire" to design teaching in finance teaching, and then discusses how to properly use the audio-visual elements of the film to improve learners' ability to actively understand and analyze financial knowledge. It helps learners to learn applied knowledge with a more inclusive, rational, creative and dialectical attitude. Finally, this paper also reflects on the matters needing attention in film teaching and forms the application experience of film teaching for reference.

Key words: Film; Finance; Teaching Innovation; "Hello, Mr. Billionaire"

教育政策

建设高质量高等教育体系何以成为国家行动

——基于多源流理论的视角*

韩菲尹　何志伟**

摘　要：建设高质量高等教育体系是推动我国高等教育高质量发展的重要举措。本文运用多源流理论深入分析建设高质量高等教育体系何以成为国家行动的政策议程。研究发现：问题溪流来自客观事实的发展，包括高等教育体系规模之关键指标的变化、我国已进入高质量发展阶段之焦点事件的推动和高等教育地位不断提升之现行信息的反馈；政策溪流来自政策共同体的助推，包括专家学者的建言献策、广大高校的积极参与和社会力量的大力支持；政治溪流来自共识的建立，包括国民情绪的表达、领导人的意志体现以及党和政府的高度重视。党的十九届五中全会召开成功开启了政策之窗，在政策提案者的推动下三大溪流顺利结合，促使高质量高等教育体系建设成为国家行动且有效落地。

关键词：高质量高等教育体系；国家行动；多源流理论

---

*　基金项目：2023年度浙江省哲学社会科学规划年度课题"'双一流'建设背景下校友支持研究"（项目编号：23NDJC089YB）；浙江省教育厅一般科研项目"高教强省战略视野下浙江省高校'十四五'学科专业布局研究"（项目编号：Y201941787）；浙江省教育科学规划研究课题"高教强省背景下一流学科建设成效及提升路径研究"（项目编号：2020SCG225）。

**　作者简介：韩菲尹，浙江水利水电学院实设处；何志伟，浙江工业大学马克思主义学院讲师。

党的十九届五中全会提出“建设高质量教育体系”，《中华人民共和国国民经济和社会发展第十四个五年规划和二〇三五年远景目标纲要》将这一精神落到实处，“建设高质量教育体系”成为一项国家行动。那么，对于处在整个教育体系最高层次的高等教育而言，建设高质量高等教育体系成为国家行动也必然是它的题中之义。然而，建设高质量高等教育体系究竟是如何成为国家行动的？政府的决策依据是如何产生的？过程是怎么建立的？其中的内在机理又是什么？这些问题都需要科学探讨和系统解答。美国著名政策科学家和政治学家约翰·W. 金登（John W. Kingdon）提出的多源流理论作为分析公共政策形成过程的流行理论，能够给予我们一种全新的分析视角和理性的阐释说明，深化我们对建设高质量高等教育体系成为国家行动的理解和认识。

一 多源流理论及其适切性

金登教授提出问题溪流、政策溪流和政治溪流三条主要溪流来刻画政策制定的过程。问题溪流考察政府官员是如何将其注意力固定在某一问题而不是另一问题上，他们通常利用关键指标、焦点事件和信息反馈等来引起对于问题的关注。[①] 政策溪流是指政策共同体依靠政策建议进行全面理性决策的过程，这个共同体的构成人员包括：研究人员、国会的办事人员、规划与评估办公室和预算办公室的人员、学者、利益集团的分析人员。[②] 政治溪流独立于问题溪流和政策溪流，它由诸如公众情绪、压力集团间的竞争、选举结果、政党或者意识形态在国会中的分布状况以及政府的变更等因素构成。[③] 一般而言，三条溪流呈现出分离而非汇合的状态，需要政策企业家做好准备，充分利用政策之窗开启的机会，实现它们之间的结合。近年来，国内学界对多源流理论的关注日益增多，它的分析框架也被广泛运用于各领域的政策研究之中，如当代中国改革启动的议程设置

① ［美］约翰·W. 金登：《议程、备选方案与公共政策》（第二版），丁煌、方兴译，中国人民大学出版社 2004 年版，第 142 页。

② ［美］约翰·W. 金登：《议程、备选方案与公共政策》（第二版），丁煌、方兴译，中国人民大学出版社 2004 年版，第 148 页。

③ ［美］约翰·W. 金登：《议程、备选方案与公共政策》（第二版），丁煌、方兴译，中国人民大学出版社 2004 年版，第 184 页。

与政策制定过程[①]、住房限购政策的变迁[②]、新时代青年的有序参政能力[③]、网约车规制政策变迁[④]等。教育领域的研究也不例外，如全面振兴本科教育的政策议程[⑤]、网络教育政策的变迁[⑥]、新高考改革政策议程的设置[⑦]、幼儿体育教育政策[⑧]等。可见，多源流理论能够帮助分析政策变迁的过程，在解释政策形成方面具有一定的适切性。

但是，多源流理论是西方舶来品，烙有明显的国外语用痕迹。如果不对该理论进行本土化改造，直接照搬照抄来分析中国的社会现象，会出现水土不服的问题，产生一定的局限性。基于此，本文根据研究对象所处中国情景对多源流理论进行适当修正，让其成为具有更强解释力的政策研究工具，以使建设高质量高等教育体系成为国家行动的研究分析变得更加科学。一方面，三条溪流的独立性问题。金登的多源流理论对于三条溪流的立论假设是彼此独立互不影响的，这在现实的社会系统中是难以为继的存在。相反，三条溪流可能是相互依赖的，其中某条溪流的变化会影响另外两条溪流的变化，甚至可能一条溪流发挥主导作用决定了整个政策变迁，其余两条溪流则是辅助作用。另一方面，构成要素的普适性问题。多源流理论是由问题溪流、政策溪流、政治溪流、政策之窗和政策企业家按照一定逻辑组成的概念体系，它的构成要素蕴含本土特性。例如，政治溪流的构成要素包括压力集团间的竞争、选举结果、政党或者意识形态在国会中的分布状况以及政府的变更等，它们在我国的政策语境中解释力有限，不具有普适性，需要对其进行一定程度的修正。

① 马胜强等：《当代中国改革启动的议程设置与政策制定过程——基于多源流理论的分析》，《科学社会主义》2018 年第 2 期。

② 闫建、娄文龙：《我国住房限购政策变迁研究——基于对多源流理论修正的视角》，《理论探索》2018 年第 6 期。

③ 李春梅：《新时代青年有序政治参与能力的发展困境及提升研究——基于多源流理论视角》，《中国青年研究》2019 年第 8 期。

④ 黄扬、李伟权：《网络舆情推动下的网约车规制政策变迁逻辑——基于多源流理论的案例分析》，《情报杂志》2018 年第 8 期。

⑤ 钟秉林、段戒备：《全面振兴本科教育的政策议程探析——基于多源流理论的视角》，《中国高等教育》2019 年第 12 期。

⑥ 郭璨、陈恩伦：《我国网络教育政策变迁的多源流理论阐释》，《教育研究》2019 年第 5 期。

⑦ 徐东波：《新高考改革政策议程设置分析——基于多源流理论视角》，《教育与经济》2021 年第 1 期。

⑧ 叶林、李寅：《我国幼儿体育教育政策的多源流分析：政策之窗的开启与推动》，《学术研究》2020 年第 11 期。

二　问题溪流：客观事实的发展

建设高质量高等教育体系成为国家行动的问题溪流主要包括我国高等教育体系规模之关键指标的变化，我国已进入高质量发展阶段之焦点事件的推动和高等教育地位不断提升之现行信息的反馈。

（一）关键指标的变化：我国已建成世界规模最大的高等教育体系

根据全国教育事业发展统计公报数据，我国各种形式的高等教育在学总规模从 2015 年的 3647 万人增加至 2021 年的 4430 万人，呈现出逐年稳步增长的态势；我国高等教育毛入学率从 2015 年的 40%增长至 2021 年的 57. 8%，呈现出逐年递增的趋势（见图 1）。在高等教育在学总规模方面，与其他国家相比，中国的研究生、普通本专科、成人本专科、高等教育自学考试本专科等各种形式的规模总量已成为世界最大，这说明我国高等教育在学总规模取得了长足的发展，为下一步从高等教育大国迈入高等教育强国打下了坚实的基础。另外，依据马丁·特罗的高等教育大众化理论，

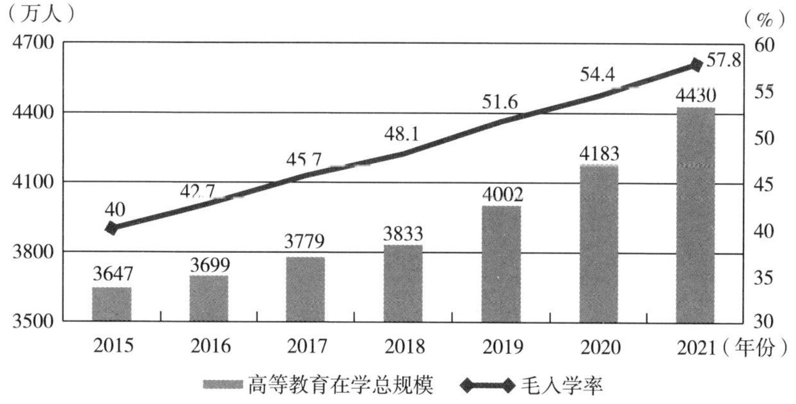

图 1　全国高等教育在学总规模及毛入学率①

① 根据教育部网站公布的全国教育事业统计主要结果整理获得，详见 http：//www. moe. gov. cn/。

我国高等教育毛入学率在 2019 年为 51.6%，就已进入普及化阶段，而且之后的高等教育毛入学率还在不断提升，说明我国将有更多的适龄人口获得接受高等教育的机会。我国高等教育进入普及化阶段之后，预示着它的任务不能停留在单一的数量追求上，而是既要保持对规模速度增长的持续关注，更要注重对质量变革的探索寻求。[①] 这种对质量变革的探索寻求实际上就是向着高等教育高质量发展的目标努力，以建设高质量高等教育体系推进高等教育强国建设。

（二）焦点事件的推动：我国已进入高质量发展阶段

2020 年 7 月，中共中央政治局会议指出“我国已进入高质量发展阶段”，这是根据国际形势和国家发展所处的阶段、所面临的环境、所遇到的条件而做出的科学判断，意味着“十四五”时期我国经济社会发展要“以推动高质量发展为主题”，必须在立足新发展阶段、贯彻新发展理念、构建新发展格局的基础上体现高质量发展的要求。对于高等教育领域而言，一是要准确理解进入新发展阶段后，我国社会主要矛盾的变化及其对高等教育发展的影响，只有解决好高等教育发展不平衡不充分的问题，推进高等教育内涵式高质量发展，才能从根本上满足人民对优质高等教育的需求，不断实现人民对高等教育创造美好生活的向往。[②] 二是要坚持贯彻新发展理念引领高等教育高质量发展的根本遵循，尤其是对高等教育发展方式转变、高等教育治理结构优化、高等教育增长动力转换和高等教育资源需求拓展方面的统领作用，以此开创高等教育提质创新发展的新局面。三是要深刻认识服务构建新发展格局是高等教育主动服务国家发展战略的重要使命和重大责任，这要求高等教育必须建成更高质量、更有效率、更加多样、更加生态可持续、更加系统协同、更加智能、更具活力的体系，[③] 充分发挥其人才培养主阵地、科技创新策源地和社会服务引领地的作用，建立高质量高等教育体系支撑高等教育强国建设的新路径。

---

① 别敦荣：《高等教育普及化背景下研究生教育发展的特点、要求和战略重点》，《学位与研究生教育》2022 年第 2 期。

② 马海涛、马国焘：《中国社会主要矛盾变化与高等教育发展》，《国家教育行政学院学报》2020 年第 1 期。

③ 张万朋、宋海生：《“两个大局”下高质量教育体系的基本特征与改革着力点》，《财经高教研究》2021 年第 2 期。

（三）现行信息的反馈：高等教育地位的不断提升

高等教育作为整个教育体系的龙头，它既是一个国家高层次人才培养和知识创新的主要阵地，也是一个国家发展水平与发展潜力的重要标志，它的质量高低影响着一国之综合实力的大小和一国之国际竞争力的强弱，可以毫不夸张地说：高等教育强则国强。因此，世界上的发达国家无一不是高等教育强国。随着新一轮科技革命和产业变革的加速演进，以人工智能、大数据、物联网等为代表的新技术、新应用、新业态方兴未艾，外在表现为高新技术产业的蓬勃发展，内在彰显为自主创新能力的不断提升。自主创新能力源自哪里？毋庸置疑，主要源自高等教育，它的属性决定了其在思想创新、理论创新、知识创新和科技创新等方面引领国家创新发展中具有不可替代的垄断性，① 这更促使高等教育越来越成为未来国家综合实力提高和核心竞争力增强的决定性力量。正因如此，在世界经济论坛发布的年度《全球竞争力报告》中，也把“高等教育和培训”作为重要指标之一来衡量全球各国的竞争力水平。鉴于高等教育在服务国家创新发展方面所产生的影响越来越重要，所以它对经济社会发展的作用也发生了深刻的变化，即从发挥基础性支撑作用转向支撑和引领作用并重，② 被人们赋予立足当下、赢得未来的“国之重器”之身份角色，足见高等教育地位的变化之大。

三　政策溪流：政策共同体的助推

建设高质量高等教育体系成为国家行动的政策溪流来自政策共同体的助推，主要包括专家学者的建言献策、广大高校的积极参与以及社会力量的大力支持。

（一）专家学者：建言献策高质量高等教育体系建设

进入新时代以来，我国高等教育已经取得了很大进步，迈入了从规模

① 眭依凡：《大学内涵式发展：关于高质量高等教育体系建设路径选择的思考》，《江苏高教》2021 年第 10 期。

② 杜玉波：《新时代高等教育的历史方位和发展走向》，《中国高教研究》2018 年第 12 期。

发展到质量发展的时期，进入了从高速增长到高质量发展的阶段，这就需要新的话语体系补充到高等教育的政策研究中，唯有如此才能深刻认识到新时代高等教育的新变化，更好地实现高等教育的高质量发展。事实上，为了提高我国高等教育质量，实现人才培养、知识创新和社会服务的高水平发展，继而推进高等教育强国建设，我国的专家学者一直努力发挥自身优势，积极建言献策。很多研究者致力于以高质量的高等教育研究来服务高质量的高等教育发展。党的十八大以来从“推动高等教育内涵式发展”，到“实现高等教育内涵式发展”，再到“建设高质量教育体系”中所包含的“建设高质量高等教育体系”，这些高等教育政策话语体系的形成离不开他们建言献策的推动。专家学者建言献策的形式主要包括著书立说、学术论文、咨询报告、报纸时评等，他们通过这些研究成果来宣传和推广自己的观点看法，并从不同视角出发去论证说明，在社会中创设一种积极的舆论环境，引起政府和公众的广泛关注和理性参与，以便为相关部门的研判调查和科学决策提供有效依据。

（二）广大高校：积极参与高质量高等教育体系建设

高等教育体系并非虚空无实的概念系统，而是由诸多高等教育活动得以发生的大学集合所构成的具有物质属性的国家实体，高质量高等教育体系建设必须由以实施高等教育为使命责任的机构即大学加以落实。[①] 在落实过程中，既要发挥一流大学群体的引领带动作用，也要重视其他大学群体的支撑服务功能，总体来说建设高质量高等教育体系是一流大学群体和其他大学群体共同高质量发展的结果。在这种逻辑关系下，建设高质量高等教育体系离不开广大高校从宏观或微观层面的积极参与。例如，清华大学通过建立高质量、有韧性的融合式教学体系，以推进教书育人的高质量发展；浙江大学通过打造国际合作教育样板区以创建高水平中外合作办学的标杆，来推动国际联合学院的高质量发展；南京大学以全校国际化工作为着力点，发布《全球开放发展战略（2020—2030）》，以推动开放办学的高质量发展；同济大学通过构建“四个一”就业育人工作体系，引导学生把个人小我融入社会大我，以实现就业育人的高质量发展；中山大学

---

① 眭依凡、王改改：《大学治理体系与治理能力现代化：高质量高等教育体系建设的必然选择》，《中国高教研究》2021 年第 10 期。

通过构建“五个融合”的卓越人才培养体系来落实立德树人根本任务，以推动学校高质量发展；陕西师范大学以教育评价改革为牵引来推动研究生教育的高质量发展；等等。

（三）社会力量：大力支持高质量高等教育体系建设

社会力量是由非政府组织、慈善机构、志愿者、社区、家庭、新闻媒体等多方主体构成的合力，这些主体是可以确认的、能够影响高等教育发展的群体或个人，属于高等教育系统外部的利益相关者。随着高等教育越来越走向社会系统的中心，这些外部利益相关者与高等教育的互动越发频繁，对高等教育的质量状况关注越来越多，很多主体表现出支持高质量高等教育体系建设的集体行动。而且，国家也是积极引导，《中华人民共和国国民经济和社会发展第十四个五年规划和2035年远景目标纲要》中就明确提出“构建更加多元的高等教育体系”“落实和扩大学校办学自主权，完善学校内部治理结构，有序引导社会参与学校治理”。这对我们更为理性地认知社会力量支持高质量高等教育体系建设提供了基础。众所周知，高质量高等教育体系建设是一项系统工程，涉及人才培养体系、学科专业体系、教师发展体系、交流合作体系、社会评价体系等方面，它的高质量建设需要耗费大量人、财、物等资源，仅仅依赖政府的有限资源供给显然无法满足它的高消耗之资源需求，这就需要社会力量的加入，把他们的资源作为补充。这样既能为社会力量支持高质量高等教育体系建设创造条件，也能为高等教育多层次、多样化的社会供给带来新的发展生机，有利于构建“政府—学校—社会”三力互助的中国特色高等教育体系。

四　政治溪流：共识的建立

建设高质量高等教育体系成为国家行动的政治溪流来自国民对于共享优质高等教育资源之情绪表达，领导人明确要求建设高等教育体系之意志体现，党和政府对建设高质量高等教育体系之高度重视。

（一）国民情绪的表达：共享优质高等教育资源

随着我国经济社会的不断发展，国民的民主意识、法治意识不断增强，在追求优质高等教育资源时会对其中的不平衡不充分问题更加关注，体现在不同地区、不同学校、不同群体都迫切希望享有更多个性化、多样化和终身化的教育资源，满足不同主体的多元化需求，最终为国民思想道德素质、科学文化素质和身心健康素质的提高提供保障。事实上，经过多年发展，我国的优质高等教育资源建设已取得很大进步，但与广大国民的强大需求相比供给仍显不足，这就必然造成高等教育系统中各主体因资源需求而产生一些矛盾和冲突。而且，随着我国高等教育进入普及化阶段，整个社会对于国民综合素质的要求将会进一步提高，国家对于人力资本水平的标准也将会进一步提升，届时接受高质量的高等教育将由权利变为义务，它将成为满足人的全面发展能力之所必须。在这种情况下，广大国民对于优质高等教育资源的需求比以往任何时候都更为迫切，对提供优质高等教育资源的高等教育机构的渴求比以往任何时候都更为强烈，这种以满足人的全面发展能力为导向的优质高等教育资源必是出自高质量高等教育体系的供给，这就需要高等教育体系结构的优化布局，也需要高等教育本身的内涵式发展，以确保高等教育高质量发展的秩序和活力。

（二）领导人的意志体现：明确要求建设高等教育体系

党的十八大以来，习近平总书记对提高高等教育质量多次作出重要指示，也对建设高等教育体系提出明确要求。2021 年 4 月，习近平总书记在清华大学考察时就指出，“一个国家的高等教育体系需要有一流大学群体的有力支撑，一流大学群体的水平和质量决定了高等教育体系的水平和质量”。[①] 习近平总书记的讲话为我国建设一个好的高等教育体系指明了方向，提供了遵循。一般而言，一个好的高等教育体系应能形塑美好未来、反映经济社会变迁、遵循高等教育规律、满足时代发展要求，各种形式的高等教育之间优势互补，各种类型的高校之间定位清晰，整个高等教育体系既开放包容而又充满活力，形成面向社会的自适应调节机制，满足国家经济社会发展的新需要。[②] 在我国已进入高质量发展阶段的时代背景下，好的高等教育体系就是建设高质量高等教育体系，它是实现高等教育高质量发展的重要举措。从世界高等教育的发展轨迹来看，很多国家的高

---

① 《习近平在清华大学考察时强调　坚持中国特色世界一流大学建设目标方向　为服务国家富强民族复兴人民幸福贡献力量》，教育部官网，http：//www.moe.gov.cn/jyb_xwfb/s6052/moe_838/202104/t20210419_527148.html.

② 马陆亭：《“十四五”时期高等教育发展的历史方位》，《江苏高教》2021 年第 5 期。

等教育体系都是结合本国的政治、经济、文化特色形成的本土化高等教育体系，它们既存在共性，又存在个性，但在提高高等教育质量、增强高等教育实力方面是相通的。所以，建设高质量高等教育体系属于我国本土生成的高等教育话语体系，是对领导人明确要求建设高等教育体系之意志的贯彻落实。

（三）党和政府的高度重视：建设高质量高等教育体系

2020 年 10 月，党的十九届五中全会通过《中共中央关于制定国民经济和社会发展第十四个五年规划和二〇三五年远景目标的建议》，提出“建设高质量教育体系”，强调“提高高等教育质量”，奏响了建设高质量高等教育体系的号角；2021 年 3 月，《中华人民共和国国民经济和社会发展第十四个五年规划和二〇三五年远景目标纲要》不仅将“建设高质量教育体系”作为提升国民素质、人力资本水平和人的全面发展能力的关键举措，而且重点突出“提高高等教育质量”，迈入了建设高质量高等教育体系的新征程。2022 年 2 月，在第十三届国际高等教育大会上我国教育部部长怀进鹏明确表示，要“坚持以人民为中心发展高等教育，坚持以规律为遵循办好高等教育，坚持以开放为路径参与全球高等教育治理，努力构建高质量高等教育体系”[①]。教育部高等教育司司长吴岩也指出，要在新起点上构建高质量发展体系，建设高等教育强国，着力抓好“四个质量”，推动高校树立质量意识，掀起质量革命，建成质量文化。[②] 这些都说明了政府的立场和态度，坚定不移地走中国特色的高等教育发展之路，努力建设高质量高等教育体系。除此之外，中国高等教育学会会长杜玉波在深入分析国际国内现有机遇和挑战的基础上，提出通过“完善以立德树人为根本的协同育人体系”“夯实以机制创新为重点的人才培养体系”“打造以服务需求为支撑的学科专业体系”“健全以高素质专业化为标准的教师发展体系”“构建以质量贡献为导向的教育评价体系”“畅通以合作共享为基础的教育开放体系”来构建高质量高等教育体系。[③]

---

① 《怀进鹏部长在第十三届国际高等教育大会部长论坛上作视频致辞》，教育部官网，http：//www. moe. gov. cn/jyb_ xwfb/gzdt_ gzdt/moe_ 1485/202202/t20220210_ 598400. html.

② 吴岩：《构建高质量发展体系　建设高等教育强国》，《中国教育报》2020 年 12 月 8 日。

③ 杜玉波：《构建高质量高等教育体系》，《中国教育报》2022 年 1 月 10 日。

五 政策之窗开启：三大溪流结合

通过对金登多源流理论的修正可知，问题溪流、政策溪流和政治溪流三者并非是完全独立的，而是相互交织的，政策之窗的开启为它们提供了结合的时机，在政策制定者的推动下，三大溪流最后顺利结合，促使政策行动成功落地。

第一阶段，自我国建成世界规模最大高等教育体系且高等教育已进入普及化阶段后，高等教育采用何种发展方式就成了首要解决的问题，特别是随着高等教育在国家经济社会发展中的重要性越来越凸显，从规模增长转向质量提升、走内涵式高质量发展之路成为我国高等教育发展的最优选择。这类问题既得到了政府、学校、社会的关注，也受到了党和政府的重视，党中央在深入分析国际国内发展形势的基础上，作出我国已进入高质量发展阶段的理性认知，这说明高等教育必须体现高质量发展的要求，它为三大溪流由漂浮走向结合做好了准备。

第二阶段，2020 年 10 月，党的十九届五中全会召开，对制定国民经济和社会发展“十四五”规划和 2035 年远景目标提出了建议，这些建议中的教育部分就包含提出“建设高质量教育体系”和重视“提高高等教育质量”，高质量高等教育体系建设成功赢来政策之窗开启的时机。此刻，问题溪流既得到政策共同体的助推，包括专家学者的建言献策、广大高校的积极参与以及社会力量的大力支持，也受到政治溪流中共识力量的影响，包括国民情绪的表达、领导人意志的体现以及党和政府的高度重视，三大溪流的结合已然开始。

第三阶段，这种结合必然影响到政策制定提案者的决策提案，他们根据各地代表意见提交提案，决策者根据各方建议并结合客观实际最后制订出科学合理的政策方案，2021 年 3 月发布的《中华人民共和国国民经济和社会发展第十四个五年规划和二〇三五年远景目标纲要》中关于“建设高质量教育体系”和“提高高等教育质量”的具体内容就是最好的证明。而且，高等教育体系作为教育体系的重要组成部分，“建设高质量高等教育体系”必然是“建设高质量教育体系”的重要内容。至此，“建设高质量高等教育体系”成为国家行动，2022 年 10 月，党的二十大报告提出，“加快建设高质量教育体系”，我国进入了推动高等教育高质量发展的新阶段。

建设高质量高等教育体系首先要坚定中国特色，必须全面贯彻党的教育方针，坚持社会主义办学方向，要同我国发展的现实目标和未来方向紧密联系在一起，为人民服务，为中国共产党治国理政服务，为巩固和发展中国特色社会主义制度服务，为改革开放和社会主义现代化建设服务。① 其次要强调分类发展。高等教育主要由普通本科学校、本科层次职业学校、高职（专科）学校、成人高校等实施高等教育活动的机构组成，因而高质量高等教育体系建设应是一个集合性的实体概念，要关注到各种形式的高等教育，通过强调分类发展来满足经济社会发展对高层次人才的多样化需求和个性化的高等教育诉求②。最后要深化改革开放。在今天的世界高等教育格局中，我国已建成世界上规模最大的高等教育体系，是世界高等教育体系的重要组成部分，在创建更加开放、包容、公平和协作的高等教育系统中承担着重要责任。③ 在这种形势下，我们必须通过深化体制机制改革和坚持高水平对外开放，不断推进高等教育治理体系和治理能力现代化，才能实现高等教育体系从“大规模”向“高质量”迈进。

How Building High-quality Higher Education System Becomes a National Action—Based on the Perspective of Multi-source Flow Theory

Han Feiyin　He Zhiwei

Abstract: Building high-quality higher education system is an important measure to promote the high-quality development of Chinese higher education. This paper uses the multi-source flow theory to deeply analyze how building high-quality higher education system becomes a policy agenda for national action. The study has three findings as follows. The problem stream

① 张烁：《习近平在全国高校思想政治工作会议上强调：把思想政治工作贯穿教育教学全过程开创我国高等教育事业发展新局面》，《人民日报》2016 年 12 月 9 日。

② 钟秉林：《新时代高质量高等教育体系的评价导向》，《中国高等教育》2021 年第 1 期。

③ 钟登华：《坚定中国特色高等教育自信加快推进高等教育高质量发展》，《中国高教研究》2022 年第 7 期。

comes from the development of objective facts, including changes in key indicators of the scale of higher education system, the push of focus events of our nation being at the stage of high-quality development, and the feedback of current information on the continuous rising status of higher education. The policy stream comes from the boost of the policy community, including the suggestions of experts and scholars, the active participation of universities and the strong support of social forces. Political streams come from the establishment of consensus, including the expression of national mood, the expression of leaders' will, and the high attention paid by the party and the government. The fifth Plenary Session of the 19th Central Committee of the Communist Party of China has successfully opened a window of policy and under the promotion of policy proposers, the three streams are integrated smoothly. Therefore, the construction of high-quality higher education system becomes a national action and is effectively implemented.

Key words: High-quality Higher Education System; National Action; Multi-source Flow Theory

我国教师教育政策价值话语的建构

——基于1978—2021年教师教育政策的文本分析*

陈婷婷**

摘　要：在批判话语分析理论视域下，教师教育政策生产过程实质上是教师教育政策文本中所涉价值话语的建构过程。本文借助拉斯韦尔政策价值体系分类方法与麦克唐纳尔政策工具模型，构建了价值话语分析的“政策工具—价值”二维框架，对我国1978—2021年颁发的554项教师教育政策条款进行编码分析。研究发现：我国教师教育政策历经恢复调整阶段（1978—1984年）、体制改革阶段（1985—1995年）、专业发展阶段（1996—2005年）以及特色建设阶段（2006—2021年）四个发展阶段，实现了从经济、政治、知识到技术的价值导向转变。其中，价值目标游离、政策工具单一、价值结构失衡以及高位价值缺失等问题日益突出。为实现教师教育政策的科学制定，推动建立中国特色教师教育政策话语体系，未来我国教师教育政策应从推动文本价值目标与应然价值目标的积极契合、促进显性工具与隐性工具的有效协调、确保实体价值与符号价值的均衡分布以及实现个体价值与社会价值的和谐统一等方面进行价值话语重构。

关键词：教师教育政策；价值话语；政策工具；文本分析；社会建构

---

*　基金项目：浙江省教育科学规划课题“教师教育政策的社会公正话语及其生成机制研究”（项目编号：2021SCG289）；浙江省高等教育学会高等教育课题“高校人文社科教师发展性科研评价体系研究”（项目编号：KT2021368）。

**　作者简介：陈婷婷，浙江理工大学高等教育研究所、发展规划处助理研究员。

法国思想家福柯（Michel Foucault）认为话语是与社会权力关系密切关联的具体社会形态，[①] 以此强调话语潜在的社会建构功能。价值话语作为话语的下位概念，表征言语符号系统中“使渴望得以满足的事物”[②]，是决定社会结构与社会关系的关键范畴。作为指引教师教育事业发展，培育大国良师的重要制度设计，教师教育政策中的价值话语结构呈现了不同历史时期国家对教师教育领域所涉价值及其相互关系的不同关注程度、发掘情况与支持力度，是我们了解教师教育实然价值，把握教师教育应然价值的重要依据。

21世纪初，国内教育政策研究开始出现批判性转向，旨在理解、揭示和改变不平等条件的批评话语分析理论与方法受到国内政策研究者的关注。其中，无论是对话语间互动机制的探讨，还是对政策文本中权威对价值控制及各类价值斗争过程的剖析，都为教育政策的民主化与科学化提供了新的思路。2001年，随着《关于基础教育改革与发展的决定》的颁发，“师范教育”话语在政策系统全面回归，教师教育政策进入了全新的发展阶段。然而，以师范性话语建构为目标的教师教育政策研究体系尚未形成，难以生动诠释中国特色的教师教育实践，推动、引领我国教师教育的改革与发展。为促进我国教师教育政策的科学决策，助益中国特色教师教育政策话语体系的构建，本文以我国1978—2021年颁发的554项教师教育政策文本为研究对象，对政策条款中的价值话语进行逐一编码，通过剖析我国教师教育政策权威性价值的话语结构，归纳总结其变化规律、特征及问题，为我国教师教育政策价值话语的重构提出有效路径。

一　我国教师教育政策的生产逻辑及其分析框架

（一）我国教师教育政策的生产逻辑

1989年，费尔克拉夫（Norman Fairclough）在结合系统功能语言学与社会话语理论的基础上，提出了批判性话语分析理论的三维框架，通过生

① 米歇尔·福柯：《词与物——人文科学考古学》，上海三联书店2002年版，第108页。

② Lasswell H. D. & McDougal M. S. *Jurisprudence for a Free Society: Studies in Law, Science, and Policy*. New Haven: New Haven Press, 1992, p. 336.

产、分配、消费等话语实践活动在文本、话语与社会实践三者之间架起沟通的桥梁。在费尔克拉夫话语分析理论的三维框架下，教师教育政策文本的生产本质上是涉及教师教育所有利益主体核心利益的价值话语的建构过程。教师教育政策的价值话语建构过程发生在优先政策文本的产生之前，也就是决策者（受其他利益相关者价值取向影响）面对有限资源，选择和利用恰当的政策工具（组合），对不同价值话语按照一定的话语规则进行去语境化编码，通过安排它们在文本中的呈现方式与结构协调使特定阶级利益合法化的过程；教师教育政策的价值话语重构过程则是指在优先政策颁发之后，经过政策实施、政策效用评估等流程，政策对象将文本中产生的价值重置于原生语境中对其进行再语境化解码，根据个人倾向于实践结果中不断调试它们在文本中的再现方式，并赋予其新的内涵与意义。显然，价值话语是教师教育政策文本中的实质性内容，政策工具是影响价值话语实践活动顺利推进的重要话语要素。研究话语中价值与政策工具的组合结构与变化特征是我们准确把握我国教师教育政策生产逻辑的关键所在。

（二）价值话语分析的“政策工具—价值”二维框架

本文在批评话语分析理论基础上，进一步借助拉斯韦尔（Lasswell）政策价值体系分类方法与麦克唐纳尔（McDonnell）政策工具模型，结合我国教师教育政策的实际特征，构建了包括 4 种政策工具和 8 种价值在内的教师教育政策的“政策工具—价值”二维分析框架（见图 1）。

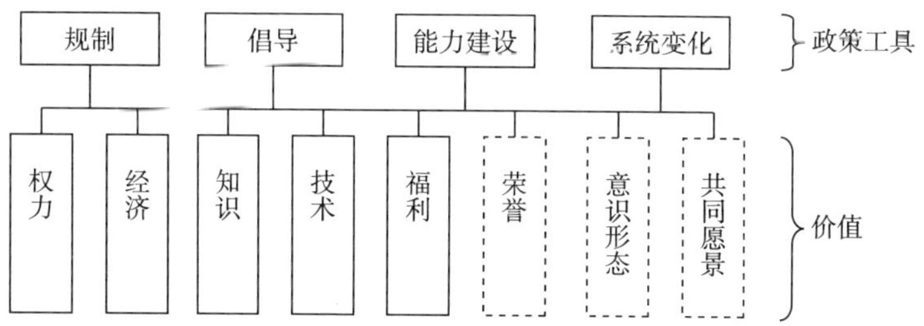

图 1　价值话语分析的“政策工具—价值”二维框架

1. 价值维度

早在公共政策科学诞生之初，政策科学学科创始人拉斯韦尔就已指出政策科学是一门“提供与价值整合有关的知识”① 的学科，并在其后续的研究②中构建了包括福祉、情感、尊重、权力、财富、教化、技能和操守八类价值在内的法律政策价值体系，基本覆盖了所有人类追求的价值结果。21 世纪以来，刘复兴等学者通过文献研究和文本分析等方法，将教育政策价值分为“以人为本”（包括个体、公平、正义、多样性、可选择性等表述）的内在价值和知识、教育、社会、政治、经济（包括效率优先、功利等表述）等外在价值两大类。③ “人类尊严”是政策的至高价值，教师教育政策的目的在于通过安排和改变价值话语秩序重塑政策对象主体性。本文以着眼于人类核心价值追求的拉斯韦尔政策价值体系分类方法为主要依据，结合教师教育政策的实际特征，将教师教育政策文本中的价值分为权力、经济、知识、技术、福利、荣誉、意识形态以及共同愿景八大类。其中，权力是指赋予相关主体处理教师教育事务和分配教师教育所涉利益权利的内容；经济包括为特定群体创造的直接经济效益和通过教育创造的间接经济效益两部分内容；知识是指通过教学、科研等活动实现对知识的生产与传播的内容；技术是指与服务于知识价值实现的模式、技能与方法相关的内容；福利是指以提升幸福感为目标给予特定群体的资源或政策倾斜的内容；荣誉是指在精神层面上给予特定群体的肯定或认可的内容；意识形态是指表示对政策对象在物理世界、社会关系网络等现实上的意义建构的内容；共同愿景是指表示特定时段教师教育实践的发展规划或目标的内容。根据价值表现形态的不同，我们又可将 8 种价值分为以实体形式呈现的实体价值（权力、经济、知识、技术和福利）和以精神符号形式呈现的符号价值（荣誉、意识形态和共同愿景）。

2. 政策工具维度

20 世纪 80 年代以来，教育政策研究者开始从事于以分配各类价值话语的手段和方法为内容的政策工具研究，并尝试从政府介入公共物品与服

---

① Harold D. Lasswell, Abraham Kaplan. *Power and Society: A Framework for Political Inquiry*, London: Routledge, 1952, p. xii.

② Lasswell H. D. , McDougal M. S. , *Jurisprudence for a Free Society: Studies in Law, Science, and Policy*, New Haven: New Haven Press, 1992, pp. 648-649.

③ 刘复兴:《教育政策价值分析的三维模式》,《教育研究》2002 年第 4 期；吴遵民、傅蕾:《我国 30 年教师教育政策价值取向的嬗变与反思》,《杭州师范大学学报》（社会科学版）2011 年第 4 期；曲铁华、崔红洁:《我国教师教育政策价值取向变迁的路径与特点——基于1978—2013 年政策文本的分析》,《现代大学教育》2014 年第 3 期。

务提供的程度、政策工具使用方法、产生着力面等不同维度对其进行分类。[①]其中，麦克唐纳尔与艾尔莫尔的分类方式最为人们广泛接受与使用[②]，其政策对象视角也更加贴合教师教育政策对发挥政策对象主体性的强调，故本文在政策工具维度主要采用麦克唐纳尔与艾尔莫尔政策工具模型对政策工具的分类方法。在麦克唐纳尔与艾尔莫尔提出的命令、劝告、激励、能力建设以及系统变化的五种政策工具类型基础上，以内涵上更为丰富的“规制”取代“命令”，并以“倡导”整合“劝告”“激励”两项具有诱导性质的政策工具。因此，我们认为教师教育政策文本中的政策工具主要有规制、倡导、能力建设和系统变化四大类。其中，规则是指对政策对象行为进行规范的一些规则或限制；倡导是指通过提出倡议、引导等形式，寻求政策对象的价值认同行为；能力建设是指增强个体能力或机构功能的举措；系统变化是指具有权力关系重构或资源重组性质的制度安排。在强制性、隐蔽性以及见效时长等方面，规制、倡导、能力建设和系统变化四类工具分别呈现由大到小、由弱到强以及由短到长的变化特征。

二 研究对象及分析方法

（一）研究对象

在本文中，“教师教育政策”是指关于指导教师培养机构完成幼儿、小学、初中、高中及中等职业学校（含技工学校）等基础教育阶段教师培养、培训任务，以促进基础教育改革与发展的相关教育政策。根据公开性、全面性原则，本文选取《中华人民共和国重要教育文献》《中国教育大事典》与《中国教师教育30年》等工具书及教育部官网公布的1978—2021年我国制定的554项教师教育政策文本作为研究对象。根据政策对象——教师所处职业状态，554项教师教育政策又可分为教师教育元政策，即涉及教师教育部分内容的教育政策（共49项）、涵盖教师所有职

---

① 迈克尔·豪利特、M. 拉米什：《公共政策研究：政策循环与政策子系统》，生活·读书·新知三联书店2006年版。

② Rothwell, R., & Zegveld, W. *Reindusdalization and Technology*, London: Longman Croup Limited, 1985; McDonnell, L., & Elmore, R., "*Getting the Job Done: Alternative Policy Instruments*", *Educational Evaluation and Policy Analysis*, 1987, 9 (2).

业状态的教师教育基本政策（共 11 项）、教师培养、培训一体化政策（共 10 项）、教师职前培养政策（共 40 项）、教师入职教育政策（共 1 项）、教师在职培训政策（共 109 项）以及包括师范院校资源配置、招生、师资、教师标准、教师规范管理、教师待遇保障、教师表彰奖励、师范生就业等与教师教育发展密切相关内容的其他教师政策（共 334 项）。

（二）分析方法

本文运用政策文本分析法，以“政策工具—价值”二维框架为编码依据，借助 NVivo12 软件对 554 项教师教育政策共计 2873 条款中的“政策工具”话语与“价值”话语进行逐一编码①，分别以 1（是）和 0（不是）进行赋值，具体编码内容如表 1 所示。

表 1　“政策工具—价值”二维分析框架编码示例（以《中华人民共和国教师法》为例）

话语要素		编码内容	示例
政策工具	规制	义务性或强制性语言陈述	国务院教育行政部门主管全国的教师工作。（《中华人民共和国教师法》第五条第一款）
	倡导	鼓励性或号召性语言陈述	国家支持和鼓励社会组织或者个人向依法成立的奖励教师的基金组织捐助资金。（《中华人民共和国教师法》第三十四条）
	能力建设	关于个体或机构权利和义务的语言陈述	教师享有下列权利：（一）进行教育教学活动……（六）参加进修或者其他方式的培训。（《中华人民共和国教师法》第七条）
	系统变化	指向变化和改革的语言描述	国家实行教师资格制度。（《中华人民共和国教师法》第十条）
价值	权力	包含政策对象、职责的语言描述	各级人民政府应当采取措施……提高教师的社会地位。（《中华人民共和国教师法》第四条）
	经济	涉及财政、经济待遇、资源设备的语言描述	国家支持和鼓励社会组织或者个人向依法成立的奖励教师的基金组织捐助资金。（《中华人民共和国教师法》第三十四条）

① 编码对象要求至少同时对应一项政策工具与一项价值，不同时涉及这两项内容的政策条款不纳入本研究的编码范围。

续表

话语要素		编码内容	示例
价值	知识	涉及教学、科研等活动的语言描述	教师是履行教育教学职责的专业人员，承担教书育人，培养社会主义事业建设者和接班人、提高民族素质的使命。（《中华人民共和国教师法》第三条第一款）
	技术	涉及教师教育模式/技能/方法的语言描述	不断提高思想政治觉悟和教育教学业务水平。（《中华人民共和国教师法》第八条第六款）
	福利	涉及待遇和便利条件的语言描述	教师的医疗同当地国家公务员享受同等的待遇……医疗机构应当对当地教师的医疗提供方便。（《中华人民共和国教师法》第二十九条）
	荣誉	涉及表彰或嘉奖的语言描述	对有重大贡献的教师，依照国家有关规定授予荣誉称号。（《中华人民共和国教师法》第三十三条第三款）
	意识形态	涉及观念、观点、思想、意识的语言描述	对学生进行宪法所确定的基本原则的教育和爱国主义、民族团结的教育，法制教育以及思想品德、文化、科学技术教育。（《中华人民共和国教师法》第八条第三款）
	共同愿景	关于计划、规划或目标的语言描述	为了保障教师的合法权益，建设具有良好思想品德修养和业务素质的教师队伍，促进社会主义教育事业的发展，制定本法。（《中华人民共和国教师法》第一条）

三　研究发现

改革开放以来，我国共颁发 554 项教师教育政策，从历史维度上看，我国教师教育政策的年平均发文量约为 13 项，最低政策发文量为 4 项（1979 年、1982 年、1984 年、1985 年与 1999 年），最高政策发文量为 30 项（2010 年）（见图 2）。根据各个时期发文数量及主题上的差异，我国教师教育政策发展历程可分为恢复调整阶段（1978—1984 年）、体制改革阶段（1985—1995 年）、专业发展阶段（1996—2005 年）以及特色建设阶段（2006—2021 年）四个阶段。

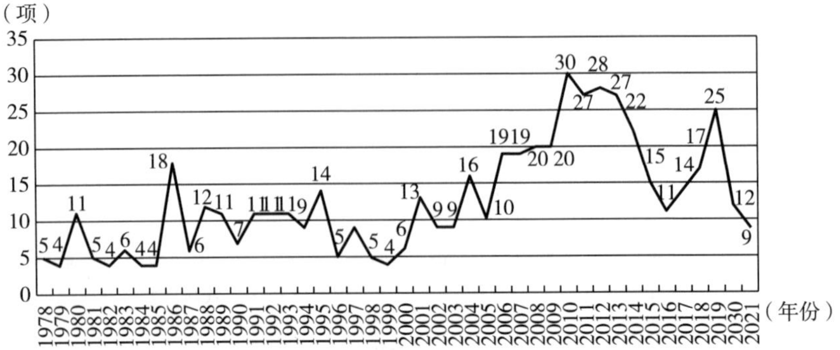

图 2　我国教师教育政策数量趋势（1978—2021 年）

（一）我国教师教育政策的历史变迁及其阶段特征

1. 恢复调整阶段（1978—1984 年）

改革开放初期，教育领域刚刚恢复建设，基础教育师资缺口大、教师文化业务水平不足等问题严重。1978 年 10 月，教育部颁发了改革开放以来师范教育领域第一部纲领性文件——《关于加强和发展师范教育的意见》（以下简称《意见》），提出“为提高整个中华民族的科学文化水平，今后三五年内，师范教育要以提高教师文化业务水平为目标的学历补偿教育为发展重点。”① 在《意见》的指导下，《关于办好中等师范教育的意见》（1980）、《关于进一步加强中小学在职教师培训工作的意见》（1980）、《关于大力办好高等师范专科学校的意见》（1980）等一系列配套政策相继颁发，基本恢复“文化大革命”前师范教育发展水平。据统计，1978—1984 年，全国高等师范院校由 157 所增至 242 所，教育学院发展到 218 所，② 初步缓解了中小学师资短缺压力。总体而言，该阶段教师教育政策主要以“扩大师范教育规模、发展学历补偿教育”为发文主题，以旨在实现恢复发展国民经济的经济价值为主要内容。因教育部刚恢复不久，教育领域各项工作的归属不清，发文机构组成结构复杂，年平均发文量较低，仅为 6 项。

2. 体制改革阶段（1985—1995 年）

进入 1985 年，教师发展与现代化建设需求不相适应的问题日益突出，

① 何东昌:《中华人民共和国重要教育文献（1976—1990）》，海南出版社 1998 年版。

② 《中国教育年鉴（1982—1984）》，湖南教育出版社 1986 年版，第 66、63 页。

师范教育体制改革成为新时期教育事业发展的主要着力点。这一阶段教师教育政策制定主要围绕三大主题展开：一是提高教师地位与待遇。以1985年《关于教师节的决定》的发布为分界线，国务院与教育部等多部委相继发布了《关于高等学校、中等专业学校、中小学教职工工资制度改革问题的通知》（1985）、《关于提高中小学教师工资待遇的通知》（1987）等多项政策文件，教师的地位与待遇显著提升。二是拓宽教师培养渠道。1986年2月，国家教委颁发《关于加强在职中小学教师培训工作的意见》，提出要“充分调动各教师进修院校、高等学校、中等专业学校以及广播、电视、电化教育机构和社会各方面力量的积极性，广开渠道，举办多种层次、多种形式的培训。”[①] 随后，教育部出台了《电视师范教育管理办法（试行）》（1989）、《关于加强高师函授、卫星电视教育、自学考试相沟通培训中学教师教学和管理工作的意见》（1993）等多项旨在发展其他教师培养、培训方式的政策文件，极大地拓宽了中小学师资来源。三是促进师范教育法制化。1986年4月，我国颁布了《中华人民共和国义务教育法》，要求“国家采取措施加强和发展师范教育，加速培养、培训师资……建立教师资格考核制度，对合格教师颁发资格证书”。[②] 1993年10月与1995年12月，《中华人民共和国教师法》与《教师资格条例》分别实施，从法律上正式确立了教师的专业地位与资格，为教师专业素养提升提供了法律保障。该阶段教师教育政策主要以“体制改革”为发文主题，以旨在实现为国家现代化战略服务的政治价值为主要内容。因尚处于师范教育体制改革探索初期，所涉主题较为分散，发文量波动较大，极差值（最高值与最低值的差）高达12项。

3. 专业发展阶段（1996—2005年）

20世纪末，极速扩张的师范教育规模以及终身教育理念的发展，为新世纪师范教育体制改革的进一步深化奠定了基础。1996年12月，第五次全国师范教育工作会议召开，指出“从现在起到本世纪末或下世纪初师范教育改革和发展的方针是：坚持方向，深化改革，优化结构，提高质

---

① 何东昌：《中华人民共和国重要教育文献（1976—1990）》，海南出版社1998年版，第2372页。

② 何东昌：《中华人民共和国重要教育文献（1976—1990）》，海南出版社1998年版，第2415页。

量，促进发展，提高效益”，[①] 标志着我国师范教育正式完成了由以扩大规模为基本特征的学历补偿教育，到以提升教师质量为根本核心的教师专业教育转变。1999—2001 年，教育部先后颁发《中小学教师继续教育规定》（1999）、《〈教师资格条例〉实施办法》（2000）、《关于首次认定教师资格工作若干问题的意见》（2001）与《教师资格证书管理规定》（2001）等政策文件，致力于提高中小学教师队伍整体素质，为教师的专业化建设提供了有力保障。2001 年 5 月，国务院颁发《关于基础教育改革与发展的决定》，提出以“教师教育”替代“师范教育”概念，并要求“完善以现有师范院校为主体、其他高等学校共同参与、培养培训相衔接的开放的教师教育体系。”[②] 2004 年 3 月，教育部出台《2003—2007 年教育振兴行动计划》，再次强调要“构建以师范大学和其他高水平大学为先导，专科、本科、研究生三个层次协调发展，职前职后教育相互沟通，学历与非学历教育并举，促进教师专业发展和终身学习的现代教师教育体系”。[③] 该阶段教师教育政策主要以“促进教师专业发展”为发文主题，以旨在实现满足基础教育发展需求的知识价值为主要内容。因国家语委并入教育部，教育部师范教育司的职能扩大且愈加明确，与其他部门联合发文情况较少，发文量趋于稳定。

4. 特色建设阶段（2006—2021 年）

新纪元伊始，“普及和巩固义务教育”与实现特色发展成为基础教育领域改革的主旋律。为保障《中华人民共和国义务教育法》在新阶段的顺利实施，为人民提供更多更满意的教育，教师教育领域出台了一系列重大举措：一是强化质量提升。2007 年 5 月，《教育部直属师范大学师范生免费教育实施办法（试行）》颁布，在教育部直属师范大学实行师范生免费教育政策，通过吸引更多优秀青年终身从教，提高教师队伍整体素质。2012 年 8 月，国务院印发《关于加强教师队伍建设的意见》，明确提

① 国家教育委员会师范教育司编：《全国师范教育工作会议文件汇编（1—5 次）》，东北师范大学出版社 1997 年版，第 187 页。

② 《中国教育年鉴（2002）》，人民教育出版社 2002 年版，第 65—66 页。

③ 《国务院批转教育部 2003—2007 年教育振兴行动计划的通知》，教育部官网，http://www.moe.gov.cn/jyb_xxgk/gk_gbgg/moe_0/moe_1/moe_4/tnull_5323.html.

出要“全面实施教师资格考试和定期注册制度。”① 2013 年 8 月，教育部相继发布《中小学教师资格考试暂行办法》《中小学教师资格定期注册暂行办法》，2021 年 4 月，教育部办公厅印发《中学教育专业师范生教师职业能力标准（试行）》等五个文件，对师范生职业能力及其培养进行规范。二是更加注重教育公平。2020 年 7 月，教育部等六部门联合发布《关于加强新时代乡村教师队伍建设的意见》，为乡村教师职业素养提高、职业成长通道的拓展等提供政策支持。三是以师范院校为主力，建设中国特色师范教育体系。2014 年开始，教育部先后发布《关于实施卓越教师培养计划的意见》（2014）、《关于全面深化新时代教师队伍建设改革的意见》、《关于实施卓越教师培养计划 2.0 的意见》以及《教师教育振兴行动计划（2018—2022 年）》等多项教师教育综合指导性文件，指明了教师教育领域未来发展方向。总体而言，该阶段教师教育政策立足我国教师教育实际，以“强化教师教育师范性特色”为发文主题，话语多呈现旨在实现建设中国特色教师教育体系的技术价值。在建设初期，新的话语体系走上快车道，政策数量进入大发展时期，年平均增长率达到 5%；随着体制机制的逐渐完善，近两年相关发文数量回落。

（二）我国教师教育政策的“政策工具—价值”话语结构

根据“政策工具—价值”二维分析框架对 554 项教师教育政策文本中符合编码条件的总计 2873 条政策条款进行编码，进一步分析不同价值与政策工具在教师教育政策中的组合情况，以及决策者的实际偏好。通过统计发现，2873 条政策条款中共分布有 203 种“政策工具—价值”组合类型，其中，有十二种“政策工具—价值”组合类型出现频次最高（每一种类占总数比重在 1%以上），总计占比高达 78.49%。规制与倡导等显性政策工具是决策者在制定教师教育政策条款时最为依赖的两种政策工具。其中，规制类工具的最常使用对象是技术、知识、权力以及经济 4 种实体价值，分别占比 33.28%、16.25%、9.95%与 5.71%。相较于规制类工具，倡导类、能力建设类以及系统变化类政策工具的隐蔽性更强一些，符号价值内容通常采用这三类工具。特别是经济价值通常不使用能力建设

① 《关于加强教师队伍建设的意见》，中国政府网，http://www.gov.cn/zwgk/2012-09/07/content_2218778.htm.

类和系统变化类政策工具，共同愿景价值一般采用能力建设类工具。

（三）我国教师教育政策建构过程中的价值问题

1. 价值目标游离：文本价值目标与应然价值目标不相匹配，政策实效性不足

我国教师教育政策的制定主要由以教育部为代表的官方制定者主导。这种主体特征直接决定了我国教师教育政策的文本价值目标主要由官方制定者根据自身知识域进行判断和选择。在教师教育政策文本中，文本价值目标主要通过共同愿景价值话语内容体现。受官方制定者代表的政治身份与阶级利益及资源限制等因素影响，文本价值目标只能以最大程度顾全全局利益为标准，而往往难以兼顾少数群体/个体利益，导致政策实效性不足。如改革开放初期，针对“中小学师资缺额巨大，教师队伍质量严重下滑”“学历不达标教师群体大量存在”的教师教育发展实际，教育部在多项教师教育政策文本中建构了对中小学教师队伍进行学历补偿教育的共同愿景价值话语。然而，由于未为政策提供适当的经费保障，政策的后续推进难以进行，造成政策实效与文本价值目标有所偏差。后续颁发政策对此项进行调整，纳入经费（规制—经济）与各部门权责（规制—权力），补充政策文本价值目标实现的保障性内容，一定程度上缓解师范教育的办学压力。此外，教师教育师范性的缺失以及师德建设成效不明显等问题都源于教师教育政策决策过程中对应然价值目标的考虑欠缺。

2. 政策工具单一：显性工具与隐性工具比例失当，政策执行阻力大

当前我国教师教育政策工具的使用主要以显性工具（能直观地被政策对象感知到的政策工具）为主，仅使用显性工具的政策条款数（包括规制—倡导组合类型）占政策条款总数的比例高达 89.18%，仅使用隐性工具（调控功能具有较强隐蔽性的政策工具）的政策条款数（包括能力建设—系统变化组合类型）仅占政策条款总数的 3.03%；而既使用显性工具又使用隐性工具的政策条款数仅占比 6.82%。2003 年以来，能力建设与系统变化类等隐性类政策工具的使用量有所增加，然而年均占比仅为 5.72%和 0.93%，仍维持在极低水平（见图 3）。前文已述，在教师教育政策价值与政策工具组合频次最高的十二种类型中，前十二种类型都是与显性政策工具的组合。规制和倡导类显性工具的大量使用以及政策工具组合类型少、所依赖的政策工具效果过于简单粗暴、组合结构不合理等现

象，容易造成教师教育政策对象难以理解，政策执行阻力较大，或是形式主义泛滥等问题。因此，为满足实现政策目标的实际需要，我国教师教育政策亟须实现政策工具使用技术的提升与政策工具组合结构的优化。

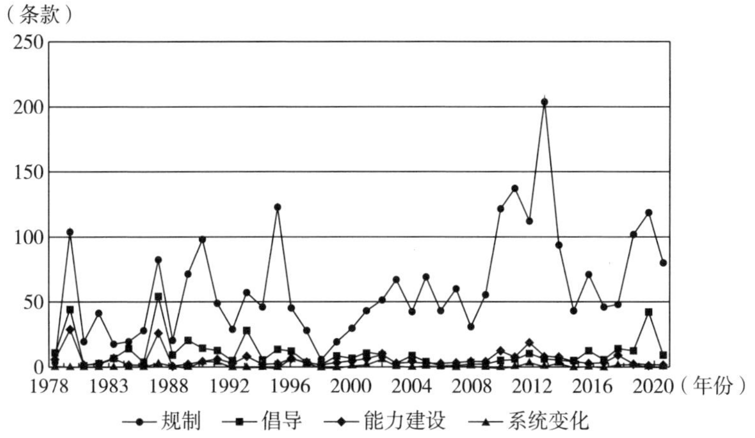

图 3 教师教育政策工具使用数量变化趋势（1978—2020 年）

3. 价值结构简单：实体价值与符号价值内容失调，教师主体性难以发挥

我国教师教育政策体系在改革开放以来的建设过程中逐渐形成了以实体价值为主体的价值结构，含有实体价值的政策条款总数超过含有符号价值政策条款总数的 11 倍之多。技术、知识、权力与经济等实体价值是教师教育政策价值体系中占比最多的价值内容，而荣誉、意识形态与共同愿景三项符号价值内容总和仍不及技术、知识和权力等单项实体价值占比，符号价值与实体价值的比例严重失调（见图 4）。由于具有系统性变革意义的意识形态价值的严重匮乏，我国当前的教师教育政策价值结构呈现由上而下的单向决策特点。教师教育政策的价值结构安排主要是为了巩固现存的权力关系，单向地输送决策者意识形态观念，对社会主体的价值矛盾处理不够彻底，教师主体对教师教育政策的价值话语建构过程的参与度低，教师教育政策价值话语中给予教师能动性发挥的空间有限，教师主体性难以发挥，致使最终颁发的教师教育政策文本价值代表性不足。

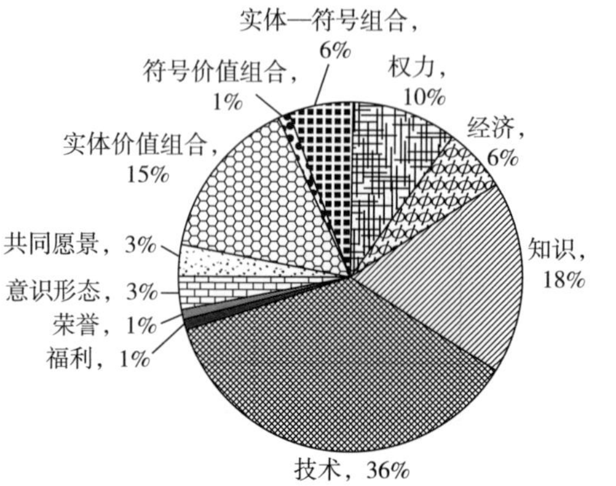

图4　教师教育政策价值的基本结构

4. 高位价值缺失：价值导向以社会价值为主，教育根本价值难以实现

改革开放以来，教师教育政策发展的四个阶段分别体现了对经济、政治、知识和技术等外在价值的追求，却忽视了教师教育与基础教育的内在联系，实际上矮化了教师教育政策社会价值，偏离了教师教育政策的根本价值——实现学生个体发展。在教师教育政策文本中，知识、经济、技术与福利等价值，主要是为个体价值的实现创造包括物质、制度等社会价值，而权力、荣誉与意识形态等价值则为丰富个体精神世界，提高个体促进自我价值实现与发展的能力。如图4所示，我国教师教育政策文本中权力（10%）、荣誉（1%）与意识形态（3%）这三类与个体价值实现直接相关的价值内容占总量的14%。20世纪80年代开始，随着教师职业道德价值（作为意识形态价值的二级指标编码）受到越来越广泛的社会关注，以“师德建设”为主题的教师教育政策（共19项）逐渐增多，然而总量也仅占政策总数的0.66%。总体而言，当前我国涉及教师职业道德价值的教师教育政策及条款内容较为宽泛，没有细化指标，且缺乏配套政策，高位价值缺失问题突出。

四　我国教师教育政策价值话语的重构路径

分析改革开放以来我国教师教育政策历经的四个发展阶段及其特征和

我国教师教育政策价值话语建构过程中存在的价值问题发现，我国教师教育政策价值话语的重构路径主要有以下四个方面。

（一）推动文本价值目标与应然价值目标的积极契合

现实中，导致文本价值目标与应然价值目标之间存在差距的原因主要来自两方面：一是教师教育政策文本价值目标设定不合法，即教师教育政策文本价值目标未被政策对象认同并自觉地予以践行。二是教师教育政策目标设定不合理，即教师教育政策文本价值目标不合乎教师教育本身的发展逻辑，无益于教师教育问题的解决和教师教育事业的真正发展。显然，教师教育政策文本价值目标设定得模糊不清，或是与应然价值目标不相匹配，都将导致政策实然价值目标对应然价值目标的偏离，导致政策的失效与失败。

实现文本价值目标与应然价值目标之间的积极契合，要求未来教师教育政策制定要更加科学化和民主化。教师教育政策制定的科学化包括两方面内涵：一是教师教育政策目的的确立与政策工具的选择要更加科学。教师教育政策目标的确立要充分考量资源限制以及教师教育发展的客观实际，以教师教育问题的有效解决为准绳，准确把握政策问题的主要矛盾与根本冲突，形成内容清晰、层次分明、标准明确的教师教育政策目标体系，便于政策实施与评估活动的顺利开展。二是教师教育政策制定要遵循教师教育理论与政策科学研究理论，尊重教育发展规律和人才成长规律以及政策科学制定原理。教师教育政策制定的民主化是指教师教育政策应提高除官方制定者以外其他政策相关主体，尤其是教师教育政策的直接主体（基础教育阶段学生和师范生/教师）的利益代表与表达能力，扩大他们的决策影响力，推动教师教育决策类型的丰富以及决策程序的公开，致力于创建一个更加民主、公正的教师教育决策环境。

（二）促进显性工具与隐性工具的有效协调

在教师教育政策的执行过程当中，政策工具的选择与运用会对政策目标的实现产生直接影响。“是否能够有效达成政策目标、被政策对象接纳”是判定政策工具选用是否恰当的基本标准。此外，政策工具的特性、政策工具应用时的现实语境和决策者偏好同样会对政策工具选用产生影响。首先，根据政策工具的特性判断，显性工具一般带有不同程度的强制性，具有明确的政策目标，适用于短期内亟须实现的价值内容；而隐性工具一般不含有具体举措，政策目标的实现主要依靠政策对象的自觉遵守，且作用时间较长，适用于短期内较难实现的价值内容；根据政策工具应用时的现实语境判断，政策工具的选用需考虑当时人力、物力资源以及财政等社会经济条件，当哪项资源较为充沛时，决策者更容易采用该项资源密集型政策工具，如当经费充足时，教师教育政策更易采用倡导类工具，激励、鼓舞有关政策对象切实执行政策；决策者偏好受到决策者对政策的认知程度、对政策的预期达成结果的判断以及上述两类因素影响，具有不可预测性。

科学制定教师教育政策，要求决策者要在正确认识并把握不同政策工具的基本特性基础上，合理选用相应的政策工具，对显性工具和隐性工具进行优化组合，取长补短，克服单项工具应用的片面性。面临显性工具和隐性工具使用量严重失衡的现状，我国教师教育政策条款中首先应大幅提升隐性工具的使用量；其次要提高显性—隐性政策工具组合在政策条款中的使用比重，积极尝试使用两种以上的显性—隐性政策工具组合类型；最后要改善隐性工具—价值组合类型以隐性工具—技术价值组合为主的状况，增加隐性工具—意识形态价值、隐性工具—权力价值、隐性工具—福利价值等组合类型的使用。例如，运用5G技术进一步提高教师的教育教学技术（技术价值），既需要以教师培养方案等形式明确要求加强教师有关5G技术知识的学习（规制类显性工具），又需要提高教师运用5G技术教学的意识与能力（能力建设类隐性工具），改进教师评估制度（系统变化类隐性工具）。显性工具与隐性工具的搭配使用，可以有效化解两者之间的长短效矛盾，促进政策目标的成功达成。

（三）确保实体价值与符号价值的均衡分布

实体价值与符号价值在教师教育政策价值系统中承担着不同的社会建构功能。不同结构的教师教育政策价值系统将会产生不同的政策结果与效用。在以实体价值为主的教师教育政策价值系统中，教师教育政策侧重于资源的调度以及行为的规约，有助于物质、人力等资源与政策对象行为的高效管理。然而，由于该系统对政策对象精神层面的关注较少，将易导致政策对象思维固化，教师教育政策体系缺乏创新。在以符号价值为主的教师教育政策价值系统中，教师教育政策重视政策对象的精神需求，关注政策对象思维意识的转变与能力的提升，有助于形成新的权力关系，助推教师教育政策体系的创新与发展。然而，由于该系统对资源的供给关注较少，将易导致政策目标难以真正落地。

在教师教育政策中，教师既有作为客体，接受更好、更优质的教育以及表达个人诉求的需求，又有作为主体，平等地获得专业发展机会以及实现人生价值的需求。[①] 因此，未来我国教师政策的制定应重视教师的主体、客体需求，逐步提高权力和意识形态等与发挥教师主体性作用密切相关的价值内容在教师教育政策文本中的比重：一方面，赋予教师更多的自主权（拓宽教师参政议政权力、确立教师参与教师教育政策决策的合法性定位、确立以教师协会为主的第三方评价机构建立教师职业标准、教师教育机构等评价标准的合法性地位等）。另一方面，增强教师的批判创新意识，使教师敢于向不公正的社会制度提出挑战，并培养出具有批判创新意识的学生。只有确保实体价值和符号价值的均衡分布，充分发挥教师的主体性作用，我国教师教育政策才能够形成一个良性的发展循环，教师教育和教育事业才能够获得真正的发展。

（四）实现个体价值与社会价值的和谐统一

极端地追求社会价值的教师教育政策是虚无的，带来的任何形式的发展都将是无法长久的；极端地追求个人价值可能引发“办班热”“辅导热”“择校”“走后门”“考试移民”“考试舞弊”等各种社会公正问题。只有在个体价值与社会价值的和谐统一的情况下，教师教育政策才能发挥其最大效用。实现个体价值与社会价值的和谐统一，要求教师教育政策应以建设“在那里每个人的自由发展是一切人自由发展的条件”的共产主义社会[②]为发展方向，为个体的自我实现与发展提供必要的物质基础、精神条件和制度保障。这就要求教师教育政策要实现从追求外在价值到追求内在价值的转变，以个体价值的实现与发展达成社会价值的实现与发展，最终构建一个适宜每个孩子自我实现与发展的社会。

促进个体价值的实现与发展包括促进师范生/教师的自我实现与发展

① 孙绵涛等：《中国教育政策前瞻性研究——基于教育政策内容、过程、环境和价值的分析》，科学出版社 2018 年版，第 234 页。

② 马克思、恩格斯：《共产党宣言》，转引自《马克思恩格斯选集》（第一卷），人民出版社 1995 年版，第 294 页。

和促进基础教育阶段学生的自我实现与发展。促进师范生/教师的自我实现与发展，要求要将教师作为教书育人的“大先生”看待，在具体教师教育政策制定过程中始终以“维护教育职业的崇高性与纯洁性”为基本政策导向，持续提高教师的社会地位、规范以教师资格制度为核心的教师准入制度、开发符合教师职业育人特性的教师教育课程，以促进教师个性化发展为目标，进一步完善教师在职培训制度与管理制度。促进基础教育阶段学生的自我实现与发展是促进师范生/教师的自我实现与发展的基本前提和根本落脚点，主要可以从促成“选拔与招募具有社会公正品格的教师”“开设与开发旨在促进学生个性化发展的课程与教学法”“制定基于学生进步的学生学业和教师教学评估办法”等内容建构的政策角度考虑。

Research on the Construction of Value Discourse of Teacher Education Policy in China—Based on the Text Analysis of Teacher Education Policy from 1978 to 2021

Chen Tingting

Abstract: From the theoretical perspective of critical discourse analysis, the production process of teacher education policy is essentially the construction of value discourse in the text of teacher education policy. With the help of the classification method of Harold Lasswell' s policy value system and the model of Mcdonald' s policy tool, this paper constructs a two-dimensional framework of policy tool - value for value discourse analysis based on the coding analysis of 554 articles of teacher education policy issued from 1978 to 2021 in China. The research finds out that China' s teacher education policy has gone through four stages, namely, the stage of restoration and adjustment (1978 - 1984), the stage of system reform (1985-1995), the stage of professional development (1996-2005) and the stage of characteristic construction (2006-2021) and has realized the value direction transformation from economy, politics, knowledge to technique. During the process, problems are increasingly prominent such as the text value goal deviates from the ought-to-be value goal, the policy tool is unitary, the value structure is unbalanced and the high position value lacks. To realize the scientific formulation of teacher education policy and to promote the establishment of a discourse system for teacher education policy with Chinese characteristics, China's teacher education policy in the future should reconstruct the value discourse from four aspects: promoting the positive agreement between the text value goal and the ought-to-be value goal, strengthening the effective coordination between the explicit tool and the implicit tool, ensuring the balanced distribution of the entity value and the symbolic value, and realizing the harmonious unity between the individual value and the social value.

Key words: Teacher Education Policy; Value Discourse; Policy Tool; Text Analysis; Social Construction

课程思政

“会计学原理”课程思政建设的探索与实践*

徐媛媛　陈　颖　刘春奇**

摘　要：课程思政建设的关键是充分挖掘专业课程中的思政教育资源，并将其有机地融入专业知识的教学之中。本文讨论财经类专业基础课程“会计学原理”的课程思政建设问题，从知识传授、能力培养、价值塑造的育人目标出发，深入梳理课程教学内容，挖掘课程思政元素，并从教学策略、教学方法和教学评价等方面探索“会计学原理”课程思政的教学改革路径，指出在课程思政建设路径探索中需要注意的问题，以期发挥好专业课程课堂育人的“主渠道”作用。

关键词：课程思政；教学改革；教学策略；教学评价

“培养什么人？怎样培养人？为谁培养人？”是目前我国高等教育发展需要思考的时代课题。2018 年 9 月，教育部在《关于加快建设高水平本科教育全面提高人才培养能力的意见》中正式提出“课程思政”概念；2020 年 5 月，教育部印发《高等学校课程思政建设指导纲要》（以下简称《纲要》），明确要求“全面推进高校课程思政建设，发挥好每门课程的育人作用，将显性教育和隐性教育相统一，形成协同效应”。近年来，课

---

* 基金项目：上海高校青年教师培养资助计划“课程思政改革中会计学课程教学设计研究”（项目编号：ZZLX18003）；上海立信会计金融学院会计学院教学研究与改革项目“《会计学原理》课程思政建设与教学探讨”。

** 作者简介：徐媛媛，上海立信会计金融学院会计学院讲师；陈颖，上海立信会计金融学院会计学院讲师；刘春奇，上海立信会计金融学院会计学院讲师。

程思政已经是各方面高度重视的课程建设与改革问题，但建设过程中专业教育与思政教育“两张皮”的问题一直没有得到有效解决，专业教育与思政教育像两座相互隔绝的“孤岛”，无法较好地融合。[①] 课程思政不同于思政课程，思政的教育需要融入专业课程的教育当中，在专业知识的传递过程中，真正产生润物细无声的效应。[②]《纲要》在论述构建专业课程思政教学体系时，提出需要根据不同学科特色，深入挖掘提炼专业知识体系中所蕴含的思想价值和精神内涵。按照课程思政建设要求，作为财经类专业基础必修课程，“会计学原理”的教学目标就不只是为了培养掌握世界通用商业语言的财会专业人才，更应该思考的是“为国家培养什么样的财经专业人才？怎样培养这样的专业人才？培养的专业人才是为谁服务？”这一系列核心问题。要回答以上问题，就需要在学生初步掌握这门世界通用商业语言伊始，构建科学合理的课程思政教学体系。本文将从课程思政育人目标、思政要素挖掘、教学改革思路等方面展开论述，以期为财经类专业课程思政建设提供有益的参考。

一　课程思政育人目标

要充分发挥好课堂育人主渠道作用，实现“坚持立德树人，把培养和践行社会主义核心价值观融入教书育人全过程”的根本要求，财经类专业课程教学内容的设计必须紧紧围绕教学育人的三个目标展开：传授学生专业知识，培养学生专业能力，塑造学生正确的价值信念，以实现“知识传授、能力培养、价值塑造”三位一体的教育理念。围绕这三个方面的教学育人目标，“会计学原理”教学设计的主要内容体系如表 1 所示。

表 1　“会计学原理”课程育人目标

课程育人目标	主要内容
知识传授	1. 掌握会计的基本理论 2. 掌握会计的核算方法和处理程序 3. 理解会计规范

① 高德毅、宗爱东：《课程思政：有效发挥课堂育人主渠道作用的必然选择》，《思想理论教育导刊》2017 年第 1 期。

② 石书臣：《正确把握“课程思政”与思政课程的关系》，《思想理论教育》2018 年第 11 期。

续表

课程育人目标	主要内容
能力培养	1. 掌握综合应用会计核算方法处理企业经济业务的能力 2. 提升辩证认知、理性分析与解决现实财务问题的能力
价值塑造	1. 培养学生质疑和批判的科学精神 2. 培育和践行社会主义核心价值观 3. 深化职业理想和职业道德教育，激发学生专业使命感与责任感 4. 培育家国情怀，担当时代赋予的使命

从知识传授目标来讲，“会计学原理”课程思政不仅要让学生理解并掌握会计的基本理论、规范、核算方法和处理程序，而且要让学生在历史视角和全球化语境中认识我国现代会计制度发展的道路。如果只知道“怎么做账?”难免会让学生陷入一种机械僵化的记忆理解当中；而让学生了解我国现代会计制度的发展史，能够从历史纵向的维度了解我国现代会计制度建立的蜿蜒曲折性和从全球横向的维度理解会计制度的发展与国家经济发展的密切关系，就能够帮助学生建立对会计准则制度的立体认知，提升学生对学科知识的认知深度。

从能力培养目标来讲，“会计学原理”课程思政不仅要让学生理解“会计核算方法是什么?”还要激发学生思考在现实的财经案例中“为什么要这样做?”“这么做有什么局限性?”“还可以如何改进?”将体系化的知识聚焦到一个个生动的现实案例中，依托课堂讨论的协作学习，在争论沟通中，不仅有助于学生深入理解会计的基本理论与核算方法，更有助于提升学生辩证认知、理性分析与解决现实财务问题的能力。

从价值塑造目标来讲，“会计学原理”课程思政不仅要让学生对本学科职业价值产生内在认同，更要让学生有意识地去主动守护住他们的职业价值，认同社会主义核心价值观对于个人、企业和国家发展的重要价值与意义。当前中国经济发展与世界经济发展密不可分，面对世界百年未有之大变局，财经类专业课程思政更应激发学生作为国家未来财经管理专业人才的使命感与责任感，弘扬家国情怀，勇于担当新时代赋予当代大学生的历史使命。

二 课程思政资源挖掘

“会计学原理”是财经类专业的基础必修课，是一门理论与实务紧密联系的课程，具有丰富的思政教育元素。按照“会计学原理”课程教学大纲，教学内容可以划分为五大模块：第一个模块主要介绍会计学的基本理论和这门学科存在与发展的原因，让学生理解社会主义核心价值观在促进会计学科发展中的重要作用。第二个模块主要介绍会计学的记账方法和企业业务流程，让学生理解会计学记账方法背后的学科逻辑，并了解诚信、敬业等社会主义价值观对保证企业会计信息的真实性和可靠性所具有的重要性。第三个模块主要介绍会计记账依据与账务清查，帮助学生理解，在整个会计信息生成过程中，诚信的职业道德品质与法治保障的外部监督环境是保证企业会计信息生成有效性和价值性的关键基石。第四个模块主要介绍财务报表的编制方法和内容，帮助学生从整体上理解企业微观会计数据与国家宏观经济平稳运行之间的关系，使学生意识到，实现中华民族伟大复兴中国梦，作为财务工作者身上肩负的职业责任与担当。第五个模块主要介绍会计职业道德规范对企业运营管理规范性的影响，培养学生的诚信道德品质，从而将财经从业人员的职业道德要求与社会主义核心价值观有机地结合在一起。整个教学内容模块的设计将社会主义核心价值观贯穿其中，最后从社会主义核心价值观对财经从业人员职业发展的重要性影响角度进行总结与提炼。具体的课程思政要素如表 2 所示。

表 2　“会计学原理”课程思政元素

知识单元	序号	知识要点	课程思政元素
第一模块 “会计学基本理论”	1	1. 会计的定义、特点、职能和目标 2. 会计学科与会计职业 3. 会计的产生和发展	通过了解会计学科为何会产生与发展的历史背景，激发学生学习会计学这门商业语言以理解商业世界运行规律的学习动力，了解诚信价值观对会计学科发展的重要性，培养学生诚信的职业道德品质；通过了解人工智能的到来给国家社会经济与会计职业发展带来的挑战与机遇，明确个人发展与祖国前途命运紧密相连的同时，在学无止境的追求下，拥有以专业知识投身祖国未来建设的使命与担当

续表

知识单元	序号	知识要点	课程思政元素
第一模块"会计学基本理论"	2	1. 会计基本假设 2. 会计基础 3. 会计信息质量要求 4. 会计核算的基本程序与方法	通过理解会计准则对会计信息质量的要求，明确企业提供的会计信息对会计信息的使用者决策起着重要的影响作用，通过"安然事件"等真实案例的介绍，让学生能够深刻感知到财务造假对整个经济社会产生的严重经济后果，明确会计信息质量要求对个人职业发展与社会经济平稳运行的重要作用，帮助学生建立确保会计信息真实可靠的法治意识和职业道德意识，培养学生严谨的科学治学态度
	3	1. 企业的经济活动 2. 会计要素、会计等式和会计事项	通过了解企业经济活动和资金运动规律，让学生理解价值创造才是一个企业生生不息、不断发展的根本动力，创新与实干才是国家经济发展取得成功的关键。会计的记账体系是为了帮助我们更好地了解企业的核心价值和及时发现企业经营管理中存在的问题，而不是为了掩盖企业的问题，引导学生正确认知会计工作的意义与企业价值，培养创新和实干精神，树立正确的价值观念
第二模块"会计记账方法的原理与应用"	4	1. 会计科目与账户 2. 复式记账原理与借贷记账法 3. 总账与明细账的平行登记	通过了解借贷记账法在我国的发展历程，让学生认识我国经济发展的艰难历程，以及改革开放对我国经济发展的重要意义，让学生深刻感知开放是国家繁荣发展的必由之路，只有实行更加积极主动的开放战略，才能获得更多推动发展所必需的技术、人才与机遇。同时鼓励学生在生活中拥有更加积极主动的开放心态，以获得更多促进自身成长的资源与机会，帮助学生树立健康积极的心态和正确的价值信念
	5	企业在筹资业务、采购业务、制造业务、销售业务、利润与利润分配业务中的一般账务处理	通过在每一个企业经济业务环节中引入真实的财务造假案例，让学生了解到企业向社会提供不真实的财务信息，不仅会对个人和企业产生严重后果，还会影响整个社会和国家的稳定与发展，从而引导学生理解诚信和法治对社会经济平稳运行的重要意义；同时引入正面的案例进行对比，启发学生思考社会主义核心价值观在激烈的商业竞争环境中如何帮助个人与企业拥有核心竞争力，朝着更美好的未来发展，从而帮助学生树立正确的价值观

续表

知识单元	序号	知识要点	课程思政元素
第三模块“会计凭证、会计账簿与财产清查”	6	1. 会计凭证的概念与种类、会计凭证的填制与审核的方法 2. 会计凭证传递与保管的要求	通过掌握会计凭证的作用以及对其的记录、传递和保管方法的教学，让学生意识到会计凭证的真实有效对保障财务数据的可靠性具有重要意义，培养学生在今后岗位工作中监督经济活动、明确经济责任的法治意识和敬业精神
	7	1. 会计账簿的概念与种类 2. 会计账簿的设置与登记方法、错账更正方法、对账与结账方法	通过了解会计账簿的设置登记规则和对账与结账工作的重要性，让学生意识到真实可靠的会计数据源于日常工作的认真负责，培养学生规范严谨的工作态度和敬业精神
	8	1. 财产清查的内容与方法 2. 财产清查结果的会计处理	通过引入真实的财产清查案例，让学生意识到财产清查工作在保证企业账实相符，会计数据真实有效的重要意义，帮助学生理解微观企业账实相符对国家宏观经济平稳健康运行的重要性，培养学生的责任心和敬业爱国精神
第四模块“财务会计报告”	9	1. 资产负债表、利润表的编制原理和方法 2. 现金流量表、所有者权益变动表的编制原理和方法	通过财务报告编制的学习，让学生了解财务数据在帮助使用者发现企业经营管理问题上的重要作用，认识到作为财务人员保证会计数据真实有效对帮助企业健康可持续发展的重要意义，同时引导学生理解企业微观财务数据与国家宏观经济数据之间的关系，认识到会计数据的真实有效性对维护国家宏观经济运行的重要意义，从而帮助学生正确认识个人职业与国家发展之间紧密相连的关系，意识到自己身上肩负的职业使命，引导学生意识到财务工作者在实现中华民族伟大复兴中国梦中的责任与担当
第五模块“会计规范”	10	1. 会计法律法规体系 2. 会计诚信理论思想 3. 会计职业道德要求	让学生对真实的财务案例进行讨论分析，引导学生理解会计工作法律规范的意义，了解诚信品质是对会计数据能在商业社会中发挥重要作用的前提保证，启发学生思考遵守会计职业道德对个人职业发展的重要影响，帮助学生建立职业道德观念，培养学生诚信品质

三 课程思政教学改革

（一）教学策略

1. 挖掘会计知识体系中所蕴含的社会主义核心价值观内容

基于会计专业知识体系，深入挖掘如法治、诚信、敬业、爱国等社会主义核心价值观内容，并与专业知识分析、案例讨论紧密结合，以引导学生深刻理解社会主义核心价值观在推动个人职业发展、企业持续经营、国家经济健康运行中的重要作用。例如，在讲解会计记账基础时，基于权责发生制产生的社会信用基石，挖掘诚信这一思政要素，并结合具体的商业案例情境，通过问题的设置引导学生自己思考得出诚信的品质对于发挥会计真正价值、推动整个商业社会健康运行的重要意义，将诚信的价值观真正筑入学生心里。

2. 突出专业知识与社会经济问题的关联度

增强学生的思辨能力是本科教学中重要的培养目标，如何通过多种教学策略的使用，在夯实学生基础知识的同时，提升学生的科学理性和思辨能力是教学需要关注的核心问题。[①] 基于会计专业知识发展与现实问题的紧密联系性，以真实商业案例为载体，把由一个个知识点所组成的小课堂同社会大课堂结合起来，通过讨论与分析帮助学生探寻学科知识的本质，提升学生专业思维的深刻性和辩证思考的能力，使学生了解会计准则制定与实施过程中的法律法规和相关政策，引导学生关注现实问题，培养学生经世济民的专业使命感和责任感。

3. 强化实验操作中的规范性要求

在实验操作实践中，强调会计职业的规范性要求，让学生通过体验真实账务处理的流程，理解企业经济业务与会计活动之间的关系，认识理论与现实的差异，从而反思自身理论知识学习的成效，感知会计职业的规范和职业精神的重要性。

---

① 邱仁富：《“课程思政”与“思政课程”同向同行的理论阐释》，《思想教育研究》2018年第4期。

（二）教学方法实施

教学方法实施是将教学设计付诸实践的过程。为此，要科学把握教学设计与教学方法实施的有效性，制订“会计学原理”课程思政实施方案。课程思政实施方案需要以“会计学原理”教学大纲、课程教程等资料为根本，围绕“三位一体”课程育人目标，将教学设计有效融入课堂教学、课后研讨、实验操作等教学环节中。在教学过程中，围绕“社会主义核心价值观在帮助个人、企业和国家发展中发挥的作用是什么？”这一核心问题，教师可以运用各种新媒体手段，将启发式、互动式、参与式与案例式教学方法融为一体，引导学生自主思考得到答案。首先，在基础理论课堂教学环节，注重问题引入和启发式提问。在基础理论学习中，课程教学目标是让学生理解基础会计概念与方法。为了让学生对学习内容和目的有更深入的理解，教师可基于具体案例情境，采用问题引入和启发式提问的方式激发学生学习兴趣。其次，在课后学习巩固环节，注重互动式和参与式讨论扩展。教师可以在学习通等线上学习平台发起课后问题讨论，补充蕴含思政要素的相关阅读资料，将课堂上的理论知识融入课后扩展的阅读材料中，通过话题讨论等方式呈现自主思考过程。最后，在实验操作环节，注重提升学生实践能力和职业道德感。学生通过一个小型制造企业具体经济活动，掌握会计账务处理的流程与方法，在实践操作中，充分调动学生的学习积极性和主动性，培养学生的自主学习能力、实践能力和团队协作精神。

（三）教学评价

教学评价是当下高校课程思政建设实践中的难点问题。事实上，教育学有关课程评价的理论也在不断发展，从最初偏重从定量的角度去衡量学习的结果，到关注学习的过程，使评价在教学过程中能够有效发挥反馈和纠正的作用，从而改善学习的效果。① 课程思政的教学评价不只是某一教学环节上的单一改革，而是要从“以学生为中心”出发，注重综合考查学生对所学内容的理解和实际运用，完善综合素质评价体系，引导学生坚

---

① 高凌飚：《过程性评价的理念和功能》，《华南师范大学学报》（社会科学版）2004 年第 6 期。

定正确的理想信念，拥有良好的职业道德素养。因此，“会计学原理”课程思政的教学评价除了要重视对学习结果进行及时测验的“量”化过程外，还应对学习过程增加“质”的关注①。如表3所示，评价方式分为三个方面：将课程思政要素融入专业考核评价体系，建立清晰的评价标准以确立学生的方向感；通过完整的业务流程操作实现客观操作规范性评价，以保证学生的综合运用能力；通过课堂讨论和线上讨论的主观描述性反馈评价，以体现课程思政的价值引导性。

表3　　课程思政教学评价

评价方式	评价内容
融入专业考核评价 1. 课后线上练习 2. 期末闭卷考试	加入与职业规范和职业道德要求相关的知识点题目，考查学生对职业规范与职业道德要求的理解能力
客观操作规范性评价 实验操作作业	1. 通过一套完整企业账务处理流程的操作，考察学生的综合应用能力。 2. 通过考核学生实验操作的规范性，考察学生的职业素养与敬业态度
主观描述性反馈评价 1. 课堂讨论 2. 线上讨论	1. 提炼思政要素融入专业问题讨论中，通过收集学生的主观描述性回答，获得学生评价。 2. 通过学生互动讨论中的回答，考察学生的思辨能力，引导学生树立正确的价值信念

四　课程思政建设的路径探索

作为财经类专业的基础核心课程，“会计学原理”的教学目标不应仅仅只是培养掌握世界通用商业语言的财会专业人才，更应该思考的是，如何为国家培养拥有社会主义核心价值观的财经管理专业人才？在会计学专业课程教学中将社会主义核心价值观传递给学生，靠的不能是教师的“硬塞”，而是应该靠合理的教学设计引导学生主动“自取”。一词之差，反映的却是教师在探索专业课程思政建设路径中需要注意的核心问题。

① 李蕉：《高校思政课课程评价的意蕴与困境》，《高校马克思主义理论教育研究》2020年第1期。

（一）夯实专业基础

专业课程思政育人目标的第一位是提升学生的专业能力，忌空洞的思政教育，只有把学生的专业基础给打“实”了，才可能有价值引导的土壤。[①] 这需要教师，在教学内容上，深挖专业知识重点与难点，筛选教学案例强调科学性与启发性，讲透专业现象背后的本质问题，培养学生的理性思辨能力、科学严谨的态度和解决现实专业问题的能力；在教学手段上，重视教师引导与学生反馈相结合，强调以学生为中心，灵活运用多种教学方法，激发学生学习的主动性和探索欲；在教学考核上，建立及时反馈机制，采用多维度的考核方式，客观、全面地衡量学生的学习成效。

（二）激活思政要素

互联网时代成长起来的当代大学生拥有更强的批判性思维意识，专业课课程思政又不同于思政课程，教师如果只是“硬塞”式地强行灌输价值观，很可能会引起学生的反感与抵触[②]。课程思政建设强调“润物细无声”的教学方法，是一种隐性教育，这就要求教师必须联系真实商业案例，激活根植于专业课程中的思政要素。如果缺乏与真实商业社会的联系与解释，价值观是很难传递到学生心里的。专业课程教师在教学设计时要让思政要素“活”起来，与学生产生共鸣。要让思政要素“活”起来，就必须在结合具体商业案例情境时激发学生的疑问，引导学生思考“社会主义核心价值观在商业社会中发挥的作用是什么?”“为什么我们需要在当今竞争激烈的商业社会颂扬社会主义核心价值观?”“社会主义核心价值观对企业可持续发展的作用机理是什么?”进行具体的逻辑论证，让学生自己思考清楚原因，与价值观产生共鸣，这样才能让价值观真正筑入学生的心里。

（三）综合教学方法

课程思政的关键在于教学过程的隐形化、多样化与立体化，课程思政

① 李国娟：《课程思政建设必须牢牢把握五个关键环节》，《中国高等教育》2017年第3期。

② 刘淑慧：《“互联网+课程思政”模式建构的理论研究》，《中国高等教育》2017年第3期。

应该以多种形式呈现在教学过程的各个环节之中。① 不同教师在专业知识理解、思政要素挖掘以及教学风格呈现上存在较大差异，因此，应该拒绝单一范式的教学形式，鼓励教师发挥主观能动性，综合运用多种教学方法，将思政要素多维度、多层次地渗透在各个教学环节当中。教学评价也应该重点考察专业课程思政教学设计的综合性，从而形成立体的课程思政教学体系。

（四）重视课堂氛围

知识的传授要有深度，价值观的传递要有温度。线上线下混合式教学可以创造良好的学习氛围，课前，在线上教学平台抛出问题并提供资料，让学生相互讨论，激发学习兴趣；课中，营造宽松和谐的课堂教学氛围，让学生的个性思考得到充分展现与交流，并在讨论与互动中润物细无声地将课程思政元素筑入学生心中；课后，在线上平台丰富学习素材与资料，支撑学生的扩展探索。通过线上线下互动，让学生成为教学主体，教师只在其中发挥激发学习兴趣，引导学习方向，组织互动讨论的辅助作用。以学生学为中心，创造有激发性的教学情境，激发学生探索知识的热情，并参与到社会主义核心价值观在商业环境中的价值论证当中，才能引发学生切身的体会和认可，从而真正地做到将社会主义核心价值观筑入学生的心中。

五　结论与展望

会计是一种世界通用的商业语言。"会计学原理"是财经类专业的基础课程，由于其蕴含着丰富的思政教育元素，因此，可以说它是培养大一学生树立正确职业道德和价值信念的课程。本文通过对"会计学原理"这门课程思政元素的深入挖掘，从教学策略、教学方法和教学评价等方面探索了课程思政的教学改革路径，以期实现"三位一体"的育人目标：在知识传授方面，帮助学生建立起对会计准则制度的立体认知；在能力培养方面，提升学生辩证思考、分析与解决现实问题的能力；在价值塑造方

① 杜震宇等：《理工科课程思政的教学评价原则、标准与操作策略》，《思想理论教育》2020年第7期。

面，引导学生认同社会主义核心价值观对于个人、企业和国家发展的重要意义。

刚刚进入大学校园的大一学生，正处于专业价值认可的萌芽期，也处于世界观、人生观和价值观的建立期。面临“百年未有之大变局”，当代大学生将迎接诸多严峻的时代挑战。新时代的财经类专业课程思政教育需要我们拓宽视野、更新思路，积极研究与探索知识传授、能力培养与价值塑造相结合的课程思政教学体系，将教学设计、教学方法、教学评价等方面有机融合，以帮助学生顺应时代发展潮流，学会从理性与科学的视角去认识自己所学专业对国家经济发展的重要作用与价值，肩负起我们财经人的专业使命，成长为拥有社会主义核心价值观的财经管理专业人才，直面新时代所赋予的挑战。

The Exploration and Practice of Ideological and Political Education in the Course of Principles of Accounting

Xu Yuanyuan　Chen Ying　Liu Chunqi

Abstract: The key of ideological and political education in curriculum is to fully dig the ideological and political elements out of the curriculum and organically integrate them into the instruction of academic knowledge. This paper takes the Principles of Accounting as an example. Starting from the talents cultivation goals of knowledge instruction, ability training and value guidance, the paper summarizes the teaching content of the course deeply, digs the ideological and political elements and explores the path of teaching reform from teaching strategies, teaching method and teaching evaluation. It also points out the problems in the exploration of ideological and political education construction so as to play the mainstream role of on-class talent cultivation of academic courses.

Key words: Ideological and Political Education in Curriculum; Teaching Reform; Teaching Strategy; Teaching Evaluation

案例开发："经济学原理"课程思政建设探析*

黄　枫　王学博　常进雄**

摘　要：如何将课程的思政教育资源与专业知识有机地融合？这是课程思政建设的关键问题。"经济学原理"是经济学基础理论课程，在课程思政建设过程中，围绕中国特色社会主义和中华民族伟大复兴的中国梦、社会主义核心价值观、中华优秀传统文化等，开发了一批思政教育案例，从而将专业知识、真实世界和思政元素有机地结合起来，以实现专业教育与思政教育的双重教育目标，提高立德树人的成效。

关键词：课程思政；基础理论课程；思政教育案例

一　引言

课程思政是高校开展大学生思想政治教育的创新模式，也是实现"三全育人"的重要载体。经济学相关课程思政建设有何经验可循？郑迎飞以"投资学"课程为例，提出应遵循教育规律，设置专业教育和思政教育双重教育目标，以实现显性教育与隐性教育的结合，专业课程

* 基金项目：上海财经大学 2021 年课程思政项目经济学原理课程（项目编号：2021120035）；上海财经大学 2020 年党建育人基金研究项目"高校青年海归教师教学形成期课程思政意识强化研究"（项目编号：2020110648）。

** 作者简介：黄枫，上海财经大学经济学院讲席副教授；王学博，上海财经大学经济学院副教授；常进雄，上海财经大学经济学院教授。

知识传授与价值引领的统一。[①] 于晗、沙秀娟以“经济学概论”课程为例，探讨了该课程实施思想政治教育的必要性和可行性，根据课程特点设置德育目标，结合相关内容有机融入理想信念教育、爱国主义教育、社会主义核心价值观和党的十九大精神等内容，真正实现教书与育人相统一。[②] 毕晶以“经济学”课程为例，从教学内容的思政要素探究、教学方式的多样化浸润以及考核体系的多元化改革三个方面，探索实现课程思政的有效路径。[③] 总体上看，随着课程思政建设实践的不断深入，学术界对课程思政的讨论和研究逐渐形成一股热潮，但讨论依旧不够充分。

作为上海市课程思政重点改革领航学院，上海财经大学经济学院坚守“立德树人”根本任务，教学中坚持育人初心，激发教师教书育人的主体活力，鼓励教师以系、教研室为单位开展课程思政集中备课，共同商讨方案、明辨思路、选择案例、打磨教学课件等，针对课堂中学生存疑的知识点及时“复盘”，更好地实现思政育人元素与课堂知识点的“无缝”对接。在“经济学原理”课程思政建设过程中，学院根据本课程特点，围绕中国特色社会主义和中华民族伟大复兴的中国梦、社会主义核心价值观、中华优秀传统文化等，传承中国经济思想，总结中国经济发展奇迹，探索中国特色道路，坚定学生理想信念，提升立德树人的成效。考虑到案例教学具有说服力强、参与度高、互动性强等特点，学院根据教学内容，探索开发了一批“经济学原理”课程配套的思政案例，将专业知识、真实世界和思政元素有机结合，取得了良好的教学效果，受到教师和学生的一致肯定。

二 “经济学原理”课程特点

“经济学原理”是一门专业基础理论课，侧重于基本概念、基本规律

---

① 郑迎飞：《高校课程思政教学改革的思考——以〈投资学〉课程为例》，《高教学刊》2019年第4期。

② 于晗、沙秀娟：《“经济学概论”课程思政教学改革的探索与实践》，《教育教学论坛》2020年第5期。

③ 毕晶：《构建“课程思政”的“三位一体”——以〈经济学〉课程为例》，《山西财经大学学报》2020年第1期。

和基本理论的教学。通过学习，使学生能运用一些基本的经济分析方法和工具对有关理论和模型进行描述和分析，为学生学习经济学各领域专业课程筑牢基础。作为经济学本科生的必修课、核心课，"经济学原理"在建设课程思政示范项目方面有诸多的优势。

第一，改革开放以来，中国经济取得了辉煌的增长奇迹，中国从最初的一穷二白到如今经济繁荣，国力强大，成为世界第二大经济体。中国用40多年的时间，走完了其他国家需要上百年才能完成的工业化道路。中国的经济增长奇迹为学习和理解经济学提供了一个最好的范本，通过把课程的基本经济学原理与中国的经济快速发展的现实结合起来，可以帮助学生学以致用，更加深入地理解基本的理论，并尝试用理论分析中国的经济现实，增强学生的民族自豪感，培育学生的家国情怀，将来充满斗志地投入祖国的现代化建设事业中来。

第二，"经济学原理"课程内容也与中国当下的政治经济热点话题密切相关，在讲授课程的同时也引入现实热点话题，有助于引导学生树立正确的价值观。例如，在讲授自由贸易的好处相关内容时，可以讨论当下的热点话题中美贸易战。贸易战没有胜利方，而中国在面临贸易战时，应该如何最大化地降低其对自身的不利影响，也是大家需要思考的问题。在讲述这些内容的同时，也要引导学生正确理性地看待国际冲突，要理解只有祖国变得更强大了，才能在国际事务中拥有更多的话语权和主动权。在讲授公平与效率的关系时，可以与中国前段时间的"精准扶贫"政策和最近的共同富裕路线结合起来。中国的扶贫工程就是为了增进社会公平，让最贫困的那部分人也能够享受到经济发展的红利。在基本消除绝对贫困之后，党和政府又进一步提出共同富裕这一更宏大的目标，也是希望让我们的社会享有更多的公平。结合这个时政热点，可以帮助学生更好地理解国家的大政方针，时刻与党和国家的方针政策保持一致。

第三，"经济学原理"是一门基础性课程，具有完整的内容体系，所讲授的理论有充分的科学依据，相关的分析也非常严谨和理性。通过课程的学习，可以提升学生各方面的能力，尤其是辩证思考问题的能力，进而引导学生更深入地理解中国的经济现实和国家的各项政策，帮助他们把民族自豪感和家国情怀建立在更加坚实和理性的基础之上。

三 案例开发的目标、指导思想和总体思路

（一）案例开发的目标

“经济学原理”课程思政案例开发，其教学目标可以归结为以下几点：第一，通过教学使学生对市场经济运行机制的一般原理和规范行为有详尽的了解，并能运用基本的经济分析方法和工具对有关理论和模型进行一些实证性的描述和分析，增强学生本领；同时，在教学活动中介绍中外杰出经济学家的事迹，感动学生，增强他们的求知欲望。第二，通过介绍和分析中国经济增长奇迹背后的政府与市场关系，增加对中国经济发展的了解，增强制度自信和道路自信。第三，通过一般经济理论与中国经济成长的典型事例的介绍和分析，既增进对理论知识的理解，也增进对中国经济发展微观基础的理解。

（二）案例开发的指导思想

“经济学原理”课程思政案例开发遵循以下指导思想：一是案例必须深度挖掘“经济学原理”课程所蕴含的思想政治教育资源，发挥好本课程与思政课程相互配合、协同育人的功能。二是案例必须坚持正确的价值引领。在政治认同和国家意识层面，必须体现习近平新时代中国特色社会主义思想、四种意识、四个自信、四种思维、四个正确认识、理想信念、责任担当意识等；在品德修养和人格养成层面，必须坚持爱国、敬业、诚信、友善等社会主义核心价值观，以及讲仁爱、讲信义、孝亲敬老、以和为贵等中华传统美德。三是案例必须是真实、典型且含有问题的事件。一个教学案例就是一个包含有疑难问题的实际情境的描述，是一个教学实践过程中的故事，所阐述的是教学过程中“意料之外，情理之中的事”。案例讲述的是一个故事，是这个故事的产生和发展过程，是对教学现象的动态变化的掌握。案例是含有问题的事件，能够成为案例的事件，应该包含有问题或疑难情境在内，而且也可能包含有解决问题的方法在内。因为这一点，教学案例成为一种独特的研究成果的表现形式。案例的典型意义能给读者带来一定的启示和体会。

（三）案例开发的总体思路

"经济学原理"课程思政案例开发，总体上要结合本门课程的知识体系和内容，深入挖掘并拓展课程所蕴含的思想政治元素，并从理论自信、文化传承、国情教育、社会责任四个维度将社会主义核心价值观融入经济学教育教学全过程各环节。案例要从中国的典型人物、科学进展、重大事件、时政热点等素材中进行编写，具体而言：第一，扎根中国大地，讲好中国故事。用当代中国所取得的伟大成就激发学生自信，用中华民族伟大复兴的中国梦激励学生责任担当。第二，选择中国自己的杰出人物、经济学名师、上财名师先进事迹感动学生。第三，面向社会现实，有针对性地廓清学生思想迷雾。

四 案例开发与运用

"经济学原理"这门课程理论内容多，与现实生活联系紧密。上海财经大学经济学院以案例开发为抓手，以案例运用为手段，将课程专业知识教学与思政教育紧密结合，使课程思政建设目标落到实处。

（一）贴近生活，用鲜活的思政案例让经济学理论焕发光彩

经济学理论与现实生活密切相关。"经济学原理"课程思政案例的开发和运用可着眼于学生日常生活中关注的热点问题，并把相关的问题进行理论升华，以引导学生用所学理论解释现实问题，并在这个过程中形成正确的价值判断。下面我们以张桂梅校长"用教育阻断贫困代际传递"的感人事迹为例，阐述这一思政教学理念。

示例1：运用时代楷模事迹，好老师的案例更贴近学生生活。张桂梅校长扎根边疆教育一线40余年，默默耕耘、无私奉献，为了改变贫困地区女孩失学辍学现状，在党和政府以及社会各界的帮助下，推动创建了第一所免费招收贫困女生的高中，2008年建校以来已帮助1800多位女孩走出大山走进大学，用知识改变贫困山区女孩命运，用教育阻断贫困代际传递。从人力资本理论出发，教育是如何阻断贫困代际传递的？从经济增长理论来看，教育是如何提高生产率、促进经济增长的？通过在课堂上引导大家思考并用所学经济学理论分析这些问题，让大家亲身感受到经济学理

论是非常有趣和有用的，也通过理性的分析得出正确的结论，从而充分理解和支持我国当前普及义务教育、促进教育公平的政策。

贴近学生、贴近生活、有时效性的案例最受学生欢迎。案例没有绝对的对错之分，大都具有一定的思辨性，且存有一定的争议性。作为一名经济学专业基础课程的授课教师，如何更好地帮助学生理解和把握这门基础课，教会学生正确看待社会资源与配置的现实问题，是教学努力的方向。因此案例采取就地取材的形式，选用身边社会热点问题，既能帮助学生了解稀缺资源的分配竞争知识点，又能充分调动学生的积极性，在潜移默化中加深学生对于中国国情的理解，激发青年学子的爱国情怀。

（二）寓教于学，追求“润物细无声”的思政教育效果

在开发“经济学原理”课程思政案例时，要时刻记住听课群体是“00后”学生，首先要了解他们想知道什么？对什么样的问题感兴趣？想要通过思政教育环节获得什么样的信息？课程思政案例切忌假大空，要避免说教式的灌输，否则会使思政教育工作流于表面，也容易引起学生的抵触，实现不了课程思政建设的预期目标。现实生活中既有很多鲜活的事例，也有很多优秀的榜样，为我们树立了社会主义核心价值观的基本范式。这些先进的个人，其实也都是普通人，但他们以自己的切身行动践行了社会主义核心价值观，非常容易引起大家的共鸣。在讲述这些鲜活的案例时，学生更容易受到触动，从而自发地向正确价值观的方向靠拢。

（三）学以致用，用经济学理论解释中国发展奇迹

改革开放40多年来，中国取得了举世瞩目的经济发展奇迹，也因此日益成为世界经济发展的焦点和中心。在课程思政建设的过程中，我们应该充分利用这一宝贵素材，引导学生用所学的基本经济学理论解释中国的发展奇迹，并在这个过程中增强民族自豪感和家国情怀。下面以“中国经济发展奇迹：理论和现实”思政案例为例来说明这一思政建设理念的实践。

示例2：中国经济发展奇迹：理论和现实。首先，借助最受当代大学生喜爱的视频网站——“哔哩哔哩”的一段名为“IFs世界GDP动态演化与经济预测”的6分钟短视频，该视频配合气势恢宏的背景音乐，直观展示了1960年到现在全球各国GDP数据的动态排行。通过该视频，学

生目睹中国从"榜上无名"到一路筚路蓝缕、披荆斩棘赶超至经济体量全球第二的伟大历程。短短几分钟，就已经把中国特色社会主义的道路自信和中华民族伟大复兴的历史使命感悄悄地"种"在了同学心里。然后，引导同学利用所学的经济学理论去理解中国经济高速发展的现实。对于课堂上"00后"的学生而言，他们看到上海今日的辉煌，却未必了解上海在我国改革开放初期的样子。通过案例中上海的历史资料，通过今昔对比，帮助学生更好地了解上海这座城市的发展历程。抚今追昔，鉴往知来，教育莘莘学子不忘"来时路"，走好"脚下路"，坚定"未来路"，为祖国复兴、家乡富强贡献青春力量。

（四）西学东渐，讲述中国经济学故事

西方经济学理论体系自亚当·斯密的《国富论》始，经过200多年的发展，现已形成了一套完整的框架体系。西方经济学有一定的科学成分，这也是我们为什么要学习它的原因。但也应该认识到，西方经济学理论虽有其可取之处，但也并非完美无缺，在解释有中国特色的社会主义市场经济的时候也并不总能得到让人满意的答案。因此，在教学过程中，要引导学生进行批判的思考，在透彻理解其基本理论的基础之上，汲取其精华为我所用，并思考所学理论与中国经济现实的逻辑关联。学习经济学原理这门课程，就是为了让学生深刻理解中国社会主义市场经济的运行机制，理解中国当前的各项经济政策。因此，这门课程思政建设的重要目标之一就是在用西方理论讲述中国经济学故事时，引导学生确立正确的价值判断。下面以"人口与经济增长：中国问题与全球视角"思政案例为例来说明这一思政教学理念的实践。

示例3：人口与经济增长：中国问题与全球视角。人口增长对经济发展的影响一直都是经济学和人口学研究中重要的理论问题，对中国而言，这一问题具有尤为重要的现实意义。教材中的经济增长理论认为，更高的人口增长率会导致资本更稀薄的分摊，并最终降低长期经济增长率。但改革开放以来，中国在人口基数非常大的情况下取得了经济发展的奇迹，如何理解这一理论与现实的冲突？中国的发展事实告诉我们，人口对经济增长未必是坏事，人口多也意味着需求大，规模经济也有更大的潜力。回顾世界经济发展历程，人口快速增长可能是促进经济繁荣的关键驱动力。就中国而言，中国更多的人口其实成为中国发展的一个优势条件。改革开放

以来，人口和劳动力成本优势让中国在一个很低的起点上充分发挥自身的比较优势，取得了经济增长的奇迹。更多的人口带来了更大的市场和总需求，也给高铁、互联网等需要借助规模经济起飞的行业带来了空前的机遇，中国在一些技术领域走在世界前列很大程度上也是借助于人口和市场规模的优势。中国 1979 年开始实施计划生育政策，在该政策实施 30 余年以后，中国的生育率大幅降低，近些年来，低生育率已经成为一个新的社会问题。2015 年，中国人口政策开始转向，全面放开二胎，全面放开人口控制甚至鼓励生育成为新的政策风向。中国的人口控制政策影响了中国无数个家庭。

通过该思政案例的教学，可以帮助学生正确理解中国人口控制政策和经济发展的关系，以及中国人口控制政策最新变化的原因，并进一步引导学生正确理解国家的大政方针政策。

五 “经济学原理”课程思政建设效果

（一）“经济学原理”课程思政建设效果

在“经济学原理”课程思政建设过程中，通过开发和运用思政教学案例，以讲故事的形式、可视化的表达、差异化的传播、互动式的交流，提升了课程的时代感和吸引力。课程团队围绕学生，关照学生，服务学生，把握青年学生的思想特点、发展需求和学习状态，抓住学生的兴趣点、触动点和共鸣点，强化师生互动。教师认为，如今的课堂加入了案例教学，拉近了师生间的距离，调动了学生自主学习的积极性，大大增添了课堂活力，成就了一门有情有义、有滋有味、有声有色的课程。学生开始从“要我学”变成“我要学”，看到祖国和上海发展的“来时路”，学生激动地表示“太燃了”，课下主动与老师交流自己的理解和体会。“在完成课堂论文的同时，更多的是学会如何学习，如何获取知识，看待问题也更加全面和立体，也懂得了思辨的重要性。”同学在课程结束后在评教表上这样写道。这得益于教学团队提倡的“阅读经典书目”读书计划，以作业的形式要求学生从书目中选择感兴趣的书籍进行阅读，并撰写读书报告，课堂上还不定期开展小组分享交流会，极大地锻炼提升了学生的自学能力。

（二）完善"经济学原理"课程思政案例开发的计划

第一，继续结合中国国情开发和积累更多优秀的思政案例，在未来结集出版，将优秀的思政案例分享给讲授"经济学原理"课程的同行，丰富课程思政教育的素材，切实提升立德树人的成效。

第二，以课程思政案例教学为核心，将文献精读与启发研讨相结合，进一步提升课程思政的建设效果。通过案例教学来推动"经济学原理"课程思政建设，是一条比较简单且容易操作的途径，但如果想要取得更好的建设效果，还需要结合文献精读、结合学理阐释、结合社会现实。在教学方法上，要结合启发研讨，把专业知识和学生关心的问题相结合，开展课上课后研讨，激发学生自主学习动力。

Case Design：The Exploration of TheIdeological and Political Education in the Course of Principles of Economics

Huang Feng　Wang Xuebo　Chang Jinxiong

Abstract：How to integrate the ideological and political education source and academic knowledge organically is a key question in the construction of ideological and political education in curriculum. Principles of Economics is a fundamental theoretical course of economics. Centering on the socialism with Chinese characteristics, the Chinese dream ofnational rejuvenation, the socialist core values and the excellent Chinese traditional culture, the team forms many cases of ideological and political education and combines the academic knowledge, the real world and the ideological and political elements organically which helps to achieve the dual goals of academic education aswellasideological and political education and promote the effects of building morality and cultivating talents.

Key words：Ideological and Political Education in Curriculum；Fundamental Theoretical Course；Case of Ideological and Political Education

金融专业全英文课程的课程思政建设探索与实践*

朱小能　司　思**

摘　要：课程思政是高校落实立德树人根本任务的重要环节。目前，全英文课程思政建设工作还处于起步阶段，面临翻译标准化、学生接受力有待提升、全球化背景下中国话语体系建构等难题。上海财经大学金融学专业拥有国际化育人特色，开设了较多全英文课程。本文以问题为导向，以建设和优化全英文课程思政体系为着眼点，提出并落实建立翻译标准体系、搭建协同育人格局、构建中国话语转换体系等举措，以帮助学生提高职业道德素养、培育家国情怀，开阔国际视野、提升英语水平，从而推动形成"专业+思政"的育人合力，完善立德树人工作体系。

关键词：课程思政；全英文课程；立德树人

习近平总书记在全国高校思想政治工作会议上指出，高校要坚持把"立德树人"作为人才培养的中心环节，把思想政治工作贯穿教育教学全过程，实现全员育人、全程育人、全方位育人。同时指出，要用好课堂教学这个主渠道，使各类课程与思想政治理论课同向同行，形成育人协同效应。在党的二十大报告中，习近平总书记重申了教育要"落实立德树人根本任务，培养德智体美劳全面发展的社会主义建设者和接班人"，并强

---

* 基金项目：国家社会科学基金重大项目"负利率时代金融系统性风险的识别和防范研究"（项目编号：20&ZD102）；上海财经大学教改项目"国际化背景下全英文课程思政的探索与实践"（项目编号：2019120014）。

** 作者简介：朱小能，上海财经大学金融学院副院长、教授；司思，上海财经大学金融学院宣传员。

调“坚持为党育人、为国育才，全面提高人才自主培养质量，着力造就拔尖创新人才”，为高校立德树人工作进一步明确了方向。随着经济全球化、信息多样化、新媒体应用的飞速发展，社会思潮和价值观的多元化碰撞日趋激烈，高校思政工作面临着更多的创新要求。尤其是伴随课程思政建设中全英文课程的比重日渐增大，高校要做到课程思政全覆盖，势必需要将全英文课程的课程思政建设工作摆在更加突出的位置。

目前，全国高校的金融学专业大都开设了较多的全英文课程或采用了更多的英文教材，人才培养趋向“国际化”和“复合型”，其中，“国际化”指借助全英文课程教学获取国际视野及前沿理论，并与中国金融改革发展实践相结合；“复合型”不仅点明金融科技发展背景下的学科交叉背景，也将国际前沿理论与中国实践创新融合的含义。[①] 上海财经大学金融学专业的全英文课程，也应体现“国际化”与“复合型”的育人要求，并通过课程思政，帮助学生提高职业道德素养、培育家国情怀，开阔国际视野、提高英语水平，提升专业实践及职业胜任能力，推动高校形成“专业+思政”的育人合力，完善立德树人工作体系。

一　全英文课程的课程思政建设面临的难题

全英文课程在课程思政建设过程中，普遍会遇到三个难题，即用英文翻译课程思政材料的标准化，学生对全英文课程思政教育的接受力，破解文化差异、将中国问题融入全英文专业课的技巧。这三个难题能否成功解决，事关课程思政建设的成效。

（一）思政材料翻译的标准化

金融学专业课程授课教师肩负着金融学科知识启蒙教育的重任，不仅要深入浅出地讲授大量金融学基本概念和基本原理，而且必须紧密联系实际，生动讲解各种金融现象，以激发学生学习兴趣，增强学习效果。[②] 在专业教育的同时进行思政教育，全英文课程授课教师首先面临的一个难题

① 胥若男、高雪：《独立学院国际化金融人才培养探究——以中南林业科技大学涉外学院金融学专业为例》，《产业与科技论坛》2021 年第 24 期。

② 解凤敏：《论当前“货币银行学”课程教学面临的约束与应对》，《中国电力教育》2011 年第 10 期。

是如何精准地表达思政教育内容，一方面，在运用思政教育相关词汇和专业术语时，如果缺少对应的标准译法，自行翻译又不够准确和规范，或者直接套用而不加解释，显得生硬刻意，就会让思政教育效果大打折扣。另一方面，在采用全球通行的金融学英文教材作为授课教材时，虽然有利于学生接触到原汁原味的知识表述，但教材本身立足于国外的制度、法律和文化背景，有些观点甚至可能具有一定的误导性。[①] 这就需要授课教师运用批判性思维方式加以辨识，并运用社会主义经济理论和马克思主义社会学等理论工具引导学生主动思考。因此，授课教师既要提高关于全英文思政语言的翻译水平和解释水平，又要善于借鉴思政课程的教学内容并加以创新。因此，尽管高校本科课程体系中包含专门的思政课程，但如何在专业课程教学中对这些理论加以应用，尤其是如何对带有中国特色、时代背景的思政教育词汇进行精准的英文翻译，就成为全英文专业课程授课教师面临的难点问题和重要任务。

（二）学生对全英文课程思政教育的接受力

按照心理学规律，感性认知比理性认知更为直接强烈，这在全英文授课的金融学专业课教学中也有所体现。学生对金融现象的兴趣往往高于对其背后规律的探索，尤其初学者总是喜欢对细枝末节的实际问题刨根问底，却容易忽略对课程整体架构的把握以及对金融运行原理的探究。[②] 在全英文专业课程的教学过程中，要提升学生对思政教育的接受力，首先要提高学生的英语水平。在全英文课程思政教育的过程中，需要学生快速阅读案例材料，以及开展形式多样的小组讨论，这对学生的英语阅读能力、口头表达能力都有较高要求。而如果学生不能尽快从金融现象的分析中尽快抓住问题的本质，并得出一定的结论，课程思政就会流于表面，这虽然可以增进学生对金融现象的感性认识，却无法帮助学生把握现象背后的金融运行原理和规律。要提升学生对全英文课程思政的接受力，还要提升授课教师自身的思想政治水平。全英文专业课程对于授课教师的要求高于一般教师，授课教师不仅要有扎实的专业背景，还要有熟练运用英语的能

① 许志：《全英文专业课课程思政建设初探——以“公司金融”为例》，《中国大学教学》2021 年第 10 期。

② 解凤敏：《论当前“货币银行学”课程教学面临的约束与应对》，《中国电力教育》2011 年第 10 期。

力，因此多数由海归教师或者外籍教师担任。由于大多数海归教师长期在国外学习和生活，对中国的国情和市场了解不够，对于课程思政教育的认识也不够深刻，或者虽然认识到了课程思政的重要性，但讲授形式不够灵活生动，这都会影响课程思政教育所追求的“润物细无声”效果。

（三）中国话语转换问题

习近平总书记指出，要加强国际传播能力，就要加快构建中国话语和中国叙事体系，打造融通中外的新概念、新范畴、新表述，更加充分、更加鲜明地展现中国故事及其背后的思想力量和精神力量。[①] 就全英文课程的课程思政而言，就是要在金融专业课程的教与学中，立足中国金融现象，解决中国金融问题。但经济学、金融学等学科在教学中采用国际通用教材或英文原版教材时，由于这些教材更偏重于国外的市场和制度环境的讲解，所以往往会出现教学内容与国内市场实际不相符合的情况。如果授课教师熟悉国外教材中的经典案例，但缺乏对中国案例的积累，那么在对英文教材中的案例与国内市场案例进行对比和政策说明时就会显得力不从心，尽管他们也能认识到要引导学生拓展阅读，增强自学能力，有意识地立足国情，关注对中国问题的研究，但在具体指导时又不知从何做起。虽然在新文科建设背景下国内金融学领域涌现出了一批优秀的中文教材，这些教材关注学术领域的最新成果，贴合时事政治的热点主题，引入对现实问题的关切分析，通过研究中国问题，运用中国材料，总结中国经验，为金融学专业的课程思政建设提供了丰富的案例资源。[②] 但教材使用一般还仅限于中文课程，全英文专业课程如何借鉴和使用这些案例资源进行思政教育还有待认真的挖掘。

二　全英文课程的课程思政建设举措

针对上述课程思政建设的三个难题，我们根植于金融学科新时代精

① 《习近平在中共中央政治局第三十次集体学习时强调：加强和改进国际传播工作，展示真实立体全面的中国》，人民网，https：//baijiahao. baidu. com/s？ id = 1701405663376542126&wfr = spider&for = pc.

② 杨国栋、马晓雪：《新文科视域下课程思政与知识传授融合的基本逻辑与实现路径》，《高校思政教育与管理》2022 年第 5 期。

神，融合金融专业课程的新发展特点，结合当代大学生的新需求特征，通过构建全英文课程思政翻译标准体系，引入中国案例开展中国问题研究，完善师资教育形成协同育人格局等，构建课程思政育人新格局。

（一）借鉴思政课程，建立翻译标准体系

思政课程是课程思政的理论来源和教学基础，课程思政是思政课程在其他专业课程中的软性延伸。课程思政建设要始终贯穿马克思主义的立场、观点和方法，在核心价值观的引领上，要坚持蕴含社会主义核心价值观的主流意识形态，使学生在金融学专业课程的学习中获得信念扎根与牢固认同。全英文专业课程要实现这一思政教育目标，需要首先解决翻译的标准化问题。在将中国话语体系引入全英文课程思政教育的过程中势必会面临中外文化语境上的差异，从而造成翻译工作的困难，解决这一问题的关键举措是组织一批既有中国金融市场实践经验，又有海外学习经历的教师成立全英文课程思政教研室，并开展试点工作：首先，组织动员学院相关授课教师对思政课程中的高频词汇进行翻译，邀请马克思主义学院、外语学院教师和专家提供指导，共同编纂“全英文课程思政词库”，并不断对其补充修订。其次，定期组织全英文专业课程的授课教师就标准化翻译的“全英文课程思政词库”展开学习，并在全英文课程教学中积极运用，以形成“翻译—应用”双相促进的工作体系。

（二）国际产学融合，深化思政育人成果

要提高学生对全英文课程思政教育的接受力，需要解决两个问题：一是提高学生对英文及思政教育语言的接受力；二是提高学生对思政教育案例的接受力。要提高学生这两方面的接受力，就要提高学生的学习兴趣，具体可以通过创新课程思政教育形式，形成思政育人合力来实现，以进一步落实帮助学生提高英语水平，拓展国际视野，培养道德素养，培育家国情怀的育人成果。

运用“产学融合”创新课堂形式，使课程思政教育更加形象生动，可以提升学生的主观接受意愿。学院开发国际化“产学融合”课程，将课程学习与职业规划、实习实践结合起来，如邀请国际货币基金组织（IMF）、金砖国家新开发银行（NDB）等知名国际金融机构的经济学专家授课，为学生带来国际化的金融实践经验和前瞻视角，引导学生就中国金

融市场中存在的制度设计缺陷、金融监管不足等问题展开探讨，将自我发展融入服务国家的目标中，奠定未来职业发展的思想政治基础，培养正确的职业精神；邀请海外特聘教授开展暑期研修营、小型研讨会，增进学生对国际前沿学科动态的了解，增强研究中国问题和案例的意识及能力，在构筑金融强国梦的美好愿景中深化家国情怀，主动将论文写在中国的大地上。

学院整合教学资源，形成育人合力：一是加强全英文专业课程教师协同育人理念，开展优秀课程思政教育案例讲座分享。二是对全英文课程的课程思政建设提供政策支持，同时加大思政案例资源投入，形成全院协同育人的良好氛围。三是建立全英文课程思政建设监管及评价制度，确保协同育人机制的可操作性和执行力度，确保思想政治工作贯穿教育教学全过程，实现全员全方位育人。

（三）编写特色教材，转换中国话语体系

《教育部2022年工作要点》指出，要加快构建中国特色高质量教材体系，推进首批9种中国经济学教材编写。鉴于国际通用教材或英文原版书籍在案例引用及研究上的局限性，在动员学科带头人和优秀教师编写系列中国特色教材的同时，可以探索“线上+线下”全英文慕课教学等方式，作为对现有全英文课程的课程思政的补充和辅助。金融学院教师主编的《中国金融学》通过重点探讨国外经典金融理论在中国金融改革和实践中的适用性，以及如何对其加以创新以促进中国金融事业的发展，为推动中国金融理论建设，解决中国金融发展问题做出了力所能及的贡献；《普惠金融》全面梳理了普惠金融的基本框架和前沿理论，总结了开展普惠金融的国际经验，并着重突出其对中国普惠金融的启示；《投资学原理与中国金融市场》则通过回顾中国金融市场在过去三十年设立、发展、壮大的成长历程和所取得的成就，帮助学生学习和了解中国金融市场的运行原理和定价机制等。上述教材立足中国视角，突出中国特色，研究中国问题，充分体现了马克思主义基本原理在中国金融领域的实践成果与理论创新。在此基础上，学院开发了“Investment and Chinese Financial Markets”“Financial Econometrics and Application in Chinese Markets”等线上全英文课程，围绕中国特色系列教材进行慕课建设。通过“线上+线下”全英文课程混合式教学，展开对经济学、金融学专业知识的教学，并通过对

中国典型案例的互动探讨，带领学生剖析其中蕴含的思政要素，将知识传授、价值塑造、能力培养融为一体。①

三　全英文课程的课程思政建设成效

《高等学校课程思政建设指导纲要》指出，落实立德树人的根本任务，必须将价值塑造、知识传授和能力培养三者融为一体、不可割裂。②如果说完善育人体系是为了更好地进行知识传授，提升职业道德素养就是帮助学生进行价值塑造，那么开阔国际化视野、培养实践能力、提升英文水平则是对学生开展全方位的能力培养。

（一）完善育人体系，全员协同育人

在金融专业领域的全英文课程思政建设过程中，学院从全英文课程建设和协同育人资源整合两个层面发力，不断完善育人体系。在全英文课程建设方面，通过开展创新教学方法、丰富课程内涵、优化教学设计、改进课堂管理等工作，结合国际化的全英文授课形式，将风险防范、金融安全等金融学专业中较为核心的内容融入思政元素。协同育人资源整合方面，联合学院下设的学生发展中心、系和教研室、课程组、辅导员及学生工作团队开展工作，以提升学生对英文以及思政语言的接受能力。通过学生发展中心的“友朋互助”学习兴趣小组，动员学生自发进行英语学习；通过班主任、辅导员及学生工作团队日常开展分享交流会、座谈会等，开展常规思政教育；面向专业课教师定期开展师资培训，邀请课程思政团队的优秀教师举办讲座学习活动，通过举办类似活动，带领专业课教师学习思想政治理论，学习思政教育先进经验。

（二）培育道德素养，厚植家国情怀

金融学专业人才应具备的道德素养包括职业道德和家国情怀，金融学

① 许志：《全英文专业课课程思政建设初探——以“公司金融”为例》，《中国大学教学》2021年第10期。

② 《教育部关于印发〈高等学校课程思政建设指导纲要〉的通知》，教育部官网，http://www.moe.gov.cn/srcsite/A08/s7056/202006/t20200603_462437.html?from=timeline&isappinstalled=0.

全英文课程开展课程思政建设，就是要将我国金融发展背景与金融专业知识结合起来，从金融运行的宏观经济指标、金融风险的累积性等方面进行讲解，推动知识传授、能力培养与理想信念、价值信念、道德信念教育的有机结合，从而提升其职业道德素养。[①] 例如，开设“投资学”课程，通过对我国重大金融危机案例中职业操守缺失问题的讨论以及我国现阶段金融市场中监管问题的分析，加强对学生诚信观念的培养，引导学生树立正确价值观。与此同时，通过中外文化环境、制度环境、市场环境的对比学习，引导学生培养对家庭、家乡乃至祖国的认同与热爱，坚定中国特色社会主义道路自信、理论自信、制度自信、文化自信，将家国情怀融入“经济匡时”的理想当中。拥有较高道德素养的学生在进入金融相关行业工作后，无论是否是国际化的就业环境，能够始终保持坚定的信念和高尚的职业道德，将个人理想追求与国家建设发展相联系，从容应对经济社会发展及行业剧变所带来的各类挑战。

（三）开阔国际视野，提升综合能力

开设全英文授课的金融学专业课程，并在教学中开展思政教育，有利于学生开阔国际视野。例如，开设作为国际经济学导论的“国际金融”课程，主要介绍国际宏观经济学和相关金融理论，帮助学生了解国际金融市场基础知识，及世界经济发展历程和相关政策问题。首先，通过融入国际化教学思维和学习理念，能够有力破解“学生自主学习能力强、专业基础扎实但国际视野不够、创新能力不足、综合能力有待进一步提升”这一教育教学难题，使培养的人才具备掌握国际金融话语体系，参与国际金融制度发展和建设的潜力。更进一步地引导学生未来在经济全球化发展浪潮中勇于发出中国声音，讲述中国故事，贡献中国智慧，真正把金融学课程思政建设的优势体现在育人效果上。

（四）提升英文水平，融入文化语境

采用全英文授课的金融学专业课程要考查学生对于财经类专业英语的运用，包括一系列经济学、金融学专业术语的学习和表达。但采用英语进

---

① 谷战涛、董艳丽：《开放教育课程思政财经类专业教学研讨》，《新疆广播电视大学学报》2020 年第 4 期。

行课程思政教育时，所使用的语境和词库均与前者不同，其适用范围更加宽泛，形式更加灵活，更加注重互动交流，英语语言系统所蕴含的文化背景更加凸显。授课教师不但要注重训练学生用英语阐述问题的能力，同时也要有意识地培养其人文情怀和政治素养。通过开设“金融机构与金融市场”等课程，英文讲解课程思政案例，鼓励学生用英语开展课堂小组讨论，课后撰写课程思政小论文等，能够全面提升学生的英语口语及写作水平。

（五）增强实践能力，深化“产学融合”

通过开设“产学融合”课程，开展课程思政教育，邀请国内金融界以及国际金融组织机构的专家“现身说法”，开设“ETF 与 FOF”系列课程及“国际货币体系与金融秩序”“逆全球化通货膨胀与货币政策的极限”等专题讲座，从行业尖端、国际前沿的高度与广度出发，不仅引领学生价值导向，提高学生专业素养，树立学生职业精神，同时也提升了学生的实践能力，拓展了学生国际视野，缓解了社会需求与人才培养相脱节的问题。作为“移动课堂”的重要拓展部分，积极探索国际联合培养模式，广泛推动国际交流，进一步为学生打开国际视野：开设暑期国际课程，践行国际化人才培养理念，促进国际高端教学资源的本土化；承建国际学生培养试点，培养知华友华的金融国际人才，打造国际金融全英文硕士项目，树立国际一流金融教育品牌。

四　未来展望

（一）搭建全英文课程的课程思政体系，无缝融入课程教学大纲

在全英文课程思政体系建设的第一阶段，我们按照“本科生层面全覆盖”的建设目标要求，从全英文课程、国际化师资、产学融合等角度，层层深入国际化育人课程的思政建设，进行全英文专业课程的课程思政的重点覆盖，形成育人圈层效应。具体来说，就是在课程思政的育人理念和教学目标的引导下，对金融学专业课程的教学大纲进行修订，将各章节专

业知识内容融入思政元素。[①] 课前准备阶段，积极调动学生主观能动性，引导其查阅相关知识点的最初起源、历史发展及最新动态，收集案例材料并翻译成英文；课堂学习阶段，教师从宏观角度对知识点串联讲解，然后通过案例分析和小组互动讨论，揭示案例现象背后的经济原理、政策法制与思政内涵等，引导学生深入思考；课后反馈阶段，鼓励学生撰写英文思政小论文。同时，收集课程督导老师的建议，不断对课程教学大纲进行完善改进。逐渐形成一套行之有效的课程思政教学及评价体系，在着力建设上海市全英文示范专业的基础上，进一步扩大对全英文课程思政的培育力度，初步形成金融专业课程与思政课程同心同向、协同育人的格局。

（二）开发优秀案例，升级思政育人工作体系

在全英文课的程课程思政体系建设逐步完善之后，相应的制度建设、课程建设、师资培训、评价考核等也将趋于成熟。在此基础上，继续进行优化升级，建设课程思政体系 2.0 版。

凝练前期建设成果，总结成功经验，不断优化改进，进一步开发优秀案例，建设“立足中国实际，放眼国际前沿”的全英文课程思政案例库，借以指导和升级今后的课程思政建设工作。建设高质量的全英文课程思政案例库，课程是来源，师资是保障[②]：一是加强专业课老师与思政课老师之间的沟通，开展跨学院交流合作，引导两类课程教师形成协同育人理念，不断为案例建设提供思想理论指导。二是增进金融学与其他学科的交叉交流，学习不同学科和课程的思政案例库建设经验，建设全英文课程思政教研团队，提升教师道德水平及政治素养，提高案例建设能力。

与此同时，以学院为单位，搭建由院长或党委书记主抓、系主任分管、专业课教师落实的课程思政工作队伍，将学院管理、教学改革、师德师风建设等工作融会贯通，升级思政育人工作体系。鼓励全院教师继续将思政育人意识深入教学科研工作，勇于创新，树立典范，深化“三全育人”工作内涵，为全英文课程思政建设提供全方位的帮助和支持。

---

① 孟德锋，朱鸿钰：《金融科技背景下〈金融学〉课程思政的优化路径研究》，《金融教育研究》2022 年第 2 期。

② 朱丽霞、吴棒：《高校课程思政教学案例库建设研究》，《黄冈师范学院学报》2021 年第 5 期。

Practice and Exploration of Curriculum Ideology and Politics Construction of Completely English Teaching Courses for Finance Majors

Zhu Xiaoneng　Si Si

Abstract: Curriculum ideological and political education is an important part of the fundamental task of building morality and cultivating talents in colleges and universities. At present, the curriculum ideological and political education construction of completely English teaching courses is still in its infancy, facing problems such as the standardization of translation, the improvement of students' receptivity, and the construction of China's discourse system in the context of globalization. The finance major of Shanghai University of Finance and Economics has the characteristics of international education and has opened many completely English teaching courses. With a problem-oriented view and focusing on building and optimizing the curriculum ideology and politics system of completely English teaching courses, we propose and implement such measures as establishing a translation standard system, setting up a collaborative education pattern, and building a Chinese discourse conversion system to help students improve their professional ethics, cultivate their family and country feelings, expand their international vision and improve their English level, so as to promote the formation of the "professional + ideological and political" education resultant force, and improve the work system of building morality and cultivating talents.

Key words: Curriculum Ideological and Political Education; Completely English Teaching Courses; Building Morality and Cultivating Talents

高教管理

新时代高校网络舆情治理法治化：问题检视、理论逻辑及实践理路[*]

孔德民[*]

摘　要：在网络信息技术飞速发展的当下，高校网络舆情的治理问题日益引起人们的关注。高校网络舆情治理法治化是高等教育乃至国家治理体系和治理能力现代化、全面推进依法治国的应有之义。基于目前我国高校网络舆情治理法治化存在的问题，有必要将网络舆情治理的过程纳入法治化轨道，在问题检视的基础上，通过认识判断、逻辑推理、综合决策、制度建设四个层面培育高校师生员工的法治思维，通过依法治理、柔性治理、监管治理、协同治理四个方面充分发挥法治的引领和推动作用，从而实现高校网络舆情的有效治理，促进立德树人根本任务落到实处。

关键词：信息化时代；高校网络舆情治理；法治化

随着“互联网+大数据”时代的到来，海量的网络数据、瞬时的网络曝光、迅速的网络传播使传统的舆情治理方法面临巨大挑战。好的舆论与不好的舆论所导致的结果千差万别，“好的舆论可以成为发展的‘推进器’、民意的‘晴雨表’、社会的‘黏合剂’、道德的‘风向标’，不好的舆论可以成为民众的‘迷魂汤’、社会的‘分离器’、杀人的‘软刀子’、动乱的

---

* 基金项目：2018 年度上海学校德育实践研究课题“社会主义核心价值观融入高校网络文化建设研究”（项目编号：2018-D-043）。

** 作者简介：孔德民，上海财经大学学生工作处副处长。

‘催化剂’。”① 高校是高级知识分子的聚集地，教职工和大学生群体相较一般社会群体更具家国情怀和思辨能力，尤其是大学生好奇心理重、参与意识强、个性特征明显，在互联网舆论场中往往能起到左右舆情的作用，在维护意识形态领域应有的思想秩序和舆论导向方面也至关重要。现实中，部分高校网络舆情事件的应对失当，不仅干扰了高校校园秩序和正常教育教学的推进，也对高校的形象、品牌、声誉造成了严重的负面影响。

高校网络舆情治理的关键之一在于明确治理主体行为的法治边界，以法治为保障构建网络治理格局，进一步讲就是要实现高校网络舆情治理法治化，即高校在网络舆情治理工作中，依据宪法、法律法规、大学章程等，秉承立德树人这一核心理念，运用法治思维、法治理念、法治方式来保障师生权益、规范学校管理、制定科学完备的规章制度，以调整网络舆情治理各主体之间的权利与义务关系，提升师生法治素养，推进依法治教、依法行政、依法治校，实现高校网络舆情善治的过程。高校网络舆情治理法治化旨在实现育人与管理相结合，德育与法治相结合，在高校内部形成法治氛围，进一步提升学校舆情治理的科学化、规范化、法治化水平。

一 问题检视：高校网络舆情治理法治化的挑战和困境

党的十八大以来，高校深入学习贯彻习近平总书记关于全面依法治国的新理念、新思想、新战略，根据中央全面依法治国委员会工作部署，全面推进依法治教、依法办学、依法治校，着力提升高等教育治理能力和水平。其中，在预防和化解高校网络舆情方面，国内高校着力推进从管控到治理的转型升级，着力推进舆情治理的法治化建设，取得了良好成效，但也依然存在一些必须直面和急需应对的挑战与困境。

（一）相关法律规制有待健全

无论是与移动互联网、媒体融合的发展迅猛速度相比，还是与国外网络舆情治理的法治实践相比，国内高校网络舆情治理相关的法律法规都尚

① 中共中央文献研究室：《习近平关于社会主义文化建设论述摘编》，中央文献出版社2017年版，第38页。

待进一步建立健全，主要体现在以下三个方面：第一，上位法等相关法律法规过于宽泛、抽象和原则化，可操作性不强，涉及网络空间的法律有刑法、民法、行政法等传统法律法规，直接有效运用于高校网络舆情治理方面相对较少，行政法上的规制方式以及《中华人民共和国治安管理处罚法》运用相对较多，但也存在隐患如对谣言的司法规制稍有不慎，反而容易引发更大的舆情和危机。第二，多部门协同的法律法规或部门规章需要加强，当前《国家突发公共事件总体应急预案》并未将网络舆情突发事件列入其中，而在高校网络舆情治理方面，包括网信、公安、宣传、教育、文化等在内的相关主管部门以及电信公司、媒体运营商支持力度不足、协同性不够。第三，就高校网络舆情治理而言，在自由裁量权下不同高校的标准也存在不一致的情况，高校内部管理制度存在滞后、表述不当、不规范、不合理等情况，给高校网络舆情治理增加了不确定性和难度。

（二）管理程序规范性有待提升

程序的正当性是依法治国理念的重要内容之一，也是高校网络舆情治理法治化的应有规范，更是高校网络舆情治理法治化的基本要求和评价原则。在当前高校网络舆情治理过程中，程序正当依然存在不足，如个别学校在管理制度制定过程中存在缺乏调研、规划和合法性审查的情况，出台的制度不仅违背教育规律，而且违反法律规定；个别学校学生管理的制度要求仅以"口头通知"等形式通过学生工作系统进行传达，缺少有效的效果评估和反馈机制①；部分管理人员有理有据意识不足，舆情监测或分析存在模糊化的现象，对于舆情处理相关的材料缺乏收集整理和准确描述；在作出"三重一大"重要决定、与师生利益密切相关的事项时，往往缺乏告知其应享有的知情权、辩护权、选择权等程序性权利；制度的普及宣传不够，师生管理制度往往在手册或协议中体现，并没有及时解读、提醒与告知，只有当事件发生时才想到用相关管理制度来处理，这与程序的正当性要求不符。

（三）法制宣传与法制教育有待深入

有调查数据显示，受访师生呈现出较强的维权意识和自主意识，但对

---

① 朱林：《重大疫情应对中高校法治教育的困境及突破》，《思想教育研究》2021 年第 4 期。

责任、义务的认识倾向相对较浅，在一些突发事件中甚至部分师生有可能无形中成为网络谣言制造与传播的推手，究其原因在于法制宣传与法制教育的缺乏。目前高校法制宣传与法制教育较多依托于法治校园营造和《思想品德修养与法律基础》课程，培养途径单一，“教育定位存在偏差，教育内容比较陈旧，方式方法相对僵化，教育队伍素质参差不齐”。[①] 法学学科建设、课程建设、讲座报告等涵盖范围较窄，受众面较为有限。从法制宣传与法制教育主体的构成来看，学科背景以思想政治教育专业为主，这与当前该项工作主要负责群体隶属于学生工作密切相关，法学专业背景的教师较少参与大学生的法治教育，同时现有的大学生法治教育与法治实践的脱节现象也较为普遍。法制宣传与法制教育的主体专业知识储备相对不足，也是目前大学生法治思维欠缺的重要因素。

（四）队伍建设与专业化尚存不足

部分高校存在网络舆情治理人员对法律所知甚少甚至法治素养淡薄的情况。有的高校管理者在平等意识上不足，对相关概念、相关规定理解上有失偏颇、不尽全面，处于网络舆情处置一线的辅导员具有相关法律法学背景专业的人员也比较少；对于从事高校网络舆情治理人员的培训、培养还不到位，没有实现对高校网络舆情治理人员基本的法律培训，往往是遇到舆情临时抱佛脚、遇到问题咨询法律顾问，只求一知半解、不求系统掌握；部分学校行使惩戒权重结果轻程序，保障师生申辩、陈述、知情等权利的申诉、送达等制度缺位；与高校网络舆情治理相关的网络评论员队伍建设也存在一些问题，如师生参与程度不高、着力点不多，缺乏专业的法治素养指导，擅长法律的师生意见领袖较少，议题设置能力不足；网评员队伍具体工作方式方法较为单一，如基本上按照主管部门统一发布的指令，一定时限内转发完成任务，效果如何姑且不论，但“机械化操作”容易导致这支队伍被识别并对针对等。

（五）热点问题应对背后存在隐忧

目前高校在网络舆情治理法治化方面已积累一定经验，但也面临着诸

---

① 朱子桐：《全面依法治国视域下大学生法治教育的思考》，《学校党建与思想教育》2016年第22期。

多亟待解决的问题。第一，网络内容的规制，事关公民意见的表达自由，极易引发社会公众对于监管权力在合法性方面的质疑，一旦“度”的把握不当则可能限制公民言论自由和民主权利；如果不纳入规制范围，网络言论的复杂多变便可能成为自由与民主的绊脚石。第二，网络内容和网络言论方面存在的“博眼球”“打擦边球”等行为，网络谣言、网络暴力、人肉搜索、网络论法、网络过激语言、网络侮辱诽谤等情况屡屡出现，目前在对这些行为的准确界定和合理处置上还存在不足。第三，网络言论自由与网络侵权等师生正当权利的救济机制不足、救济渠道缺乏、救济主体缺位。第四，涉及师生隐私权、名誉权等人格权的保护方面，《全国网民网络安全感满意度调查统计报告（2020）》显示，被调查者中仅有 50.04%认为网络安全（安全+非常安全），49.42%曾遇到侵犯个人信息的情况，因此，在如何划清网络监督与名誉保护的界限、如何兼顾大数据应用与师生隐私保护以及如何有效实现网络舆情案例的警示教育且不触犯隐私等方面还有很大的思考空间。第五，高校安全管理存在没有执法权、防范措施薄弱、管理人员理念落后以及没有从业资格要求等问题，相应权利、责任、义务等缺乏权威认定。第六，对于网络舆情治理过程中出现的违法犯罪行为调查举证难度大，由于网络删帖行为即时性很强，甚至是“秒删”，一旦删除帖文原有的链接则无法正常打开，取证调查工作难度大大增加。第七，众声喧哗的时代，如何有效应对社会重大突发公共事件在高校折射出的舆情，如何有效做好高校重点个人和重点群体的思想工作，如何有效化解价值迷茫、裂变、失范的网络生态，最终实现高校网络舆情治理工作责任制的落实。

二　理论逻辑：高校网络舆情治理法治化思维的培育

治理不同于管理，更加强调多主体协同、全方位参与的共同治理格局。高校网络舆情治理法治化，就是将高校、地方政府相关部门、社会组织和师生等多主体共同参与治理的过程纳入法治化轨道，就是要推动管理者运用法律原则、法律规则、法律方法来思考和处理所遇到的网络舆情问题，就是要培育高校师生员工在触及网络舆情问题时，形成运用法治思维的思想自觉和行动自觉，形成整体性的理念、思路和视角。具体到新时代高校网络舆情治理，相应的法治化思维的培育可以从以下四个层面展开：

一是认知判断层面，即运用法治相关概念、原则对高校各种网络舆情问题的认识和初步判断。其中尤为重要的一点是，必须要深刻把握“利用法律规制网络舆情是互联网治理的重要内容和有效方法”和必须以人格尊严检验正当程序这一重要判断。高校可以根据法律对收集到的网络舆情信息从定量、定向、定点、定性等方面进行认识、研究、甄别和归纳。这种层次的法治思维和法治观念，是普通成员都可以在不同程度上具备的，也是网络舆情收集、研究和判断机制的重要一环。网信部门行政执法案例和高校相关网络舆情的处置案例，可以作为进行初步认识和判断的参照依据。为了提升广大师生的网络法律素养，可以通过及时公布最新的网络管理法律条文及其解释，发布违反网络管理法律制度的司法案例及法条分析等，将互联网管理法律制度的相关规定传达给师生。

二是逻辑推理层面，即运用法治原则，规范的分析判断、综合推理、得出结论或解决问题。高校网络舆情事件一般会经历生成、发展、高潮、回落等阶段，舆情发展过程不是直线式的上升或下降，而是可能会呈现出波浪式的发展过程。基于此，高校管理者需要在法治理念的指引下掌握网络舆情发展的内在演变规律，依法依规做好收集、分析、研判与应对，包括网络舆情信息的监测、汇集、判断、报送、公开、备案、反馈等，分阶段采取不同的举措，精准发力，务求实效。要深刻认识到网络舆情处置不仅是矛盾纠纷各方的舆论较量和博弈，更是对网民和社会公众了解真相的尊重和交代。因此，高校在网络舆情治理过程中，理性与逻辑至关重要。尤其要慎重采用删帖和屏蔽等强硬措施，更不可以借机打压和消极对待师生网民，否则不但不利于解决网络舆情，反而可能会进一步激化矛盾、扩大事态。

三是综合决策层面，在上述认知判断、逻辑推理的基础上，结合其他因素进行综合衡量，做出符合法治的决策。高校网络舆情的生成是一个快速传播、演化的过程，必须从事实、时间、来源、发布者、参与者、关注者、传播方式、媒体报道、传播互动、网民反应、影响力、危害度、外媒关注度等要素出发，建立规范的舆情应急处置响应机制和标准流程。法治思维强调以一般性、普遍性的平等对待方式调节社会关系，具有稳定性和一贯性。因此，科学、合理地进行法治决策，不仅要综合运用多种技术手段和分析方法，构建网络舆情分析研判指标体系，更重要的是在法律法规框架下来推进此项工作。与之对应的是，要建立配套的法律法规检索数据库和专家资源库，要不断从法治视角对发生过的典型舆情案例进行复盘和总结，进而不断修订完善相关指标、优化联动协作的法治决策机制，为定量研究与定性分析相结合的决策分析做好铺垫。

四是制度建设层面，即在前三个层面思考的基础上进一步凝练深化和规范化，通过法制建设或改革能够对更宏观的问题提出长远的解决方案。这是法治思维的最高境界。高校网络舆情的有效应对不能单纯“灭火”，更需要“防火”，切忌“火上浇油”。政府应该针对网络舆论问题制定相应的法律和制度，只有从法律上、制度上进行规制约束，才能够更好地营造健康和绿色的高校网络舆论环境，为工作的有效开展提供充分的制度保障。高校也应运用法治思维，按照法律优先与法律保留原则，从校规校纪层面将“依法办网、依法治网、依法上网”的校园网络空间治理要求落到实处，并与相关法律、行政法规、司法解释、政策文件等有序衔接，延续校规校纪的严肃性与生命力，形成师生权利义务明晰、职责界限明确、适配程度较高的网络舆情规制，为师生提供一种规范、稳定和明确的心理预期。

三 实践理路：高校网络舆情治理法治化的理念与路径

党的十八届三中全会通过的《中共中央关于全面深化改革若干重大问题的决定》强调，互联网治理要“坚持积极利用、科学发展、依法管理、确保安全的方针，加大依法管理网络力度”。党的十九大报告提出，要“建立网络综合治理体系，营造清朗的网络空间”。党的二十大报告进一步提出要“巩固壮大奋进新时代的主流思想舆论，加强全媒体传播体系建设，推动形成良好网络生态”。之前的2020年，教育部还首次针对高校法治工作发布了《关于进一步加强高等学校法治工作的意见》，进一步明确了高校法治工作的重点内容，强调把法治作为学校治理的基本理念和基本方式，切实把法治工作贯穿、融入学校工作的全过程和各环节。这些为高校网络舆情治理法治化提供了明确的政策依据和实施指引。

基于当前高校网络舆情治理法治化存在的挑战与困境，必须统筹推进教育系统深入学习贯彻习近平法治思想，以法治思维和法治方式推进教育治理现代化，积极运用法治化思维，采取针对性措施破解高校网络舆情治理法治化进程中的瓶颈因素，具体理念与路径如下：

（一）加强依法治理，提升治理效能

依法治理的基本内涵是运用法律来治理社会，妥善处理各类社会关系。加强依法治理是保障其他各项制度优势转化为治理效能的重要路径。高校网络舆情的依法治理是运用法治思维和法治方式的规范作用，塑造高校和师生共同认同的法治逻辑，实现高校网络舆情治理的法治化、制度化和规范化。为了更好地加强高校网络舆情的依法治理并转化为治理效能，需要从两个方面厉行法治：

一方面，学习借鉴发达国家较为成熟的法律法规，结合网络技术发展过程中暴露出来的新情况、新问题以及网络舆情的新特点，不断建立健全“国家相关法律、行政法规、部门规章、司法解释、规范性文件、政策文件”系统性的网络舆情治理法律法规体系。习近平总书记曾引用宋代思想家、政治家王安石的名言来说明：“立善法于天下，则天下治；立善法于一国，则一国治”①，因此，要致力于良法善治，对现行法律法规涉及网络舆情部分进行综合梳理与系统分析，组织相关部门做好立、改、废、释工作，尤其是针对网络技术的发展趋势与迭代演进，要有前瞻性布局，适当增加规范和引导内容，并对知情权与隐私权、信息公开与保密、网络舆情与虚假信息、言论自由与人身攻击的界限进一步界定，科学合理界定非法信息的认定标准，将其与正常的网络表达相区分；推动相关主管部门针对网络舆情治理中的焦点问题和重要内容，如高校网络舆情治理与公民权利、高校网络舆情所涉及的侵权行为与法律分析、高校网络舆情与信息公开等，以导读文本的形式做系统标注；明确高校管理者、以师生为代表的网民、网络运营商、网络监管部门的权利和责任，对于网络侵犯行为依法依规追究相关责任，增加网络不道德行为的违法成本等。

另一方面，“大学制度如何通过体制机制建设转化为治理体系，并使制度优势转化为治理效能?”② 对此，要通过打造涵盖规范、实施、监督、保障等在内的法治体系，保障定型化的制度得到切实落实，保障相关法

① 王安石：《临川先生文集》，中华书局1959年版，第678页。

② 李立国：《大学治理的制度逻辑：融通“大学之制”与“大学之治”》，《华东师范大学学报》（教育科学版）2021年第3期。

规、政策、制度的有效衔接，充分发挥法治的规范、引领、保护和促进作用，从而提升高校网络舆情治理效能。各高校应以合法性、教育性、权利性与正义性四者的有机统一为价值追求，不断建立健全行政规范性文件合法性审核工作机制，不断提升依法治校、依法治教的意识与能力；在遵循现行相关法律法规的基础上，通过印发指导手册、典型做法和案例等形式，结合具体工作抓好依法治理的实施意见；应以大学章程为统领，进一步修订完善与本校具体情况相适应的校园网络舆情管理办法及实施条例，并内化为学校规章制度；应充分发挥法律调节器作用，建立完善公民受教育权行政救济与刑事救济制度，推进学生受教育权法律保障不断完善。

（二）推进柔性治理，增强法治素养

高校网络舆情治理需要刚柔并济的管理制度。柔性管理是一种以人为本的理念，柔性管理并不意味着与制度相背离，而是通过运用情感性、权变性和间接性等手段，结合高校师生身心特点来实施管理。柔性管理是在坚决打击网络谣言的同时，给予师生必要的“说错话”的宽容空间。推进高校网络舆情治理法治化，需要培育师生的主体意识、权利意识、责任意识、契约精神以及学校的民主氛围；需要坚持“以人为本”、尊重师生的管理理念，并最终形成柔性治理机制。

1. 信息及时披露是高校网络舆情消解的前提性条件

高校要建立信息公开长效机制。依据教育部《高等学校信息公开事项清单》所列举的10大类50条高校信息公开监测点，排摸与网络舆情相关的事项清单。通过事项清单形式对网络舆情进行及时披露，对信息公开的主体、形式、程序、内容、期限等予以明确列举，让信息公开成为全校常态，让信息透明成为管理自觉，避免因信息不透明、堵塞，引发恐慌心理和对校方作为的不信任。

2. 强化高校对师生知情权的尊重意识

现代法治精神的内核是对公权的约束、对私权的维护。习近平总书记指出：“对广大网民，要多一些包容和耐心，对建设性意见要及时吸纳，对困难要及时帮助，对不了解情况的要及时宣介，对模糊认识要及时廓清，对怨气怨言要及时化解，对错误看法要及时引导和纠正。”[①] 高校应

① 习近平：《在网络安全和信息化工作座谈会上的讲话》，《人民日报》2016年4月26日。

积极转变传统管理方式，在出现突发事件和网络舆情时，充分保障师生的权利和自由，及时进行公开坦诚的沟通，让师生了解事件真相，赢得师生的理解和信任，与校方一起成为网络舆情治理的主体。此外，对于受惩戒师生，可以通过保障其参与申诉、听证等程序，在维护其自身合法权益的过程中强化法治意识，进而营造良好的校园法治环境。

3. 建立健全师生权益保护的救济机制

秉承以人为本和对人尊重的原则，对高校网络舆情中违法违纪相关师生的处理慎之又慎。要坚持教育与惩戒相结合，处理、处分决定做出前进行合法性审查，并通过建立健全校内学生、教职工申诉委员会等机构，建立健全学生与教职员工的申诉制度与听证制度，明晰异议程序、异议事项、异议范围等相关内容，建立健全异议快速处理长效机制，确保做出处分或申诉决定程序的公平公正，实现师生权利的及时有效救济，充分保障学生与教职工的合法权益。

4. 优化舆情应对的法治化水平

明确“程序是法律的生命”，权力在法治框架内行使。依照程序办事，遵循程序要求，形成程序观念，建立以高校网络舆情日常监测、舆情预警、分析研判、舆情疏导为一体的舆情应对程序。其中，舆情预警尤其重要，要做到早发现、早行动、早解决，而舆情疏导的关键是对事件进行透明调查、公开发声和持续跟进，这往往能起到舆论反转和形象重塑的积极作用。

5. 切实依法保护师生个人信息

高校要严格遵循《中华人民共和国个人信息保护法》等相关法律法规，坚持采取对个人权益影响最小化的方式，限于实现处理目的最小必要的原则，在舆情应对、信息发布等环节涉及师生姓名、学校、院系等基本信息，以及身份证件号码、家庭住址、电话号码、出生日期等个人敏感信息时保持慎重的态度，明确采集、使用和保密的操作规范，明确收集的范围与流程，切实保护师生个人信息安全。

6. 需持之以恒地加强法治教育

以校园法治文化建设牵引校园法治教育，积极探索体验式、探究式、实践式等多样化法治教育方法，加强与法律顾问、法律专家、法学教师的协同，实现从单向灌输向多元化教育互动方式转变，实现家校社协同机制的系统构建，不断提升法治教育的传播力、引导力和影响力，不断推进师生养成遵循法律要求、依据法律规定、按照法律程序办事的自觉意识和行为习惯，引导师生通过法律途径合法合理表达诉求。

（三）夯实监管治理，规范工作程序

治理既不是一套规则条例，也不是一些分散活动，而是一个环环相扣的系统过程。高校网络舆情治理涵盖了信息监测、研判、分析、处理、善后等诸多环节，是一项系统工程。只有深刻理解网络舆情发展的周期规律，形成完善的网络舆情治理体系，才能有效避免和妥善处理突发公共事件带来的巨大舆论冲击。

1. 明确舆情监管主体责任

针对网络舆情处理过程中演化出的非线性与不规则的混沌现象，应多层次落实网络舆情监管工作责任制。各级党委（党组）是责任主体，同时肩负监督好、管理好本级网络舆论阵地的主体责任，应不断提高对网络舆情治理的重视程度、优化完善网络舆情应急预案，同时不断加强网络舆情治理工作的监管力度，防止自由裁量权过大，出现选择性、随意化执法的现象。

2. 构建网络舆情预防机制

高校对“办学过程中发生的疑难、重大案件或可能引发重大影响、危害社会稳定的案件”[①]，应建立网络舆情预防机制。加强舆情信息监测和研判，完善舆情预防和监控机制；深入研究网络态势，多渠道地加强与各网站监管人员的联系与沟通，使网络舆情工作耳聪目明；强化内控体系建设，明确权力边界、法律底线和监测程序，确保舆情监测不逾矩、不侵权；及时制定网络舆情应对处置工作的规章制度和应急处置预案，对舆情监测、舆情报批、舆情处理、舆情回应制定程序性的规定，做到有章可循、有据可依，让师生能够以看得见的方式实现。

3. 完善网络舆情应对体系

加强网络舆情主体建设，校内相关部门应通力协作、凝聚合力，建立线上与线下相衔接、相统一的联动机制；应与政府相关部门及时互通信

① 《加强高校法治工作提升治理能力水平——教育部政策法规司负责人就〈教育部关于进一步加强高等学校法治工作的意见〉答记者问》，教育部官网，http：//www. moe. gov. cn/jyb_xwfb/s271/202007/t20200729_475696. html.

息，保证舆情信息的第一时间掌握以及信息沟通渠道的顺利畅通；应不断提高管理队伍专业化管理水平，化被动为主动，打造一条科学有效的舆情管理链条，并运用大数据监测技术，实现舆情治理精准化，改变舆情管理的被动局面。舆情治理中应善于区分事实与牢骚、真相与谣言，用正确的价值观念引导师生乃至网民客观、正向的诉求，依法查处并惩治恶意传播虚假信息、煽动恐慌情绪的各类行为。建立有效的舆情治理制度，将舆情治理工作落细、落实、落地，使网络舆情治理法治化、规范化、制度化；建立健全网络新闻发言人制度，统一信息发布口径。

（四）强化协同治理，理顺体制机制

重大网络舆情往往涉及多方面因素，有效治理的建立有赖于各主体之间持续的相互作用。高校网络舆情治理的重要任务就是要透过舆情喧嚣的表面，准确辨识和掌握舆情背后隐含的利益诉求、思想观念和人心意识，以法治手段回应利益诉求，起到凝聚人心、彰显公道的作用。为此，高校应切实以师生为中心，协同校内外各方力量，将法治思维、法治方式贯穿于舆情治理全过程，全面提升舆情治理法治化建设水平，科学引导舆情的发展特点和走向趋势，平息舆情事件带来的情绪化、非理性表达与渲染，以更好地维护高校自身的品牌和声誉。

构建高校网络舆情综合治理体系，与高校之外的协同治理是必然选择。高校网络舆情治理必然涉及地方网信部门、教育主管部门、校友、社会公众、新闻媒体等利益相关者。高校网络舆情爆发过程中，所在地方的网站、论坛、博客、微博、贴吧、自媒体公众号等也是重要传播载体。尤其是自媒体高度繁荣并可以较方便地转载乃至加工其他媒体形式的内容，而又缺乏一定的审查机制，往往会导致舆情一触即发和一发不可收拾。因此，协同治理不容回避，也必须要推进落实。要运用申诉、仲裁、行政复议、诉讼等多种方式妥善处理网络舆情，注重发挥师生校友、社会组织在网络舆情治理中的主体作用，不断完善法治、德治、自治相结合的网络治理体系，激发治理热情，形成治理合力。多方主体的协同配合，必然会让高校网络舆情治理事半功倍。比如，2019 年教育部等五部门印发的《关于完善安全事故处理机制维护学校教育教学秩序的意见》明确规定该类事件中相关部门的责任、义务，有力地推动了多元参与、部门协作、共同应对的工作格局形成。

高校要统筹校内、校外两方面资源与平台，校内实现资源整合、制度规范、队伍建设、策略优化，同时对接上级部门，联通兄弟高校，实现网络舆情治理中的互联互通；统筹高校网络舆情治理体制机制建设，构建监测预警机制、舆情引导机制、应急处理机制、舆情通报机制、舆情修复机制、网络舆情专项预案、新闻发言人制度、信息公开制度等；要建设一支知网懂网且善于用网、知法守法且善于用法的网络舆情治理队伍，要把学法、尊法、守法、用法纳入高校网络舆情治理队伍建设培训必修课程。在网络舆情治理中遵循法治原则进行技术和行政干预，其最终目的是将舆情的影响程度降到最低，要“守规则、重程序，做到法定职责必须为、法无授权不可为，尊重和保护人民权益，自觉接受监督”①。

四 结语

作为新时期一项综合性的系统工程，高校网络舆情治理理应在法治的框架内进行体系化的考量，既要注重应对的实效，也要把握合理的限度，实现“师生维权与政府维稳的法治统一”。具体而言，高校要深入贯彻落实习近平总书记关于教育的重要论述和习近平法治思想，从认识判断、逻辑推理、综合决策、制度建设四个层面培育高校师生员工在触及网络舆情问题时自觉运用法治的思维和能力，着力加强依法治理、提升治理效能，推进柔性治理、增强法治素养，夯实监管治理、规范工作程序，强化协同治理、理顺体制机制，采取针对性措施破解治理法治化进程中的瓶颈因素，促进网络舆情治理的法治化，扎实推进“推动学校依法治校依法办学能力提升”攻坚行动，确保高校网络空间的洁净清朗。总之，高校要始终坚持把法治作为学校治理的基本理念和基本方式，把法治能力作为衡量办学治校水平的重要指标，把法治工作融入学校工作全过程和各环节，通过高校网络舆情治理法治化的探索，进一步推动依法治校各项制度和工作机制落地生效，提升高校治理体系和治理能力现代化水平，为高校改革发展提供有力的支撑和保障。

① 张文显：《治国理政的法治理念和法治思维》，《中国社会科学》2017年第4期。

Legalization of Network Public Opinion Governance in Colleges and Universities in the New Era: Question Inspection, Theoretical Logic and Practical Approach

Kong Demin

Abstract: With the rapid development of network information technology, the governance of network public opinion in colleges and universities has increasingly attracted more and more attention. The legalization of network public opinion governance in colleges and universities is a necessary part of the modernization of higher education and even national governance system and governance ability and the advancement of comprehensive law-based governance. Based on the problems existing in the legalization of network public opinion governance in colleges and universities in China, it is necessary to bring the process of network public opinion governance into the track of legalization, cultivate the legal thinking of college teachers and students through four aspects including cognitive judgment, logical reasoning, comprehensive decision-making and system construction, and play the leading and promoting role of the rule of law by legal governance, flexible governance, regulatory governance and collaborative governance. Therefore, it can realize the effective governance of network public opinion in colleges and universities, and promote the implementation of the fundamental task of building morality and cultivating talents.

Key words: Information Age; Network Public Opinion Governance in Colleges and Universities; Legalization

高校领导干部政治素质考察：现状、挑战及其策略[*]

王青云　沙　菲　史嘉恒　张起帆[**]

摘　要： 考准考实领导干部政治素质是干部选育管用的关键。由于政治素质具有复杂性、内隐性、可变性及难以量化等特征，实际考察工作充满了困难。本文基于不同历史时期政治素质的内涵、特征及其历史演变，调查高校领导干部政治素质考察的现状，分析高校领导干部政治素质考察面临的挑战，从建立多元协同的干部政治素质考察机制，构建清晰量化的考察指标体系，创造多角度、全方位、立体化的考察方式，建立干部政治素质档案，强化考察结果运用五个方面构建高校领导干部政治素质考察的策略。

关键词： 高校领导干部；政治素质考察；策略

一　引言

政治素质考察是办好新时代中国特色社会主义高校的必然要求。习近平总书记关于教育的重要论述，强调加强党的领导是做好教育工作的根本保证。高校要坚持党管办学方向、管改革发展、管干部、管人才，牢牢掌

---

*　基金项目：上海财经大学 2020 年党建育人基金一般研究项目“高校领导干部政治素质考察研究”（项目编号：2020110605）。

**　作者简介：王青云，上海财经大学干部人事档案工作办公室主任，高级会计师；沙菲，上海财经大学干部人事档案工作办公室干部人事档案干事；史嘉恒，上海财经大学党委组织部组织干事，助理研究员；张起帆，上海财经大学干部人事档案工作办公室职员。

握党对教育工作的领导权，使教育系统成为坚持党的领导的坚强阵地。政治素质考察是高校落实立德树人根本任务的使命要求。“高校立身之本在于立德树人”①。高校领导干部的思想政治状况和道德水准，对国家政治和文化认知认同的状态和言行操守，对高校的办学方向、办学质量、人才培养以及国家和民族的长远发展有着重要而深刻的影响。“高校领导人员所具备的独特属性、所承担的重要使命，使其对我国高等教育质量、发展方向、政策落实等方面发挥着重要作用。”② 高校的干部队伍中既有专职的党政管理干部，也有教学科研和管理“双肩挑”干部，其中有的干部经历单一，缺乏重大的政治锻炼和考验，要建设一支忠诚干净有担当的高素质专业化干部队伍，抓好干部队伍的政治建设是新时代发展的必然要求。

目前，关于“领导干部政治素质考察”的相关研究整体数量不多，通过中国知网系统在主题栏中输入“领导干部”与“政治素质考察”这两个关键词，相关文献共有 51 篇，研究始于 1996 年，主要围绕领导干部政治素质考察的重要性、内容、方法、途径等方面。在主题栏中输入“高校领导干部”与“政治素质考察”这两个关键词，相关文献仅 2 篇，围绕高校领导干部政治素质考察的方法、内容、机制。总体而言，领导干部政治素质考察的相关研究整体数量较少，还有亟待丰富的研究空间。高校承担着为党育人、为国育才的重要使命，这对高校领导干部的政治素质提出了更高的要求。加强高校领导干部政治素质考察关系着立德树人工作的根本成效，对高校加强人才队伍建设、培育时代新人具有现实意义。本文中的领导干部主要是指高校处级领导干部，围绕其政治素质考察的现状、挑战及其策略展开研究。

二 政治素质的内涵、特征及其历史演变

（一）政治素质的内涵及其特征

政治素质是一个综合概念，涵盖了领导干部的思想、工作、作风等各

---

① 习近平：《把思想政治工作贯穿教育教学全过程开创我国高等教育事业发展新局面》，《人民日报》2016 年 12 月 9 日。

② 于丽荣、王文野：《新时代高校干部政治素质的考核及评价》，《教育理论研究》2019 年第 21 期。

个方面，重点包括坚定的理想信念、对党忠诚、尊崇党章、遵守政治纪律和政治规矩，在思想上、行动上同以习近平同志为核心的党中央保持高度一致等情况。2017 年 11 月 6 日，中组部部长陈希在《人民日报》发表署名文章《培养选拔干部必须突出政治标准》，文中提到突出政治标准选拔干部应把握五个方面：一看政治忠诚，是否牢固树立“四个意识”；二看政治定力，是否坚定“四个自信”；三看政治担当，是否坚持原则、敢于斗争；四看政治能力，是否善于从政治上观察和处理问题；五看政治自律，是否严格遵守党的政治纪律和政治规矩。

由此可见，政治素质是贯彻落实党中央重大决策部署的综合表现，聚焦政治忠诚、政治定力、政治担当、政治能力、政治自律五个方面，内涵十分丰富。政治素质具有复杂性、内隐性、可变性，是难以量化的内在品质，难以快速、准确地对其进行识别与评价。

（二）不同历史时期政治素质内涵的变与不变

1. 政治素质最初的内涵是“才德兼备”和“又红又专”

1938 年，在党的六届六中全会上毛泽东同志提了“才德兼备”的干部标准，“才”主要指干部工作的能力和水平；“德”主要涉及干部的政治态度、理想信念、思想品质。中华人民共和国成立之后，毛泽东同志将干部标准从“才德兼备”发展到“又红又专”。“红”指政治方向问题，“专”指业务能力问题，他认为，“政治和业务是对立统一的，政治是主要的，是第一位的，一定要反对不问政治的倾向；但是，专搞政治，不懂技术，不懂业务，也不行。”①

2. 改革开放后政治素质的内涵围绕“四化”方针演变

党的十一届三中全会后，邓小平同志提出“实现干部队伍的革命化、年轻化、知识化、专业化”的“四化”思想。在适应现代化建设对干部业务提出更高要求的同时，突出强调了“革命化”作为选拔衡量因素中政治条件的重要性和优先性。随着改革开放的深入发展，针对实际工作中出现的一些地方和部门唯政绩观的现象，江泽民同志和胡锦涛同志分别以“高素质干部队伍”新概念和“科学发展观”重大战略思想，对“四化”方针进一步发展，对干部德才标准提出新要求，明确“坚持把干部的德

① 毛泽东：《毛泽东选集》（第 2 卷），人民出版社 1991 年版，第 309 页。

放在首要位置”[①] 的同时，对“生产力标准”进行反思，推崇选人用人工作中“德才兼备、以德为先”的原则。

3. 新时期政治素质的内涵体现在好干部标准的丰富

党的十八大以来，在推进全面从严治党的背景下，政治素质进一步得到深入和细化。习近平总书记在2013年全国组织工作会议上提出了“信念坚定、为民服务、勤政务实、敢于担当、清正廉洁”的20字好干部标准，赋予了好干部新的时代内涵；并在2018年全国组织工作会议上再次重申了新时代“坚持好干部标准，把政治标准放在第一位”的要求，强调全党要旗帜鲜明讲政治，增强政治意识、大局意识、核心意识、看齐意识，永葆共产党人的政治本色，把突出政治素质提升到了新高度。党的二十大报告明确提出，树立选人用人正确导向，选拔忠诚干净担当的高素质专业化干部，选优配强各级领导班子；坚持把政治标准放在首位，做深做实干部政治素质考察，突出把好政治关、廉洁关。

三　高校开展领导干部政治素质考察的现状

为了分析目前国内高校领导干部政治素质考察的现状，课题组采取召开座谈会、个别访谈、校外调研、问卷调查等多种形式进行调研。其中，召开组织人事、纪检巡察等部门参加的座谈会3次，开展个别访谈12人次，赴上海市徐汇区委组织部、华东师范大学调研2次，通过问卷星向上海市10所高校（包括上海财经大学、华东师范大学、复旦大学、同济大学、上海师范大学等）发放了问卷185份，回收问卷167份，回收率90.27%。调查对象为高校管理人员、教师、非教学科研岗专技人员，调查内容包括目前高校领导干部政治素质考察的组织领导、考察标准与指标、考察时间节点、考察方式与方法、群众参与度和考察结果运用等。

1. 组织领导

目前高校开展领导干部政治素质考察，主要集中在年末考核、干部提任等时期。调查结果显示，认为“该项工作主要是由学校组织部门单独组织实施开展”为63%；“该项工作是由学校组织部门、纪检、巡察部门

① 胡锦涛：《在庆祝中国共产党成立九十周年大会上的讲话》，人民出版社2011年版，第20页。

联合开展”为24%；“由组织部门、纪检、巡察、教师工作部、人事部门共同参与”仅为5%。由此可见，目前大多高校还没有建立起党委统一领导，组织部门牵头实施，相关部门协同配合的考察工作组织领导体制。不同的考察部门，对干部的考察侧重点、内容都有所不同，只有结合各方面的信息，汇总分析、研判后才能得出全面客观的评价结果。

2. 考察标准与指标

领导干部政治素质的内容聚焦政治忠诚、政治定力、政治担当、政治能力、政治自律五个主要方面，各高校都按上级要求，明确了考察标准。通过对调查问卷的分析，认为“高校设立了细化的考察指标”仅为15%，“学校没有细化的考核指标”的为54%，“不了解考察指标”的为31%。

3. 考察时间节点

关于考察时间节点，认为“年度考核和干部提拔时，都进行了干部政治素质考察”超过90%；“在人才工程申报和干部换届时开展了考察”为50%—60%；“平时也开展了政治素质考察”仅为7%。领导干部政治素质考察是一项长期、综合、复杂的工程，既要把功夫下在日常，近距离、常态化看干部干事创业的政治表现，也要看领导干部在重大任务、关键关口的表现；既要看现实表现，也要看过去的成绩，更要看未来的潜在成绩，这样才能确保政治素质考察的实效。

4. 考察方式与方法

关于考察方式与方法，通过调查问卷的分析，可以看出目前高校考察干部政治素质的方式，主要在干部提任、换届时通过干部自我述职、部门内同事评价、民主谈话测评等方式进行考核、考察。而通过政治理论测评、走访家属、社区的比例不足20%。由此可见，在考察方式与方法上，手段比较单一，还没有建立起科学、有效的考察体系。

5. 群众参与度

领导干部的政治素质具有一定的复杂性、隐蔽性，有的领导干部在不同的环境、不同的场合表现完全不一致，群众的广泛参与，是考准考实政治素质的关键因素。在群众的参与度方面，认为“领导干部的政治素质考核是在分管领导和干部所在部门进行的”超过90%；“政治素质考核延伸到业务相关部门进行”为50%；“政治素质考察涉及领导干部的朋友圈、社交圈”仅为6%。由此可见，领导干部政治素质考察在群众的参与度方面还有待进一步扩大和延伸。

6. 考察结果运用

“考察结果是基础，用好结果是关键。只有将考察结果运用到干部选拔任用、教育培养、管理监督、激励关爱等工作中去，才能激励干部担当作为、干事创业。”① 认为其“所在的高校，没有充分发挥政治素质考察的作用”的为63%。教学科研岗教师中有超过50%对干部政治素质考察的实际成效不了解或者不满意，他们认为目前的方法很难对领导干部的政治素质做出准确的评价，考察结果基本上以考察者所在党组织出具评价意见为主，千篇一律，大同小异，难以有优中差的区别，评价结论差距不明显，难以把“两面人”考察出来。

四　高校领导干部政治素质考察面临的挑战

（一）对政治素质重要性的认识亟待深化

高校本身的功能定位和师资队伍构成决定了其干部选育管用的不同特点。高校党政管理岗位的专业性强，尤其是很多行政岗位对干部的业务水平要求高，干部队伍构成中需要较大比例的既懂管理又懂教学科研的“双肩挑”干部。政治素质是软条件，难以把握和衡量，而业务能力是硬条件，可以反映在工作实绩中，容易体现为量化的数据指标。在实际干部选育管用工作中，衡量业务能力主要看是否具有学术影响力、是否能带动学科发展、是否具有较强的行政管理能力，而对政治素质的把握则是主要看“有无明显过错”。如果在干部选育管用上对政治素质的重要性与必要性认识不足、重视不够，就容易发生重业务而轻政治的倾向。

（二）政治素质考察的联动亟待加强

干部政治素质具有内隐性、复杂性，政治把关和政治素质考察的识人基础是建立在对干部外在表现的了解之上，是通过分析干部的外在表现，即内在素质的外化来评价干部内在政治素质。干部的外在表现可以通过诸多途径收集，对其政治素质考察涉及组织系统内部各层级间以及与纪检监察、巡视巡察、审计信访等多部门，领导干部人选所在党组织对其政治表

① 杨立茂：《党政领导干部考察评价标准体系研究》，《厦门特区党校学报》2007年第4期。

现、参加组织生活、履行党员义务、工作作风等情况也更加熟悉了解，深入挖掘分析政治方面的具体事例，可以精准评价干部的政治素质。但过去很长一段时间，高校在干部政治素质考察过程中，各部门联动不足，信息运用不够，难以做到对干部日常政治的常态收集、实时更新、定期研判，在这种情况下，有时就会造成考察的失真失准。一方面，干部政治素质考察涉及部门众多，相关部门沟通交流协调渠道不够通畅，缺少协商会商等密切协作工作机制，无法就一段时间内，围绕某一主题中心任务的完成情况、发生的“亮点”事件、突发事件，针对这些事情进行深入访谈与调查，考察了解有关领导干部在相关工作中的具体政治表现。另一方面，评价意见缺少汇总渠道，信息整合存在差距，各方面专题调研、日常考察、临时抽查、巡察监督、信访审计等情况缺少多层面、全方位、立体式相结合的方式，未能充分发挥应有的由表及里、去伪存真、全面画像的作用。

（三）如何将领导干部政治素质考准考实亟待探索实践

“高校领导干部政治素质考察工作的水平直接关系到高校政治标准落实的质量”①，如何通过考察对干部进行聚焦、扫描和体检，鉴别分析其政治素质是高校需要不断研究和实践的课题。对领导干部的政治标准进行考察离不开听取多方意见，广泛收集信息，然而在实际考察过程中，由于受到主观和客观因素的影响，高校领导干部政治素质考察的方式和方法比较单一，精准度需要提升。一方面，政治素质比较抽象，既要有定性判断，又要有其在重大任务、重大斗争、关键时刻的具体例证，如果没有可量化、可操作、令人一目了然从而较易信服的指标，考核时就会出现抽象的概念组合，表述模糊、千篇一律等现象，从而严重影响这一工作的科学性、权威性、有效性。另一方面，目前群众的参与程度还比较低，对领导干部政治表现的评价，表达渠道、影响渠道仍不够多，一定程度上导致干部考核中存在“重上级评价、轻下级评价”“重内部评价、轻外界评价”等问题。因此，高校需要不断探索精准考察干部政治素质的方法和路径，以提高考察精准度。

---

① 刘伟、翁俊芳：《论新时代高校领导干部政治素质考察的内容与方法》，《党政研究》2020 年第 3 期。

（四）如何将政治素质考察结果运用到位亟待深化实施

“政治素质考察的目的，就是把政治素质考察结果作为干部选育管用的重要依据”①，坚决贯彻执行党的路线方针政策、重大决策部署，维护习近平总书记核心地位、维护党中央权威和集中统一领导，把政治素质过硬、敢于担当负责、工作实绩突出的优秀干部提拔重用，对政治上不合格的干部实行“一票否决”，树立鲜明正确的用人导向，激励干部争相担当，营造见贤思齐、奋发有为、干事创业的氛围。但目前考核结果的综合分析研究不够，政治素质考察的结果运用还有待进一步加强。

五　高校领导干部政治素质考察的策略

（一）建立多元协同机制，为精准评价干部政治素质提供坚强组织保障

1. 形成党委统一领导，以组织部门为主，纪检、巡察、审计、人事、宣传等多部门积极参与的多元协同机制

学校党委要切实担负起干部政治素质考察的主体责任，明确党委作为根本领导核心，党委书记是第一责任人，强化对干部政治素质考察工作的统一领导，核实考察信息是否真实、准确、有效。各考察主体部门要建立部门联审制度，定期召开联席会议，多渠道立体了解干部各个方面的政治表现，对干部政治素质进行分析研判。

2. 适当引入第三方中介机构

第三方中介机构因自身的独立性，较少受到外界干扰，从科学的角度分析考察材料，增强考核评价的权威性和科学性。例如，高校可以将干部政治素质考察工作中专业要求高而又不涉及机密的某些工作委派给第三方机构，保证考察结果的客观、公正。第三方的介入会使一些被访谈对象愿意开口讲真话，能较全面地收集掌握干部政治情况，避免考察失实失真。

---

① 中国组织人事报社：《干部考察考核方法新探（2013—2018）》，党建读物出版社 2018 年版，第 59 页。

3. 建立高素质考察队伍，坚决扛起政治生态保护责任

“干部政治素质考察工作是组织行为，通过考察人的工作来实现。政治素质能否考准考实，考察人员的能力素质十分重要。”① 高校要努力建设一支高素质的干部政治素质考察队伍。首先，坚持德才兼备、优中选优，选拔一批政治素质高、业务能力强、作风形象好，有基层工作经历或干部考察工作经验的干部，建立干部考察工作人员储备库，坚持优化考察人员队伍结构。其次，要加强培训教育。突出抓好考察人员的党性教育和理论武装，增强考察人政治敏锐性，练就政治慧眼，善于从政治上来观察、识别干部；加强考察工作人员业务培训，熟悉和掌握干部人事工作方针政策，学习与政治建设考察相关的人才学、心理学、管理学和思想政治工作等知识，提升查阅资料、深度访谈、撰写考察材料等业务水平，提高复杂情况下观察人、了解人、考察人的本领，“努力练就知事识人的‘火眼金睛’”②，真正当好“把关人”。

（二）构建清晰量化的考察指标体系，增强可操作性与实效性

1. 明确标准，细化政治素质考察内容

将考察标准细化为政治忠诚、政治定力、政治担当、政治能力、政治自律五个方面，明确具体内容和考察指标，并建立负面清单（见表1、表2）。

表1　高校领导干部政治素质考察的维度及内容

考察维度	考察内容
政治忠诚（20分）	1. 坚持党的领导，维护党的团结统一。 2. 树牢“四个意识”，坚定“四个自信”，坚决做到“两个维护”。 3. 全面贯彻党的教育方针，落实立德树人根本任务，坚定不移走中国特色社会主义高等教育发展道路
政治定力（20分）	1. 坚定马克思主义信仰，具有共产主义远大理想和中国特色社会主义坚定信念。 2. 不忘初心，牢记使命，坚持“四个服务”，始终做到为党育人、为国育才。 3. 具有共产党人的世界观、人生观、价值观，自觉践行并弘扬社会主义核心价值观，弘扬忠诚老实、廉洁自律等价值观

① 戴晓曙：《好干部标准实践方法研究》，党建读物出版社2019年版，第109页。

② 中共中央组织部公务员三局：《干部政治素质考核案例选编》，党建读物出版社2021年版，第8页。

续表

考察维度	考察内容
政治担当（20分）	1. 坚决贯彻落实习近平总书记重要指示精神和党中央决策部署。 2. 保持斗争精神，增强斗争本领，在大是大非面前站稳政治立场，学校在急难险重任务面前能够挺身而出、主动担当作为。 3. 以身作则、以上率下，履行从严管党治党政治责任，践行“一线规则”，弘扬奋进文化
政治能力（20分）	1. 学思践悟习近平新时代中国特色社会主义思想，把握社会主义办学方向。 2. 具有较强的政治敏锐性和防范风险的能力，始终把牢正确的政治的方向、价值取向和舆论导向。 3. 树立正确的政绩观，遵循教育规律，以培养担当民族复兴大任时代新人为己任
政治自律（20分）	1. 尊崇党章党规，加强党性修养，严格遵守政治纪律和政治规矩，严肃党组织政治生活。 2. 贯彻中央八项规定及其实施细则精神，带头纠正“四风”，践行一线规则，密切联系群众。 3. 坚持廉洁从政，廉洁用权，廉洁修身，廉洁齐家

表2　　高校领导干部政治素质考察负面清单的维度及内容

考察维度	考察内容
政治忠诚（20分）	在大政方针上与党中央要求相背离，树牢“四个意识”，坚定“四个自信”，坚决做到“两个维护”方面认识不清，甚至存在错误的认识和做法。（10分）
	贯彻落实党中央、上级以及学校的决策部署敷衍应付，当面一套，背后一套，甚至弄虚作假等情况。（10分）
政治定力（20分）	歪区否定马克思主义、社会主义、党史国史等。（10分）
	妄议中央和党和国家的大政方针，制造、传播与中央精神不符的言论、文章、作品等。（10分）
政治担当（20分）	在大是大非问题上立场不坚定，在错误言行面前不抵制、不斗争，无动于衷、不敢发声，缺乏斗争精神。（10分）
	缺乏攻坚克难的精神，组织观念淡漠，面对急难险重的任务畏手畏脚，不敢担当。（10分）
政治能力（20分）	政治敏锐性不强，缺乏政治鉴别力，只讲业务，不讲政治，弱化党的领导。（10分）
	政治理论素养不高，运用理论指导实践工作能力水平不够，深入一线解决问题能力不强。（10分）

续表

考察维度	考察内容
政治自律（20分）	不遵守政治纪律和政治规矩，不严格执行请示报告制度，不认真参加民主生活会，违反外事纪律、保密规定等。（10分）
	政治投机，结小圈子，小团伙，任人唯亲，对亲属要求不严，存在“四风”和“师德师风”问题。（10分）

2. 分配权重系数，量化考核指标

对细化后的考察内容和负面清单合理分配权重系数，进行量化，最大限度地减少考察的主观性和片面性。

3. 运用雷达图，量化考察等次

汇总测评表，得出被测评者的平均总成绩，运用雷达图直观分析、衡量干部政治素质的突出特点及其相对差距。

（三）实施多角度、全方位、立体化考察，提升考察的全面性与精准性

1. 在日常考核中考察干部政治素质

将政治素质作为年度考核、专项调研、谈心谈话的必述、必谈内容，充分发挥日常考核的政治把关和体检作用。定期开展理论测试，重点掌握党员干部参加理论学习、集中教育等方面的情况。认真组织开展专题民主生活会，听取各方意见建议，发现问题督促整改。

2. 在“八小时之外”考察干部政治素质

对领导干部政治素质的日常表现的考察需要进一步延伸至工作圈以外，即考察干部在“八小时以外”的生活圈、朋友圈、社交圈中的政治品德、政治自律等情况。要不定期走访干部的社区与家庭，访服务对象、访亲友、访邻里、访家人等，动态化、立体式、全方位地考察领导干部的日常表现。要检验干部私底下、无人时、细微处所表现出的党性，特别是政治言论方面，看其是否人前人后一个样，台上台下一个样，上班下班一个样，进而准确把握干部日常作为及现实表现。

3. 在重大任务、工作一线中考察干部政治素质

干部的思想政治素质往往在一些重大政治活动、重大问题决策和处理

中表现得更为突出，“考察领导干部的政治素质一定要看关键时刻的言行。”① 关注干部在参与重点工作、落实重大部署时的政治立场和政治能力，特别是在完成重大任务、应对突发事件时，是否冲锋在前，敢于斗争。高校要在扶贫、抗疫、援派、挂职、校庆等重大活动以及处理校园安全稳定等突发性事件的表现中来对干部进行考察。在面对援派挂职的选择时，是否服从组织安排，考验其政治担当。通过基层一线岗位的历练，观察其贯彻落实中央重大决策部署、鉴别其政治能力。

4. 在干部人事档案中考察干部政治素质

对干部人事档案审核，首先要审核“三龄两历一身份”是否存在造假，这直接体现着一位干部骨子里的政治素质。此外，还要对干部档案中的历次考核考察材料、政治鉴定材料、奖励材料等都进行仔细审核，从而了解其过去一段时间的政治素质情况。

5. 在广大群众中考察干部政治素质

高校要深入教学一线，服务一线，主动听取师生的心声，广听博取，鉴定德才政绩，多角度了解干部的生活作风，掌握在常规考察中难以深入的情况。要在群众中多宣传干部政治素质考察工作，真心诚意听取群众意见，对考察的有关情况及结论，如测评、推荐情况和考察结论等，也要在一定范围内公示和听取群众反馈。

（四）建立干部政治素质档案，实现对干部政治素质的精准画像与评价

干部政治素质档案是记载干部政治素质表现的各方面文字材料，内容根据新时代党的建设和组织人事工作以及经济社会发展需要确定，主要包括重大政治事件、重大任务等政治表现类材料、各类政治鉴定材料、政治素质测评材料、民主生活会材料等。干部政治素质档案实施一人一档、即时记录、动态更新，作为研判干部政治素质的重要依据。

（五）强化考察结果运用，切实推进高校党的政治建设

将日常考察、“八小时以外”考察、重大任务考察等情况，进行综合

① 陈永奇：《把维护祖国统一 促进民族团结作为干部政治素质考察的重要标准》，《党建研究》2019 年第 7 期。

分析研判、个性画像，由学校党委确定干部政治素质考察结果。考察结果明确后，首先，建立反馈机制，分层分类以谈心谈话的方式向被考核干部进行反馈，反馈必须原汁原味，让干部更加清晰地了解自身存在的问题；其次，向干部所在党组织、部门负责人反馈，通过不同渠道向群众反馈；最后，通过适当方式公开、反馈考评结果，提高考评结果的透明度，主动接受群众监督。

将政治素质考核结果运用到干部选育管用的各个环节，运用到从严治党全过程，真正把政治素质是第一素质的导向树立起来，以政治素质考核来检验和推动干部队伍建设，打造高校政治上的“绿水青山”。一是将干部政治素质考察结果运用于激励干部担当作为上，运用到干部提拔任用和调整交流等工作。二是将政治素质考察结果运用于干部评优表彰等工作。三是将考核评价结果运用于干部教育管理工作。四是将考核结果运用到政治监督上，坚决查处各项违反政治纪律、政治规矩的行为。

Investigation of the Political Quality of Leading Cadres in Colleges and Universities：Research on Current Situation，Challenges and Strategies

Wang Qingyun　Sha Fei　Shi Jiaheng　Zhang Qifan

Abstract：Investigating the political quality of leading cadres is the key to cadre selection，training，management and use. However，the actual investigation work becomes difficult because political quality is characterized by complexity，implicitness，variability and being abstract and difficult to be quantified. According to the connotation，characteristics and historical evolution of political quality in different historical periods，this paper investigates and analyzes the current situation and the challenges of the investigation on political quality of leaders in colleges and universities. It also constructs the investigation strategy for the political quality of university leaders from five aspects，including establishing a pluralistic and collaborative investigation mechanism for the political quality of cadres，building a clear and quantitative investigation index system，creating a multi-angled， all－round and three－dimensional investigation method, establishing cadres' political quality files, and strengthening the application of the investigation results.

Key words: Leading Cadres in Colleges and Universities; Investigation on the Political Quality; Strategy

新时代研究生三助实践育人的困境与对策*

何志强**

摘　要：研究生三助是国家推进研究生实践能力和创新能力培养的重要制度安排，是高校推进实践育人和研究生导师言传身教的重要载体，是研究生提升自身综合素质的重要平台。本文在分析研究生三助工作现状的基础上剖析了研究生三助实践育人面临的困境：公共财政投入边际效用弱化，专业学位研究生实践培养契合度不高，交流培训机制有待完善，师生认知差异显著和研究生参与意愿有待提高。提出了构建以创新为导向、以发展为核心、以精准资助为抓手的新时代研究生三助工作体系，最终提升研究生三助实践育人效能。

关键词：研究生三助；实践育人；精准资助

国家自 1986 年设立研究生助教以来，研究生三助工作体系不断完善，其功能已经由最初的助学转变为资助与培养相结合①，并成为实现全过程育人、全方位育人的有效平台。教育部 2014 年发布《关于做好研究生担任助研、助教、助管和学生辅导员工作的意见》，进一步明确了研究生三助的工作体系。三助岗位既减轻了研究生的自身经济压力，又满足了不同学位类别研究生的发展需求。在 2014 年研究生全面实行收费的背景下，

---

* 基金项目：2018 年上海财经大学研究生教改课题“利益相关者理论视域下研究生三助实践育人的困境与对策”（项目编号：2018150029）。

** 作者简介：何志强，上海财经大学学生工作处讲师。

① 霍莉、李兰：《从“助学”到“培养”——研究生三助岗位制度创新的思考》，《研究生教育研究》2016 年第 6 期。

研究生教育教学改革向纵深推进，研究生三助实践育人功能发挥面临新挑战。2020年7月，全国首次研究生教育会议召开，习近平总书记明确指出，着力增强研究生实践能力、创新能力，为建设社会主义现代化强国提供更坚实的人才支撑。因此，结合新时代发展需求，剖析研究生三助实践育人困境，进一步构建研究生三助实践育人长效机制，具有重要的现实意义和应用价值。

国内有学者从不同角度对研究生三助工作的相关内容和育人体系开展了理论研究。其中谢矜等结合我国研究生教育综合改革的背景，以完善研究生教育投入机制、实施“三助”岗位聘任管理、提升研究生职业发展能力为出发点，提出对研究生“三助”制度进行系统化设计的思路①。霍莉、李兰从培养功能定位的角度对研究生“三助”岗位制度创新相关问题进行探讨，提出了具体的创新思路和改革措施。② 魏玲玲、艾宁以推进研究生全面发展为目标，从学校和研究生双赢的视角提出完善研究生“三助”管理体系的对策措施。③ 贾立壮、胡文斌论述了高校教师育人、教育管理部门育人和社会育人三个维度的协同育人与研究生“三助”工作创新体系建设，并提出了具体举措。④ 魏静利用利益相关者理论分析了全面收费改革对研究生培养的影响，并将政府、高校、导师、学生和社会作为研究生教育的利益相关者⑤。虽然这项研究并不是直接针对研究生三助实践育人体系的研究，但是研究思路给笔者很大的启发。

本文从政府、高校、研究生导师和研究生4个维度，剖析新时代研究生三助实践育人困境，并以教育部直属某高校A为例，调研2013—2021年研究生三助工作实施进展情况；同时，针对该校研究生导师和研究生，开展了问卷调查，回收教师问卷300份，研究生问卷567份，其中专业学位研究生84人，学术学位研究生483人。

---

① 谢矜、王晓莉等：《深化教育改革背景下研究生三助制度设计的思考》，《学位与研究生教育》2015年第5期。

② 霍莉、李兰：《从“助学”到“培养”——研究生三助岗位制度创新的思考》，《研究生教育研究》2016年第6期。

③ 魏玲玲、艾宁：《完善“三助”管理体系，助推研究生综合发展》，《高等农业教育》2017年第8期。

④ 贾立壮、胡文斌：《协同育人视域下研究生“三助”工作创新体系构建研究》，《兰州教育学院学报》2016年第3期。

⑤ 魏静：《利益相关者视角下研究生收费制度博弈关系研究》，《研究生教育研究》2014年第4期。

一 新时代研究生三助工作现状与意义

（一）研究生三助工作体系日趋完善

我国高校研究生三助工作于 20 世纪 80 年代逐步开展起来。自 1986 年以来，为适应社会发展对研究生培养的要求，国家先后出台颁发一系列工作制度文件，使研究生三助工作的功能定位从原来的能力培养逐步向能力培养、解决学生实际经济困难、思想教育并重的方向发展。研究生三助岗位数量和资助经费不断增加。根据教育部发布的年度统计公报和学生资助发展报告，2014—2021 年，每年研究生三助参与人数超过 40 万人，每年资助金额从 28. 84 亿元增加至 29. 35 亿元，研究生三助每人次津贴金额占生均公共财政预算教育事业费支出比例超 16%。与此同时，促进研究生创新发展的三助工作体系日趋完善。

（二）研究生三助是高校推进研究生创新实践的重要载体

我国研究生学位教育主要分为：学术型和专业型。学术学位研究生偏向科学研究，专业学位研究生偏向于实践应用。国家自 1991 年开始专业学位研究生招生，2017 年专业学位研究生招生占比为 50. 2%，首超学术学位研究生，而且这一比例还在逐年增加。国务院学位委员会、教育部印发的《专业学位研究生教育发展方案（2020—2025）》称，到 2025 年，以国家重大战略、关键领域和社会重大需求为重点，增设一批硕士、博士专业学位类别，将硕士专业学位研究生招生规模扩大到硕士研究生招生总规模的 2/3 左右，进一步创新专业学位研究生培养模式。三助岗位在为研究生提供创新实践机会的同时，也切实提升了研究生的创新意识。与此同时，研究生三助也在助力高校事业发展。研究生助管为高校提供了重要的管理人力资源储备；助教、助研更是高校开展课程建设和科学研究的重要力量。

（三）研究生三助是导师落实第一责任人的关键之举

研究生导师是研究生培养的第一责任人，既指导学生开展学术研究，又推进研究生思想政治教育，为国家培养输送高质量、高层次的研究型、应用型人才[①]。研究生三助提供了教学相长模式的实践平台，为研究生导师落实第一责任人，指导研究生开展创新实践发挥着重要作用。研究生导师坚持立德树人，坚持言传身教，聘任研究生担任助研，指导研究生主要开展数据整理分析和文献搜索及综述工作，培养研究生学术规范意识；聘任助教，指导研究生开展课程教学、平时作业批改和考试试卷批改工作，培养研究生教育教学能力；聘任助管，指导研究生开展项目经费管理和日常管理工作，培养研究生综合素质。而研究生助教和研究生助研为导师开展科研提供了数据准备和文献梳理的工作准备，并分担了导师日常的教育教学工作，使导师有更多的时间和精力投身于科研工作，投身于研究生培养指导工作。对教育部直属某高校 A 的调研显示：研究生导师对研究生参与助管、助教和助研工作的满意度较高，分别为 96.43%、93.94%和 100%。

（四）研究生三助是研究生提升学生综合素质的重要平台

研究生通过参与研究生三助工作，既获得了经济上的资助，减轻了自身经济压力，又提升了自身的综合素质和实践能力，满足自我个性化职业发展需要[②]。自 2014 年国家全面实行研究生收费制，专业学位研究生的学费和招生人数远超学术学位研究生，研究生三助工作的经济资助功能更加凸显。从教育部直属某高校 2013—2021 年研究生三助需求及聘任情况来看，研究生三助岗位聘任研究生人数逐年增长，2014 年研究生三助岗位聘任人数同比增长率最高，达到 19.68%，说明研究生全面收费制改革背景下，研究生通过三助岗位缓解经济压力、提升自身综合素质的诉求明显。另一方面，三助岗位对研究生综合素质培养的高契合度，也成为研究生积极参与研究生三助工作的关键因素。调研结果显示，研究生助管主要工作排名前三位的是：整理资料（占 79.31%）、报送材料（占 68.97%）、协助组织活动或筹备会议（占 51.72%）。79.31%的助管研究生认为提升了组织协调能力，72.41%的助管研究生认为提升了沟通能力。研究生助教主要工作排名前三位的是：批改作业（占 100%）、批改试卷（占 61.9%）、课程答疑（占 48.81%）。80.95%的助教研究生认为提升了工作

① 姚琳琳：《研究生导师职责的探讨》，《高教探索》2018 年第 2 期。

② 李泽芳、姚飞：《完善研究生奖助体系的探索与思考——以清华大学为例》，《学位与研究生教育》2020 年第 10 期。

责任心，77.38%的助教研究生认为夯实了专业基础知识。研究生助研主要工作排名前三位的是：数据整理分析（占82.05%）、报告及论文撰写（占64.1%）、文献搜索及综述（占64.1%）；79.49%的助研研究生认为提升了数据分析能力，74.36%的助研研究生认为提升了文献搜索及阅读能力，69.23%的助研研究生认为提升了报告撰写能力。而且通过教师和研究生对三助主要工作内容的调研数据相关性分析，结果为0.891，说明研究生三助岗位设置与研究生参与工作实践匹配度较高。

二 新时代研究生三助实践育人困境

研究生三助虽然已经成为推进研究生创新实践的重要载体，但通过调研发现仍然面临着财政投入边际效用弱化、三助工作落实举措有待完善、研究生导师与研究生存在认知差异和研究生参与意愿有待加强等育人困境。

（一）公共财政投入边际效用弱化

根据教育部发布的统计公报，与2013年相比，2020年在学研究生人数和生均公共财政预算教育事业费支出分别增加75%和43.71%，公共财政预算教育事业支出低于研究生人数增长，政府高等教育公共财政投入的增加与在学研究生增长和研究生学费增加不成正比。政府公共财政投入的增幅要远小于研究生学费等费用支出，从而减弱了增加公共财政投入的边际效用。虽然政府部门高等教育财政投入逐年增加，但其边际效用受到研究生人数和学费增长的影响而不断降低。

（二）高校研究生三助工作落实举措有待完善

在2014年全面实行收费制背景下，保障研究生教育公平、调节研究生教育供求、提升研究生教育绩效，是当前研究生资助制度面临的三大挑战①。研究生三助实践育人的定位与专业学位研究生人才培养目标存在一定差异性，需要通过完善研究生三助岗位交流培训机制来强化对不同学位类别研究生

① 赵军：《全面实行收费制背景下研究生资助制度：挑战、问题与对策》，《学位与研究生教育》2015年第3期。

的吸引力。研究生三助工作能为家庭经济困难研究生提供经济资助，但较低的津贴标准和不完善的培训机制将影响其实践育人功能发挥。范文鹏认为目前的研究生三助工作存在不被重视，目标定位单一，制度建设相对滞后，资助面较窄，资助金额较少等问题①。张再林和张涛在研究生三助实际工作中存在“重使用、轻培养”的现象②。此外，当前一些高校简单地将“三助一辅”工作与勤工俭学混淆，或者只让学生帮助指导教师或导师做一些事务性工作，缺乏指导，导致研究生成为简单的劳动力③。

（三）研究生导师与研究生对三助工作存在认知差异

通过对教师和研究生关于加强研究生三助工作建议的差异性对比分析，发现教师与研究生对三助工作的建议侧重点相关性低，相关度仅为0.2，这说明研究生导师与研究生对三助工作存在认知差异。研究生对加强三助工作的建议排前三的分别是：岗位设置，增强负责老师对从事三助工作的研究生的指导、建立三助工作交流机制和表彰三助工作先进个人及集体，分别占比为42.76%、38.16%和20.39%，而教师建议前三的分别是：开展岗前培训、建立三助工作交流机制和完善三助岗位考核机制，分别占比为44%、40%和36%。从教师对研究生三助岗前培训的建议，表明研究生参与三助工作能力需要提升。

我们对研究生和教师对三助工作岗位的职责、能力培养和满意度三个维度的调研数据分别进行T检验，结果显示：教师和研究生对助管和助管岗位的认知差异性不显著，对助教岗位的认知在P值<0.05存在显著性差异（见表1）。

表1　　教师与研究生对三助工作的认知差异性分析

	助管		助教		助研	
	研究生	教师	研究生	教师	研究生	教师
平均	0.46	0.43	0.49	0.38	0.49	0.45

① 范文鹏：《我国研究生“助管、助教、助研”工作探微》，《教育与职业》2016年第14期。

② 张再林、张涛：《广西高校研究生三助管理工作的现状与发展对策探析》，《高教论坛》2009年第5期。

③ 史少杰、周海涛：《研究生“三助一辅”工作：问题及对策》，《国家教育行政学院学报》2016年第3期。

续表

	助管		助教		助研	
	研究生	教师	研究生	教师	研究生	教师
方差	0.09	0.08	0.12	0.08	0.09	0.11
观测值	13	13	13	13	14	14
泊松相关系数	0.88		0.85		0.91	
假设平均差	0		0		0	
df	12		12		13	
t Stat	0.83		2.13		1.13	
P（T<=t）单尾	0.21		0.03		0.14	

（四）研究生参与三助工作意愿有待提升

研究生是三助工作的直接受益人，但不同学位类别的培养目标和自身个性化职业发展需求等原因致使研究生的三助工作参与意愿有待提升。首先，通过调研高校 A 的研究生三助工作情况，每年研究生三助岗位需求人数均大于聘任人数。其次，在实施研究生全面收费制的形势下，研究生三助岗位能力要求高及津贴标准低将进一步影响研究生参与三助工作的意愿。张晶认为高校课堂开始利用互联网和大数据进行课堂形式和技术的革新，对学生助教的数量需求和技术要求不断提高①。最后，问卷调研结果显示：研究生参与助管、助教和助研工作的意愿存在明显差异性，其中，参与助管岗位意愿最低，尤其是辅导员助管，仅占 1.97%。此外，研究生不参与研究生三助工作的主要原因是与自身职业规划不相符，占 54.05%。面对学费、培养方式和培养目标的差异性，不同学位类别研究生在有限时间和不同的学习形式的基础上，出于自身职业发展和缓解经济压力的考虑，会选择其他实习形式，从而使研究生三助岗位处于"鸡肋"的尴尬境地。

三　构建新时代研究生三助实践育人长效机制

通过研究，我们认为要解决当前研究生三助工作中存在的问题，需要构建研究生三助实践育人的长效机制。应该坚持创新导向，以促进研究生

① 张晶：《"三助一辅"背景下思政课混合式教学助教角色的转变与发展》，《湖北社会科学》2019 年第 7 期。

发展为核心，推进精准资助，促进新时代研究生三助工作实践育人功能提升。

（一）坚持创新导向，优化研究生三助岗位供给机制

研究生的创新素养重在强化学术阅读、活性知识与创新能力①。研究生三助需要坚持创新导向，强化岗位考核，优化岗位供给机制，切实提升研究生创新素养。

强化三助岗位考核，推进研究生创新素养培养。研究生导师根据研究生特点，首先，有针对性地安排研究生三助工作岗位，指导从事助教和助研工作的研究生开展综述式前沿知识的研究，引导研究生主动阅读，激发研究生勤思笃行，启迪研究生多思多问，有效提升研究生创新实践能力。其次，强化助教、助研等岗位的文献阅读、科研训练、课程教学参与度考评，聘任研究生的导师要按照岗位时长要求，突出阅读数量和论文撰写量化考核，强化活性知识的学习，切实提升研究生自身创新能力。最后，高校需规定聘用研究生三助教师指导时长要求，要把创新引领作用于研究生三助岗位实践中，进一步避免三助岗位“鸡肋”化倾向。最重要的是，研究生要严格按照岗位职责要求和工作时长，立足三助岗位工作实践，积极参与科研实践和管理创新，实现自我创新发展。

优化研究生三助岗位供给机制，促进创新能力培养。针对学术学位研究生，要发挥助教和助研岗位科研育人功能，培养研究生“勤学”的主动阅读、“善思”的课堂学习与“多问”的研究习惯等创新素养。针对专业学位研究生，要以“助管”岗位推进学以致用的创新实践，而不是简单烦琐的行政管理事务。要统筹规划研究生三助岗位需求，在设置岗位、制定津贴标准时，应对弱势学科、交叉学科倾斜。要结合资金投入和院系及智库、职能部门实际，加大对助教、助研的投入，支持研究生在导师指导下开展基础性研究。

（二）坚持以研究生发展为核心，强化研究生三助实践育人

高校要以落实中共中央、国务院印发的《深化新时代教育评价改革

---

① 李润洲：《研究生创新素养培育的教学审视——一种教育学的视角》，《研究生教育研究》2019年第1期。

总体方案》为契机，坚持立德树人，以促进研究生发展为核心，完善高校研究生三助工作考评和培训交流机制。

坚持分类引导，完善培训交流机制，强化研究生三助实践育人。发挥研究生导师的言传身教作用，引导学术学位研究生面向世界科技竞争最前沿，面向经济社会发展主战场，面向人民群众新需求，面向国家治理大战略，将自我发展与国家发展同相同行；引导专业学位研究生聚焦中国发展实际，构建研究生创新实践共同体，促进专业学位研究生创新实践能力提升。同时，不断完善研究生三助培训交流体系，加强研究生导师和研究生交流沟通，缩小彼此对三助工作认知差异，实现“用人”与“育人”的有效结合。努力构建校内外生生、师生之间的三助工作交流平台，定期组织开展以研究生为中心，师生、校友和用人单位共同参与的经验交流活动，举办优秀研究生三助岗位评比及表彰活动，提升三助工作获得感和吸引力，进一步增强研究生发展信心。

坚持以生为本，加强过程考核，切实提升研究生实践能力。政府部门要增强高校办学自主权，鼓励高校结合自身学科发展特点，依托研究生三助构建创新导向机制。要增强对研究生三助工作财政投入的绩效考核，尤其是研究生三助专项资金的设立及绩效考核，突出研究生创新能力培养指标。发挥研究生三助信息化建设优势，精准定位研究生个体特征，做到人岗匹配。完善三助管理信息化系统，实施公平公开的聘任、考核和津贴发放的全过程管理，进一步规范研究生三助工作考评机制，使研究生参与三助工作全过程可视，全过程得到指导，促进研究生自我能力提升。

（三）坚持精准资助，推进研究生三助资助育人

研究生三助工作并不是“一次性聘任”，还需在“精准”上做文章，发挥资助育人长效功能。

要精准定位岗位津贴标准。政府部门在研究生全面收费制改革基础上，要进一步完善公共财政投入机制，设计与三助岗位相匹配的津贴标准。高校应在财政统一拨款的基础上，积极拓展研究生三助资金来源渠道，建立专项资金，结合当地物价水平和研究生三助岗位工作内容等因素合理确定制定津贴标准，服务创新发展导向。虽然《高等学校学生勤工助学管理办法（2018 年修订）》统一了研究生三助的工作时长和最低工作标准，但在兼顾地域和高校学科差异性的有吸引力的津贴标准还需进一步优化，切实

通过研究生三助岗位缓解研究生尤其是专业学位研究生的经济压力。

要精准定位研究生实际需求。结合研究生自身科研潜能和发展需求，鼓励研究生导师在自身科研项目中做到应聘尽聘，并根据研究生的科研贡献和工作能力配发津贴。高校还应完善研究生三助管理信息系统，精准引导家庭经济困难研究生积极申请研究生三助岗位，切实解决家庭经济困难研究生实际困难，推进扶贫、扶志、扶智相结合，继续把研究生思想政治教育贯穿三助工作始终。

The Dilemma and Countermeasures of Postgraduate Three-assistant Practice Education in the New Era

He Zhiqiang

Abstract: The postgraduate three-assistant is an important institutional arrangement for the country to promote the postgraduates' abilities of practice and innovation, an important carrier for universities to promote practice education and for tutors to teach by example, and an important platform to improve postgraduates' comprehensive quality. Based on the current situation of postgraduate three-assistant work, this paper analyzes the difficulties faced by postgraduate three-assistant practice education, including the weakened marginal utility of public financial investment, the inadaptability for professional degree postgraduates' practice training, the to-be-perfected communication and training mechanism, the significant cognitive differences between teachers and postgraduates, and the to-be-improved willingness of postgraduates to participate in. It is suggested to build a long-term three-assistant work system for postgraduates in the new era with innovation orientation as the guide, postgraduates' development as the core and precise funding as an important measure, so as to improve the efficiency of postgraduate three-assistant practice education.

Key words: Postgraduate Three-assistant; Practice Education; Precise Funding

征稿启事

《财经高教研究》创刊于1983年，2019年由中国社会科学出版社出版，是由上海财经大学主办的以财经教育研究为主的学术刊物。本刊致力于教育学术前沿研究，在彰显经济、管理学科特色的同时，也关注和反映其他学科的研究进展，促进学科交叉融合。

本刊主要栏目有：教育理论、教育经济、教改前沿、学科建设、教育评价、教师发展、文化传承、课程思政、比较教育、商学教育、高教管理等。

本刊坚持学术质量第一的原则，实行稿件匿名评审制度，优稿优酬。稿件字数以8000—15000字为宜。敬请作者来稿时提供：（1）题目（中英文）；（2）内容摘要（中文200字左右，英文100单词左右）；（3）关键词（3—5个，中英文）；（4）作者简介（含姓名、工作单位、职务职称、学历学位、通信地址、邮政编码、联系电话、电子邮箱）；（5）正文；（6）注释。注释用序号①、②、③等表示。

本刊已正式开通中国知网稿件处理系统，官网链接为：https：//cjgj.cbpt.cnki.net。作者可登录期刊网站查询，点击右上角“投稿”进行投稿，也可直接点击在线投稿入口：https：//cjgj.cbpt.cnki.net/EditorDN/index.aspx？t=1

作者切忌一稿多投，如发现抄袭、冒名等违反著作权法相关规定的，文责由作者自负。

通讯地址：上海市国定路777号上海财经大学高等教育研究所，200433

联系电话：021-65903473

《财经高教研究》编辑部

2022年9月